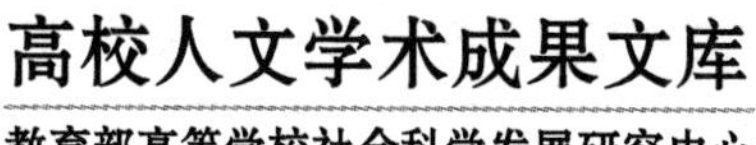

教育部高等学校社会科学发展研究中心

JingJi NiuQu Yu PoHuaiXing ChuangZao

经济扭曲与“破坏性创造”

韩忠亮◎著

图书在版编目(CIP)数据

经济扭曲与“破坏性创造”/韩忠亮著.—北京:中国书籍出版社,2013

ISBN 978-7-5068-3448-3

Ⅰ.①经… Ⅱ.①韩… Ⅲ.①中国经济—转型经济—研究 Ⅳ.①F120.3

中国版本图书馆CIP数据核字(2013)第077589号

责任编辑/ 刘 路

责任印制/ 孙马飞 张智勇

封面设计/ 中联学林

出版发行/ 中国书籍出版社

地 址:北京市丰台区三路居路97号(邮编:100073)

电 话:(010)52257143(总编室) (010)52257153(发行部)

电子邮箱:chinabp@vip.sina.com

经 销/ 全国新华书店

印 刷/ 北京天正元印务有限公司

开 本/ 710毫米×1000毫米 1/16

印 张/ 17.5

字 数/ 284千字

版 次/ 2013年8月第1版 2013年8月第1次印刷

书 号/ ISBN 978-7-5068-3448-3

定 价/ 52.00元

目 录
CONTENTS

导 论 …… **1**

一、中国经济增长的难题——破坏性创造的“增长陷阱” 1

二、中国奇迹的“光”与“影” 3

三、工业化战略、政府干预与经济赶超 7

四、创新、适宜制度与经济收敛 9

五、体制性扭曲:中国的“超比较优势战略” 10

六、“破坏性创造”:成本转嫁及成本转嫁下的经济增长路径 12

七、中国经济增长:从“破坏性创造”到“创造性破坏” 14

八、本书为读者呈现了什么? 15

第一篇 经济扭曲与“破坏性创造”内生增长模型

第一章 经济扭曲及扭曲经济中的增长 …… **20**

第一节 市场不完善下的内生性扭曲 20

第二节 工业化战略与政策性扭曲 30

第三节 经济转型与中国的体制性扭曲 35

第二章　熊彼特增长理论与“破坏性创造” …………………………… **42**
第一节　熊彼特的“创造性破坏”与内生经济增长　42
第二节　经济扭曲与熊彼特增长理论的扩展　51
第三节　发展中国家的经济扭曲与“破坏性创造”效应　56

第三章　“破坏性创造”:一个基于“成本转嫁”的内生增长模型 ………… **64**
第一节　转型中国的经济扭曲　64
第二节　“破坏性创造”效应:“成本转嫁”模型　69
第三节　基于“成本转嫁”的内生经济增长模型　81

第二篇　经济扭曲的创造性效应

第四章　扭曲“创造”了出口与经济增长 …………………………………… **92**
第一节　中国对外贸易体制与扭曲　92
第二节　中国对外贸易的快速扩张　98
第三节　对外贸易与中国的经济增长　106

第五章　扭曲“创造”了高投资与高增长 ………………………………… **115**
第一节　高投资与后发国家的经济增长　115
第二节　体制性扭曲与中国的“高投资”　124
第三节　高投资与中国经济增长　133

第六章　扭曲“创造”了非创新型技术进步 ……………………………… **139**
第一节　后发优势与后发国家的技术进步　139
第二节　制度、政策与后发国家的技术进步　147
第三节　贸易、FDI 与中国的技术进步　151

第三篇　经济扭曲的“破坏性”效应

第七章　经济扭曲加剧中国的“贫困化增长” …………………………… 162

第一节　经济扭曲加剧了贸易条件恶化效应　162

第二节　中国出口“增量不增利”效应　168

第三节　劳动力的贫困化与内需不足　177

第八章　经济扭曲形成资源与环境的悲剧化 …………………………… 191

第一节　经济扭曲与资源、环境问题　191

第二节　工业化与中国的资源、环境悲剧化　204

第三节　全球化与中国资源与环境的悲剧化　213

第九章　经济扭曲“破坏”了创新机制 …………………………………… 218

第一节　教育和科研机制的扭曲　218

第二节　人力资本的“挤出”效应　222

第三节　研发的“挤出”效应　228

结论篇

第十章　从“破坏性创造”到“创造性破坏” ………………………………… 240

第一节　打破“破坏性创造”模式——技术进步　240

第二节　强化以吸收模仿为主导的技术升级　250

第三节　从吸收模仿到自主创新　255

参考文献 …………………………………………………………………… 264

导　论

东亚“奇迹”中都有经济长期高速增长的记录，而中国“追平纪录这个事实引出了一个质疑：别国高速增长，都收获了一个果实，即成为了新兴工业化国家，完成了市场化，完成了城市化，完成了工业化，成为了准发达国家。而我国呢？经过这么多年的发展，却突然发现离真正的工业化还有很远的距离。”（刘伟，2008）。那么，中国经济为什么成功地实现了增长“奇迹”，却离真正的工业化还很遥远，尚未内生地走向自主创新驱动的经济增长呢？为了回答这一问题，本书提出了“破坏性创造”的概念，并将其引入由“创造性破坏”（creative destruction）所驱动的熊彼特（Schumpeter）内生增长模型，根据经济扭曲时企业技术升级的最优决策行为，建立了一个中国经济增长的理论模型，即一个关于“破坏性创造”的熊彼特内生增长模型，通过“成本转嫁”“破坏性创造”和“超比较优势战略”，来刻画中国在经济扭曲条件下的技术进步与经济增长模式。

一、中国经济增长的难题——破坏性创造的“增长陷阱”

将分析贸易效应的“成本转嫁”模型（韩忠亮，2011）引入熊彼特内生增长理论，分析了中国经济增长的难题，即“创造性”与“破坏性”效应并存的中国经济增长模式的困境——通过“破坏性”产生的“创造性效应”，形成了“破坏性创造”的过程。这一“破坏性创造”的效应表明，由于资源配置的扭曲激励企业将部分私人成本转嫁给社会,由此放大了中国产品“事前”的成本优势(比较优势),使生产和出口得以扩张,形成了国内外市场上低成本的过度竞争。因而说,处于转型中的中国,在各种扭曲的影响下,实际推行的是一种“超比较优势战略”。在这种战略下,必然导致企业的“成本转嫁”行为,成本转嫁一方面促进生产与出口扩张,驱动经济增长,发挥了“创造性”效应;另一方面,转嫁到社会的成本形成了社会损失,导致“破坏性”效应。显然,在“超比较优势战略”下,中国现行的发展道路是一条极具“破坏性”的“创造”之路,是熊彼特“创造性破坏”即“创新性创造”过程的“反向操作”——不是通过创新,而是通过经济扭曲来“创造”经济增长。至此,“成本转嫁”“破坏性创造”与“超比较优势战略”三个概念和模型,刻画出了中国在经济扭曲条件下的经济增长模式。

经验和实证表明,“破坏性创造”非但未能向“创造性破坏”这一动态参照系收敛,相反,这一“创造”过程抑制了技术创新的原动力,使自主创新驱动的经济增长难以内生实现。

“超比较优势战略”对中国经济增长的“创造性”效应体现在:增强了中国在要素成本上的比较优势,出口大规模扩张,并通过增加就业、引致投资和提升技术水平等效应推动经济增长;促进中国数轮的投资热潮,从投资需求和投资供给两个方面都刺激了中国经济增长;“超比较优势战略”下的出口扩张在一定程度上通过加工贸易的溢出效应提升了技术水平;这一战略对中国经济增长的“破坏性”效应体现为,经济扭曲导致劳动力收入长期维持低水平,形成简单劳动力的贫困化,加剧了中国的收入不平等现象和内需不足的状况;其他生产要素,如资本和自然资源的价格扭曲又会导致生产要素的过度投入和资源与环境的悲剧化;而技术进步被锁定在经验积累模式上使得中国的创新机制难以形成,技术进步缓慢。这是中国经济增长模式的“破坏性”。

熊彼特增长理论的内核集中反映在熊彼特(Schumpeter,1942)的创新思想上。包含技术、产品、市场、资源配置和组织在内的所谓创新,具有“创造性破坏”特质,其“创造性”的长驱直入“不断地使经济结构从内部发生革命,不断地摧毁旧的经济结构,不断地创造新的经济结构,”而推动了经济增长。Aghion 和 Howitt(1992,1998)将熊彼特的创新思想纳入到内生增长模型,构建了熊彼特增长理论。该理论表明,具有“创造性破坏”特质的创新是一国经济增长的根本动力。在 Acemoglu、Aghion 和 Zilibotti(2006)的熊彼特内生增长与收敛模型中，一国的制度能够影响到企业技术升级的最优决策，进而影响国家的技术进步和经济增长最优路径。中国在“超比较优势战略”下，生产要素价格扭曲的市场环境将影响企业的技术升级决策。当劳动力价格低于其边际收益产品时，意味着企业通过选择扩大规模、提高干中学效应来模仿和吸收先进技术，就可以获得额外的租金。因而，在更大范围内，企业技术升级的最优决策是模仿与吸收，而不是自主创新。对于技术水平与先进国家差距较大的工业化早期的中国来说，企业的这种最优决策恰恰是国家的最优增长路径，因而制度约束给经济增长带来了“创造性”效应；但是由于迟迟不能向自主创新驱动的技术进步转型，当中国的技术水平达到一定水平后，企业的最优决策就不再是中国的最优增长路径，这就形成了对经济增长的“破坏性”。这样中国经济增长在“创造性”和“破坏性”之间就存在一个困境——中国实现了经济增长的“奇迹”，却离工业化的距离还很远，还未能内生地走向自主创新驱动的经济增长的困境，即“增长陷阱”，这也是本书建立的理论模型所要解决的中国经济增长难题。

本书的理论模型与经验分析表明，中国经济增长出现了“奇迹”，却未能内生地走向自主创新驱动的经济增长的问题，其内在机理的逻辑是高度一致的——中国向市场经济转型过程中受到了体制扭曲的约束。只有建立自主创新机制的“适宜”制度，通过“创造性破坏”的创新过程驱动经济增长，才能推进中国经济的转型与长期发展，才有可能实现经济收敛。

本书的研究为中国经济增长的转型与出路提供了理论参照。

二、中国奇迹的“光”与“影”

中国“奇迹”源自上世纪 70 年代末开始的改革开放和经济转型。从农村到城市逐步深入的改革，从沿海到内地、从南方到北方、从东部到中西部渐次推进的对外开放使中国抓住了历史机遇，走上了快速发展的道路。1978 年～2010 年，中国年均经济增长达到了 10% 左右，远远高于世界经济 3% ～4% 的平均水平。2010 年，中国 GDP 达到 5.88 万亿美元，首次超过日本(5.46 万亿美元)，成为世界第二大经济体。① 中国人均 GDP 在 90 年代初只有 300 多美元，2001 年上升到 1042 美元，进入下中等收入国家之列。2010 年达到 4430 美元，进入了偏上中等收入国家行列。② 中国以 13 亿人口之众在下中等收入阶段只停留了 9 年，短于韩国（11 年）和平均 20 年左右的非新兴工业国（巴西 20 年、墨西哥 18 年、泰国 20 年、马来西亚 20 年），稍长于香港（8 年）、新加坡（8 年）和日本（7 年）。

对外出口是中国经济快速增长的重要引擎。改革开放以来，中国对外贸易发展的势头始终较为强劲。2001 年加入 WTO 后，对外贸易更是急速扩张，货物出口规模在世界贸易中的排位逐年上升。根据 WTO 统计，2007 年中国货物贸易出口超过美国，成为仅次于德国的第二大出口国。2009 年货物贸易出口超过德国，成为第一大出口国。中国的出口结构也不断升级，工业制成品的出口比重由 1980 年的 65.2% 升至 2010 年的 94.8%。出口的爆炸性增长通过增加就业、加速资本积累和提高生产效率极大地推动了中国的经济扩张。

高投资是驱动中国经济增长的另一驾马车。自 1978 年起，中国经历了数次投资热潮，全社会固定资产投资的增速达 20% 以上。尤其是 21 世纪后，从 2003 年至 2010 年，投资增速年均高达 26.1%。③ 快速增长的投资无论从投资需求、投资供给还是从投资结构的层面都对中国经济增长做出了巨大贡献。其中，资本需求对 GDP 的贡献率在 1978 年 ~ 1992 年间为 30.1%，1993 年 ~ 2007 年间为 43.4%，在后危机时代（2008 年 ~ 2010 年）更是高达 64.3%。

此外，教育和研发的投入、进出口贸易和利用外资都极大地推进了技术升级和产业结构升级，通过全要素生产率的提高也促进了中国的经济增长。

但是中国经济的增长是依靠低成本的优势，通过高能耗、高污染和高投入的出口导向和投资拉动实现的。随着中国进入全面建设小康社会、从“先富”走向“共富”的关键时期，国内市场、资源和环境问题日渐突出。

---

① 根据 IMF 数据库 2011 年 4 月 11 日发布。

② 数据来源于《中国统计年鉴 2011》。根据世界银行 2010 年 8 月的最新标准，中等收入国家指的是人均收入 996 美元 ~ 12195 美元，其中“偏上中等收入”国家的标准是人均收入 3946 美 ~ 12195 美元。

③ 根据《中国统计年鉴 2011》相关数据计算。

中国通过低成本不断扩大产出和出口的同时，贸易条件不断恶化，对外贸易的比较收益长期呈下降趋势。家电、纺织、鞋、玩具等具有较大比较优势的大宗商品，由于企业长期采取“以低价占领市场”的出口策略，出口价格越来越低，利润越来越少。贸易条件的不断下降减弱了中国的对外贸易收益。与此同时，中国对外贸易的利润率非常微薄。如在珠三角加工的一件国际名牌衬衫 Hugo Boss，在美国纽约最繁华的第五大道的零售价是 120 美元，其中各级经销商和品牌拥有者赚了 108 美元（占 90%），接受订单生产的中国制造商只赚取了 12 美元（占 10%）。而多数时候，中国的制造商们还在打价格战，甚至以 9.6 美元（8%）的报价争抢订单。最后中国制造商的利润率往往跌落到 1% 至 2%。

国际分工收益的恶化导致出口行业密集使用的要素——劳动力的实际收益长期维持在较低水平，生存质量与生命安全无法保障。据国务院发展研究中心的一份报告显示，2005 年之前的 12 年，珠江三角洲外来工月平均工资仅增长了 68 元。当时东莞市劳动局同意调高工资，但认为调整幅度不能太大，最好不要超过每月 480 元（东莞当时执行的最低工资标准每月仅仅为 450 元）。① 即便是通货膨胀开始严重显现的 2009 年，工人的收入（包括加班）平均为每月只能达到 1000 元 ~ 1200 元，甚至有的工人说自己一年下来根本就存不到什么钱，等于白干一年。② 不仅收入水平低下，简陋、缺乏安全设施的工作环境，超长时间的工作、缺乏必要的培训，劳动者的生活质量和生命安全得不到基本保障。中国每年有 15000 人死于工伤事故，③仅在中国经济发展最快、拥有上百万农民工的珠三角地区，每年至少有 30000 起工伤事故发生。1998 年鉴定的工伤（仅外伤）为 12189 例，其中 90% 以上都是断指、断掌或断臂。深圳平均每天有 31 人工伤致残，每 4 天就有 1 个人因工伤死亡。④ 富士康“N 连跳”事件折射了中国制造工厂中劳动者的悲剧化境遇。劳动者收入低下加剧了中国的收入差距，抑制了内需的扩张。

---

① 《珠三角农民工生存状况的调查》，《中国青年报》，2005 年 1 月 1 日。

② 《2008 年 ~ 2009 年珠江三角洲工伤调查报告》，网址 http://blog.sina.com.cn/s/blog_5e7df4a90100hg9t.html。

③ 李强：《珠江三角洲工伤事故调查报告》，中国劳工观察，2005 年 9 月。

④ 《珠三角农民工生存状况的调查》，《中国青年报》，2005 年 1 月 1 日。

无论是投资推进工业化的进程中，还是出口引致投资而更深地融入全球化的进程中，经济扭曲、过度投资、高资源投入和高消耗的增长模式导致了资源的过度使用和环境的高度污染，形成了阻碍经济持续发展的资源与环境的“悲剧化”结果。2006年，中国投资于污染密集行业的企业数达50%以上，从总资产上来看，则有近2/3的企业投资于污染密集行业，而外商投资企业中有44%投资于污染密集行业。① 绿色和平组织发布的《时尚污染——两个中国纺织专业镇环境调查》报告（2010年11月30日）指出，中国著名的“世界牛仔裤之都”新塘镇和“内衣镇”谷饶存在严重环境污染，经检测，两地部分地表水和底泥样本有重金属超标现象。该污染会毒害神经、会使内分泌紊乱，并导致癌变等悲剧的发生。2011年8月31日，自然之友、公众环境研究中心、达尔问、环友科技、南京绿石五家环保组织共同发布调查报告——《苹果的另一面2——污染在黑幕下蔓延》，公布了一份苹果公司在中国供应链的污染地图，曝光了27家苹果疑似供应商，直指苹果公司在中国的供应商存在巨大的环境污染问题，指出“苹果”时尚产品的背后，是以“毒害环境、伤害社区、牺牲工人利益”为代价。② 再如煤炭出口占全国50%的资源大省山西，2005年煤炭开采和洗选业增加值占工业增加值的比重为38.41%，以煤炭、焦化、电力、冶金、化工等为支柱的资源产业家族占工业增加值的89.32%。常年密集的煤炭开采不仅造成有害气体的排放、水资源枯竭，还造成采空塌陷地质灾害、矿难事故的频繁发生，煤炭储存、运输中也造成矸石堆积、粉尘污染。③

在低成本、高投入、高消耗的增长模式下，人力资本积累严重不足，研发与创新的动力及激励被抑制。主要从事低技术产品和高技术产品的劳动加工环节的生产，使得人力资本的积累不足。如调查显示虽然有80%以上的农民工表示“希望得到职业培训的机会”，有67%的农民工表示“愿意花钱参加自己想要的培训”，但农民工接受职业技能培训的只占18.6%。④ 由于高素质人才得不

① 国家统计局：《中国统计年鉴2007》。

② http://business.sohu.com/20110912/n319100806.shtml。

③ 史小芳：《山西煤炭出口贸易经济效益分析》，山西财经大学，硕士论文，2008。

④ 原劳动部农村劳动力就业与流动研究课题组：《中国农村劳动力就业与流动研究报告》，北京：中国劳动出版社，1999：31-36。

到合理的工资收入，使得人力资本积累的投入被抑制。与此同时，大量的高级人才流失海外，以至于有人说“清华、北大是美国的预科”。据数据显示，改革开放的30年间，中国公费、自费等各类出国留学生总数达139万人，其中仍然留在海外的有近100万人，只有39万人归国，回国率仅为28%。① 中国企业通过低成本投入和简单模仿即可以获得加工贸易和低技术产品价格优势，因而不再有研发和创新的动力，导致中国产品的技术含量始终不高，产业调整和升级步履缓慢。虽然数据显示中国的产业结构与出口结构中高新技术产业的比重已经相当高，但剔除加工贸易因素后，却无证据表明中国的出口品存在显著的技术进步。②

上述种种问题表明，中国经济增长虽然实现了速度的赶超和规模上的飞跃，让一部分人一部分地区先富了起来，但是现有的经济发展方式却难以持续，无法实现技术结构和产业结构的升级和社会的“共富”。

相较而言，一度同样依靠出口和投资驱动的日本和“东亚四小龙”却成功地实现了经济增长“量”和“质”的飞跃，完成了经济的赶超，并成功地向发达国家收敛。

三、工业化战略、政府干预与经济赶超

同样遵循比较优势、实行出口导向战略，为什么“亚洲四小龙”成功地实现了经济收敛，跻身于高收入国家行列，实现了国民的共同富裕？中国为何至今未能成功呢？

一般认为，由于市场不完善、在国际分工中处于不利地位等因素，发展中国家完全依靠市场力量难以快速实现工业化和经济增长，更难以实现追赶先进国家的目标，因而需要政府部分地参与，推进增长。

全球化使发展中国家的工业化进程不可避免地与国际分工紧密联系在一起，以拉美为代表的一些发展中国家采取了进口替代战略，广泛运用贸易壁垒

---

① 滕飞：《谨防金融危机下加重对外技术依赖》，《学习时报》，2009年4月20日，第4版。

② Allliti, M. & C. Freund. 2008, *The Anatomy of China's Export Growth*, *Policy Researeh Working Paper*, 4628, The World Bank Development Researeh Group, TradeTeam.

保护国内比较劣势产业(未来可能是比较优势产业)免受进口竞争,由此促进比较劣势产业的快速发展,推进工业化和经济增长。以东亚为代表的一些发展中国家则采取了出口导向战略,强调打破价格扭曲,按照比较优势分工生产,通过促进比较优势产品的出口推动工业化和经济增长。

尽管大量的经验研究指出外向型战略(比较优势战略)与高经济增长之间的相关性,①但是两者之间的因果关系并不直接。一方面,我们确实看到了选择外向型战略的发展中国家把自身永远锁定在了初级产品专业化分工上,比如非洲一些出口资源类产品的国家。但另一方面,同样实行出口导向战略的“东亚四小龙”却成功实现了产业结构升级,进入或接近发达经济的行列。作为出口导向战略的成功典范,甚至有学者认为“东亚四小龙”的成功推翻了外向型战略将使发展中国家锁定在低技术产业上的传统观点。②

那么,东亚的成功是否意味着比较优势战略的成功性呢?以韩国为例,至少有两个方面的理由使我们不能妄加定论。首先,韩国在实行出口导向战略之前曾一度推行过进口替代战略③,因而韩国的成功也许很大程度上有赖于进口替代阶段的发展;其次,即便是在推行出口导向战略时期,韩国也并非完全没有政府干预,而存在着种种鼓励出口措施(张夏准,2007),这些措施或许在某种程度上偏离了比较优势战略保持市场机制完善的初衷,但是却成功地助推了工业化的进程。韩国的经验至少表明,比较优势战略本身并不意味着经济收敛,比较优势战略与经济收敛之间必定有赖于某种机制。事实上,每一个实行比较优势战略的国家在其制度和经济特征方面都经历着独有的比较优势产业发展与经济收敛之间的互动关系,问题是有些互动是良性的,而有些互动不幸走向了初衷的对立面。

---

① Balassa, B. 1986, *Toward renewed economic growth in Latin America*, *The International Executive*, 28: 29 –31.

② Krueger, Anne O. 1997, *Trade Policy and Economic Development: How We Learn*, *the American Economic Review*, March.

③ Singer and Ansari. 1998, *Rich and Poor Countries: Consequences of International Disorder.*

四、创新、适宜制度与经济收敛

Gerschenkron(1962)认为相对落后的经济体在引入适宜制度(appropriate institutions)的情况下,能够更快地赶上更发达的国家,虽然这种适宜制度在经济发展的早期阶段能够促进增长但在后期可能不会促进增长。基于适宜制度的思想,Acemoglu、Aghion 和 Zilibotti(2006)认为日本和韩国曾经的经济高速增长与其虽然迥然不同于美国但却是适合日韩的制度安排有关:诸如企业和银行的长期关系、大型企业集团占主导地位和政府通过鼓励出口以及对制造业进行补贴对经济进行强势干预等。当日本和韩国的市场化程度提高以后,这些制度对经济增长的推动作用就有限了。

Acemoglu、Aghion 和 Zilibotti(2006)关于适宜制度的模型建立在熊彼特的创新思想以及沿着这一思想发展起来的内生增长理论上。熊彼特(1942)认为创新"不断地从内部使整个经济结构革命化、它不断地破坏旧结构、不断地创造新结构。这个创造性破坏的过程就是资本主义的本质事实"。熊彼特的"创造性破坏"思想对上世纪 80 年代以来的经济增长理论具有重大影响。Aghion 和 Howitt(1992)开创性地构建了以"创造性破坏"为特征的增长模型,刻画技术和产品之间存在着创造性破坏效应的增长过程,并奠定了熊彼特增长理论的基础。在该模型中,增长速度主要取决于相互竞争的企业最优研发水平,一旦某个企业获得研发成功则获得一定的垄断地位,可以独立地定价从而获得垄断利润。但是这种垄断利润是建立在对上一期的垄断利润的"破坏"基础之上的,因此,企业在进行研发时会考虑潜在的竞争对手创新成功可能带来的影响。企业最优创新活动的努力程度和研发投入水平决定了技术进步和经济增长以及经济增长的速度。

Aghion、Howitt 和 Mayer-foulkes(2005)在熊彼特多部门模型的基础上构建了一个后进国家通过技术扩散向先进国家收敛的模型。研发投资、教育、对新知识的开放等因素是决定落后国家的学习能力、追赶能力的关键因素。在开放条件下,发展中国家利用国际技术扩散不仅可以在静态意义上提高本国的技术存量水平,缩小与发达国家的技术差距,改善本国的技术能力,在动态意义上还通过各种渠道和机制促使本国技术创新能力的提高以及创新机制的形成,为赶超发达国家提供了某种可能性。但是当市场不完善时,尤其是后发国家由于市场不完善、政府管制等因素造成的经济扭曲会影响技术创新的均衡,进而影响经济增长的路径。

Aghion(2005)把制度因素纳入到熊彼特增长的框架中。指出在全球经济中,一个国家不可能孤立的增长,而是在相互的影响中增长,一国的制度通过影响技术创新影响经济增长,并决定着技术落后的国家能否收敛到技术的前沿。Acemoglu、Aghion 和 Zilibotti(2006)指出非技术领先国家的生产者有两种方式提高生产率,一种是模仿已经存在的世界技术前沿,另一种是在当前技术的基础上投入研发进行创新。当一国与世界前沿技术差距较大时,模仿更有利于技术升级,而当与世界技术前沿差距较小时,则创新更有利于技术进步。一国的适宜制度指的是激励最有效的技术升级方式的政策和制度环境。

根据上述模型,落后国家只有先采取模仿的技术升级方式,而后成功转型为创新的技术升级方式,才有可能向前沿技术(发达国家)收敛。因而,日本和“亚洲四小龙”之所以实现了技术和产业结构升级和向发达国家收敛,是因为它们在各个阶段采取了适宜的制度,而中国未能实现技术和产业结构升级,可能是因为中国实行的并非“适宜”制度。那么,中国的制度环境是什么呢?

五、体制性扭曲:中国的“超比较优势战略”

经济扭曲是发展中国家共同的经验。根据形成的原因不同,经济扭曲一般分为两种。一种是在自由放任政策下由于市场发育不足表现出的扭曲,称之为内生性扭曲。另一种是国家政策带来的扭曲,称之为政策性扭曲。存在于中国经济中的扭曲除了内生性扭曲、政策性扭曲,还有与经济体制转型有关的市场扭曲,我们称之为体制性扭曲,即政府在不同程度上扮演着资源配置的角色,如由于要素市场改革的滞后,致使在要素领域,政府仍然是重要的配置主体,拥有规则制定权、执行权以及裁判权,直接参与要素资源的价格干预和配置,严重破坏了正常的市场竞争秩序。

中国模式，从经济增长的视角看，是依靠投资和出口驱动的外向型增长模式。一方面，通过高投资、高消耗促进工业化；另一方面，基于比较优势参与国际分工，通过劳动密集型产品出口带动就业与生产的扩张。

投资驱动的经济增长特征可以从主要依赖要素投入而不是科技进步的粗放型增长中体现。首先，资本投入是中国经济增长的主要来源。在生产方面，资本要素投入增长对中国经济增长率的平均贡献在 1979 ~ 1997 年达 45.4%，是拉动增长的最主要因素。加上劳动投入增长的贡献 14.8%，要素投入贡献相比于科技和效率进步带来的贡献(37.8%)，占据了绝对主要的地位。刘遵义等(1994)发现中国 1992 年前资本贡献率达 92.2%，劳动贡献率 9.2%，而表示技术进步的全要素生产率的贡献为-1.4%。① 进入 21 世纪之后，这一趋势维持不变。与日本、“东亚四小龙”的高资本投入模式有所不同的是，中国的资本投入呈现出粗放型特征：第一，政府在投资中起主导作用，私人部门的基础性作用没有得到充分发挥。特别是对于重工业的投入过高，这一定程度上抑制了轻工业和第三产业的发展。第二，投资更多地表现为简单的数量扩张，而不是对提高效率的投入。第三，一些产能落后、生产效率低的市场主体也跻身投资主体之列，而一些创新能力强、生产结构较优的市场主体却被排除在外。

其次，经济增长对资源能源的依赖过大。1979 年，中国的能源消耗总量为 58,588 万吨标准煤，2000 年这一数值上升到 138,553 万吨，增加了 136.49%。《2010 世界新兴产业发展报告》的数据显示，2000 年中国万元 GDP 能耗不仅高于主要发达国家约 6 倍，也高于印度、南非等其他发展中国家。资源与能源高消耗的同时，利用效率始终很低。这一方面扩大了经济进一步发展的资源缺口，另一方面也导致了严重的环境问题。

这种粗放型的经济增长模式也自然延续到了出口部门，表现为中国的国际竞争优势是建立在低成本的基础上。这种低成本不仅包含了由中国人口禀赋自然形成的低廉劳动力投入，也包含了与出口产品粗放型生产相关的低廉的资源使用价格，劳工标准降低带来的成本节约，环境破坏的成本以及政府提供的

---

① 克鲁格曼(1994)引用该研究的结论，预言了亚洲经济危机。

低廉土地资源和税收价格等。

在中国经济增长模式中，无论是内部高投资高消耗的生产还是对外的比较优势产品的扩张都是依赖于低成本的过度竞争实现的，而促成这种竞争的土壤，正是由内生性扭曲、政策性扭曲，尤其是体制性扭曲共同培植的。诸如关税、汇率低估、补贴等都是面向所有企业的政策性扭曲，除此之外，长期低水平的最低工资标准、宽松的劳动标准、环境标准、安全标准和质量标准等等都是导致要素市场扭曲和生产扭曲的体制性扭曲。而这些扭曲将企业本应承担的部分私人成本转嫁给社会，由社会来承担这部分成本，放大了“事前”比较优势，使得企业在对内对外低成本的过度竞争成为可能。

“亚洲四小龙”也曾通过补贴和本币低估等措施来增强出口竞争力，但是，在这一战略实施的过程中，他们并没有采取要素市场扭曲的做法，而是在尽量维持市场完善与竞争的基础上发展比较优势产业，因此是一种基于比较优势的战略。与此相区别，中国通过要素市场的价格扭曲及由此产生的生产扭曲，放大“事前”比较优势来加速推动出口、就业与经济扩张，我们认为是一种“超比较优势战略”。

在“超比较优势战略”下，要素市场扭曲形成的成本外部化必然造成效率损失，对于这种效率损失的机制，本书将用一个成本转嫁的概念和模型来加以分析。

六、“破坏性创造”：成本转嫁及成本转嫁下的经济增长路径

在完全竞争的产品市场和劳动力市场上，各种成本都应该体现在产品价格中，所有在生产中造成的、却没有进入企业成本核算也没有体现在价格中的成本，都属于外部成本，都由社会来负担。在宽松的劳动标准、环境标准、安全标准和质量标准下，企业可以通过一系列方式降低其私人成本，例如，购置低质量的设备，提供简陋的工作环境和低标准的职工福利，购买低质量、甚至伪劣的原材料或零配件，缩减治污减排投入、对资源进行破坏性开采等。韩忠亮(2011)把企业将本该承担的部分私人成本转给社会的情形概括为成本

转嫁。

由于成本转嫁,企业降低了成本,获得了更大的成本竞争优势,产出和就业得以扩张。但是转嫁给社会的成本造成了社会损失。比如购置低质量的设备会导致安全系数低,事故频发;提供简陋的工作环境和低标准的职工福利给劳动者带来生理、心理和社会问题;购买低质量、甚至伪劣的原材料或零配件,以次充好,将给下游企业或社会带来危害;缩减治污减排投入、对资源进行破坏性开采,会造成环境污染和生存质量下降;劳动力的收入长期维持在底线水平造成需求不足,加大政府管理的负担;等等。

总之,"超比较优势战略"下的成本转嫁一方面增强了产品的成本优势,"创造"了新的就业与经济增长,形成了"创造性"效应;另一方面,因扭曲导致一定时期内经济发展偏离社会福利最大化目标,从而对经济的可持续增长造成巨大"破坏性"。因而,可以说"超比较优势战略"带来的是"破坏性创造"。在"超比较优势战略"下的经济发展道路是一条充满"破坏性"的"创造"之路。

将经济扭曲和成本转嫁引入到 Acemoglu、Aghion 和 Zilibotti(2006)的技术收敛模型中,可进一步讨论中国的体制性扭曲对企业技术升级决策、进而对技术进步和经济增长路径的影响。

劳动力价格低于其边际产品意味着企业可以少支付成本,保留更大比例的利润。假定成本转嫁使企业实际支付的工资只是劳动力边际收益产品的一个比例,意味着当企业通过增加雇佣工人、获得更大的干中学效应来提升技术时,将得到少支付工资的额外收益。成本转嫁的程度越大,企业选择经验积累方式提升技术的额外收益越大。因而成本转嫁改变了企业选择经验积累方式和创新方式提升技术的决策函数,在其他条件不变的情况下,企业将更为偏好经验积累方式。决策变化带来的均衡结果是,即便是技术水平距离前沿技术较近的时候,企业的最优决策依然是经验积累,而不是增加研发投入促进创新。这使得技术进步和经济增长偏离最优路径,陷入非收敛陷阱。这就是经济扭曲和"超比较优势战略"对经济收敛的破坏性。而当中国的技术水平与世界前沿技术水平差距较大时,企业的最优决策——注重经验积累和模仿正好是技术进步和经济增长的最优路径。这种情形正好符合中国经济腾飞早期阶段的特征,因而在中国经济增长的早期阶段,"超比较优势战略"是激励技术升级和经济收敛的适宜制度。但是到了一定阶段之后,即技术水平与前沿技术的差距缩小到一定程度后,“超比较优势战略”就走向了它的反面,必须向新的制度转型,激励企业选择创新的技术升级方式。由此,中国经济才能从“破坏性创造”增长模式向“创造性破坏”模式转型,也即技术创新驱动的经济增长转型。

七、中国经济增长:从“破坏性创造”到“创造性破坏”

在“超比较优势战略”下,中国经济的增长是依靠低成本的优势,通过高能耗、高污染和高投入的出口导向和投资拉动实现的,这种过度依靠要素投入的经济增长的“破坏性”使得这一模式失去了进一步促进经济增长的能力,今后中国经济的增长必定更多地依靠技术进步,最终尤其是要依靠以创新为主导的技术进步。

根据熊彼特内生增长理论,创新,具有对旧有经济结构“创造性破坏”的特征,完全不同于经济扭曲催生的“破坏性创造”。后者一味地激励被压低价格的生产要素的数量投入,不惜抑制要素“质”的提升,因而本质上破坏了提高要素生产力、也即要素禀赋升级的机制,阻碍了经济的可持续增长。“创造性破坏”则通过提升要素的生产力,不断打破旧的经济结构,创造新的经济结构,推动经济的长期增长。

具有“创造性破坏”性质的创新固然是所有工业化后期国家经济增长的主要动力。但是对于技术水平较低、处于工业化早期和中期的后发国家来说,发挥后发优势,通过吸收与模仿先进国家的前沿技术不仅是促进自己技术升级的低成本的捷径,也是为了最终实现自主创新而必不可少的能力积累。中国迄今为止的技术升级方式还停留在对先进技术的简单模仿上,尤其在高技术行业,对前沿技术的吸收和再创造不足。所以现阶段中国适宜继续促进以模仿为主的技术升级方式,重点增强吸收能力和再创造能力。

即使中国有足够的技术模仿能力充分发挥技术后发优势,但依然无法实现技术赶超。因为通过模仿与吸收提升一国的技术水平有其固有的不足,比如对国外先进技术产生依赖,受到发达国家的制约等等。实现技术赶超的关键还在于增加研发投入和提高自主创新效率。应该说,现阶段继续发挥模仿技术的后发优势与不断增强创新能力、向"自主创新"的道路迈进的战略并行不悖。中国作为"后发大国",为实现技术赶超,其技术进步模式将是利用技术后发优势与自主创新的有机结合,并逐步实现从以技术模仿为主向以自主创新为主的转变。为此,中国首先需要降低经济扭曲的程度,完善市场机制,其次需要完善教育与科技体制,改善研发资源的供给机制,最后还需要通过一系列制度安排激励企业的研发需求。

也就是说,作为依靠要素投入和简单模仿的发展模式已经难以为继的后发国家,中国一方面要继续发挥"后发优势",奉行技术模仿的技术升级方式,提高模仿与吸收能力,使中国能够以较低的成本实现技术升级;另一方面,警惕一味的模仿所带来的危害的同时,努力养成激励创新的体制,提高自主创新的能力,适时将技术升级的方式向自主研发为主转型。

中国经济增长由"破坏性创造"模式向"创造性破坏"模式转型,是中国经济成功转型、跨越"比较优势陷阱"和"中等收入陷阱"、最终实现"共富"的和谐社会的必由之路。

八、本书为读者呈现了什么?

本书研究在经济扭曲、尤其是体制性扭曲条件下中国经济增长的模式与路径,解释现有增长模式成因、机制和转型方向。

在内容上,本书分为三篇。第一篇构建中国经济扭曲的基本模型,第二篇和第三篇分别分析经济扭曲的"创造性"效应和"破坏性"效应。最后一章是全书的结论与对策。

第一篇作为全书理论模型的基础与创新的核心,将后发国家的经济扭曲引入由"创造性破坏"驱动的熊彼特内生增长模型,建立中国经济增长理论与模型。共分三章。第一章讨论后发国家各种经济扭曲以及扭曲中的经济增长。第二章介绍熊彼特的"创造性破坏"思想以及熊彼特内生增长理论的发展。第三章首先构建一个成本转嫁模型刻画经济扭曲的创造性和破坏性效应,然后将这一机制引入熊彼特增长模型，进一步讨论“超比较优势战略”下“破坏性创造”对经济增长路径的影响。

第二篇分析经济扭曲的“创造性”效应。基于成本转嫁模型的内生增长模型表明，经济扭曲激励企业选择干中学的技术升级决策，使得技术进步沿着最优的路径增长，由此带来中国发展模式的“创造性”效应。第二篇从出口、投资和技术进步三个方面进一步研究这种“创造性”效应在中国的机制。

第四章研究“创造性”效应之一：出口的扩张对经济增长的驱动。“超比较优势战略”增强了中国在要素成本上的比较优势，出口大规模扩张，并通过增加就业、引致投资和提升技术水平等效应推动经济增长。第五章研究“创造性”效应之二：投资扩张促进经济增长。各种政策性和体制性扭曲促进了中国数轮的投资热潮，从投资需求和投资供给两个方面都刺激了中国经济增长。投资成为驱动中国经济增长的两驾马车之一。第六章研究“创造性”效应之三：技术进步。东亚经济体通过政策支持下的后发优势成功地提升了技术水平，实现了向发达国家的经济收敛。中国“超比较优势战略”下的出口扩张在一定程度上通过加工贸易的溢出效应提升了技术水平，但是远没有中国出口产品结构的高级化所对应的那么高。

第三篇从中国的“贫困化增长”、资源与环境的悲剧化以及创新机制的“贫困化”三个方面进一步研究这种“破坏性”效应在中国的机制。成本转嫁模型表明企业通过转嫁成本增强成本优势、扩大产出和就业的同时，转嫁给社会的成本造成了损失；基于成本转嫁的内生增长模型表明，经济扭曲激励企业选择干中学的技术升级决策，在技术水平及其低下的阶段，确实激励技术进步沿着最优路径增长，但是当技术水平升级到某一个水平（通过模仿已经难以继续提高生产率）时，技术升级将不再沿着最优增长路径演进，而落入非收敛的增长陷阱中。成本转嫁的社会损失和进一步技术升级的被“挤出”构成了经济扭曲的“破坏性”效应。

第七章研究“破坏性”效应之一：“贫困化”增长。第四章的创造性效应指出“超比较优势战略”下的成本转嫁通过降低出口企业的私人成本，增强了中国的事前比较优势，得以扩大生产和出口。但是这一结果加剧了中国贸易条件恶化的效应，使国际分工收益趋于恶化。这种恶化不仅体现在国家贸易利润越来越薄和整体收益的下降，还体现在出口行业密集使用的要素——劳动力实际收益的下降。第八章研究“破坏性”效应之二：资源与环境的悲剧化。无论是投资推进工业化的进程中，还是出口引致投资而更深地融入全球化的进程中，经济扭曲、过度投资、高资源投入和高消耗的增长模式导致了资源的过度使用和环境的高度污染，形成了阻碍经济持续发展的资源与环境的“悲剧化”结果。第九章研究“破坏性”效应之三：创新机制的贫困化。第六章关于技术进步的“创造性”效应表明中国“超比较优势战略”下的出口、FDI 和产业扩张通过经验积累和技术模仿提升了自己的技术水平，但是体制扭曲下的经济收敛模型表明，“超比较优势战略”下经验积累和模仿的技术升级机制抑制了创新型的技术升级。这种对创新机制的“破坏性”体现在，对教育和科研体制的扭曲；抑制了人力资本的积累；抑制了企业的创新动力和能力。

最后，第十章是本书的结论及对策。由“破坏性创造”模式向“创造性破坏”模式转型是中国经济增长的未来。具体而言，中国一方面要继续发挥“后发优势”，奉行技术模仿的技术升级方式，提高模仿与吸收能力，使中国能够以较低的成本实现技术升级；另一方面，警惕一味的模仿所带来的危害的同时，努力养成激励创新的体制，提高自主创新的能力，适时将技术升级的方式向自主研发为主转型。

第一篇 01

经济扭曲与“破坏性创造”内生增长模型

本篇作为全书理论模型的基础与创新的核心，将后发国家的经济扭曲引入由“创造性破坏”(creative destruction)驱动的熊彼特内生增长模型，建立了中国经济增长理论与模型，通过“成本转嫁”(韩忠亮，2011)、“破坏性创造”和“超比较优势战略”，分析并刻画了中国存在经济扭曲下的技术进步与经济增长模式。

熊彼特增长理论的内核集中反映在熊彼特的创新(Schumpeter，1942)思想上，具有“创造性破坏”特质，其“创造性”的长驱直入推动了经济增长。熊彼特的内生增长模型和内生增长理论表明，具有“创造性破坏”特质的创新是一国经济增长的根本动力。熊彼特思想体现的是一个通过创新技术破坏旧结构而“创造”经济增长的过程，破坏的是旧生产结构、市场结构和利益结构，创造的是生产要素、市场结构和组织结构的更高生产力，因而“创造性破坏”的实质是“创新性创造”。

熊彼特增长理论表明，在适宜制度下，后发国家可以通过由模仿前沿技术的技术升级方式向创新的技术升级方式转变，实现向发达国家的收敛。因而熊彼特模型也构建了一个通过技术创新实现经济可持续发展与经济收敛的动态参照系。

通过各种制度和政策安排加速工业化和经济赶超是后发国家的普遍做法。本篇的模型指出，中国旨在加速工业化和经济增长的各种扭曲实际上奉行的是一种“超比较优势战略”，即通过放大中国在生产要素上的比较优势，增强产品竞争优势，刺激产出的扩张和经济的增长，这是中国增长模式的“创造性”；但是经济扭曲因打破了资源的有效配置机制，不仅破坏了支撑经济持续发展的资源与环境，还抑制了自主创新的技术升级方式，使中国难以实现创新驱动的经济增长而偏离最优增长路径，这是中国经济增长模式的“破坏性”。因而，在“超比较优势战略”下，中国现行的发展道路是一条极具“破坏性”的“创造”之路。这与熊彼特“创造性破坏”的过程恰好相反——不是通过创新，而是通过经济扭曲来“创造”经济增长。经验和实证表明，与熊彼特创新思想“反向操作”的模式“破坏性创造”，非但未能向“创造性破坏”这一动态参照系收敛，相反，这一“创造”过程抑制了技术创新的原动力。这样的经济增长模式形成了中国经济增长模式——“创造性”与“破坏性”的两难困境，即形成了“增长陷阱”，因此很难将中国经济引领到长期的可持续增长的道路上。通过“创造性破坏”的创新过程驱动经济增长，是中国实现经济收敛的必由之路。

本篇构建中国经济“破坏性创造”模式的理论基础。共分三章。第一章讨论后发国家各种经济扭曲以及扭曲中的经济增长。第二章介绍熊彼特的“创造性破坏”思想以及熊彼特内生增长理论的发展。第三章首先构建一个成本转嫁模型刻画经济扭曲的创造性和破坏性效应，然后将这一机制引入熊彼特增长模型，进一步讨论“超比较优势战略”下“破坏性创造”对经济增长路径的影响。

本篇为后续的第二篇和第三篇经验研究提供理论基础。

第一章

经济扭曲及扭曲经济中的增长

扭曲被定义为不完美市场下经济活动对帕累托最优状态的偏离。然而,符合帕累托最优状态的自由放任所要求的严格条件是不可能达到的,因此经济扭曲不可避免地存在于各类经济体中。从成因看,经济扭曲有市场本身不完善形成的内生性扭曲,有政府的政策导致的政策性扭曲,在转型的中国,还有特定的体制性扭曲。因而,像其他后发国家一样,中国经济的增长也是在各种扭曲中的增长。

第一节　市场不完善下的内生性扭曲

一、完美市场与经济扭曲

(一)完美市场与帕累托最优

自亚当·斯密(Adam Smith,1776)开始,市场通常被看作是一个具有完善调节功能和准确价格信号的理想模型。经济学中所特指的完美市场要求所有的市场完美运转并且没有外部性,要求所有的要素市场和商品市场(包括所有偶然事件)都是完美的,所有的市场参与者也具有对这些市场的完备知识。而完美市场条件下的帕累托最优(Pareto Optimality)是指资源分配的一种理想状态,即假定固有的一群人和可分配的资源,从一种分配状态到另一种状态的变化中,在没有使任何人境况变坏的前提下,也不可能再使某些人的处境变好。

在满足帕累托最优的完全竞争的两商品开放经济模型中，经济均衡的条件是：

$DRS = DRT = FRT$

其中 DRS 是国内消费的边际替代率，DRT 是国内的边际转换率，即以一商品表示的另一商品的机会成本，FRT 是国外的边际转换率，即一国的贸易条件。同时，在不同产业中生产要素的边际技术替代率相等，即社会在契约曲线（contract curve）上进行资源配置，从而生产在生产可能性边界上进行。

当考虑投入两种生产要素（资本 K 和劳动 L）的两个产业时，即有 $MRS_1 = MRS_2$，表示在产业 1 和产业 2 间劳动和资本的边际替代率相等。当不存在扭曲时，国内商品价格比 P_D 与消费边际替代率 DRS 一致，边际成本比 MC_1/MC_2 等于国内边际转换率 DRT，生产要素价格比率 w/r 与各产业中劳动对资本的边际替代率 MRS_1、MRS_2 一致。没有对外扭曲时，国外价格比率 P_W 与国外边际转换率 FRT 一致。在没有扭曲的经济中，有下面的公式，

$DRS = P_D = DRT = MC_1/MC_2 = P_W = FRT$

（二）经济扭曲

在现实经济中，市场总有失灵之处，现实与理想模型的背离即为扭曲。扭曲不但存在于欠发达的市场经济，也存在于发达市场经济。

虽然扭曲现象一直存在现实经济社会之中，但扭曲作为一种理论只是在战后国际贸易理论中发展起来的。其中，Haberler（1950）、Meade（1955）、Corden（1957）、Hagen（1958）、Bhagwati and Ramaswami（1963）、Jonhson（1965）等研究最具代表性。Bhagwati（1971）把战后国际贸易研究中的一些重要理论与政策问题从扭曲这一共同性上做了统一分析，对扭曲的类型及政策选择的优劣给予了系统解释，对扭曲理论的形成与发展做出了重要贡献。

经济扭曲的产生必然伴随着整个经济系统内部不同类别市场非完美状况的发生。在市场经济中，扭曲有四种具体表现形式。

第一，消费扭曲。当国内消费边际替代率不等于国内生产边际转换率，但国内生产边际转换率与国外边际转换率相等，此时国内消费发生扭曲，公式表达为 $DRS \neq DRT = FRT$。

第二，生产扭曲。当国内生产边际转换率不等于国内边际消费替代率，但

国内消费边际替代率与国外边际转换率相等,此时国内发生生产扭曲,公式表达为 $DRT \neq DRS = FRT$。

第三,要素市场扭曲。当一国的国内生产边际转换率与另一国的国内生产边际转换率不相等,生产点不是生产可能性曲线上有效的点,这时发生了要素市场扭曲,即 $DRS_1 \neq DRS_2$。

第四,贸易扭曲。当国外边际转换率不等于国内生产边际转换率,但国内生产边际转换率与国内消费边际替代率相等,即发生了贸易扭曲,公式为 $FRT \neq DRT = DRS$。

二、市场不完善导致的内生性扭曲

从扭曲产生的原因或机制来看,在自由放任的经济中,由于市场本身不完善产生的扭曲被称为内生性扭曲。比如贸易中存在着本国垄断力量时导致的对外扭曲;生产的外部效应导致的生产扭曲;进口销售商对进口品和国内产品加上统一溢价时的消费扭曲;工资要素的产业间差异导致的要素市场扭曲。由于这些扭曲均产生于市场本身的不完善,所以被称为“内生性扭曲”。

内生性扭曲普遍存在于发达国家和发展中国家的发展进程中。不同的市场条件和内生机制会产生不同类型的内生性扭曲,如表 1-1。

表 1-1 市场不完善导致的内生性扭曲

市场条件(扭曲的原因)	对帕累托最优条件的偏离	扭曲类型
存在消费的外部性	$DRS \neq P_d = DRT = MC_1/MC_2 = FRT$	消费扭曲
存在生产垄断	$DRS = P_d \neq MC_1/MC_2 = DRT$	生产扭曲
存在生产外部性	$DRS = P_d = MC_1/MC_2 \neq DRT$	生产扭曲
消费外部性和生产垄断同时存在	$DRS \neq P_d \neq MC_1/MC_2 = DRT$	生产扭曲
存在贸易垄断	$DRT = MC_1/MC_2 = P_d \neq P_w = FRT$	贸易扭曲
相同要素存在行业间价格差异	当$(w/r)_1 \neq (w/r)_2$时,$DRS_1 \neq DRS_2$	要素市场扭曲

注:下标 1 和 2 表示行业。

(一)消费扭曲

当消费市场中存在消费外部性(consumption externalities)时,消费的价格比 P_d 虽然等于生产的边际成本比 MC_1/MC_2 和生产的边际转换率,但与消费的边

际替代率 DRS 不一致,从而导致消费扭曲的产生,即

$$DRS \neq P_d = DRT = MC_1/MC_2 = FRT$$

外部性(externalities)又称为外部效应、外在性、外在效应或外在经济。指的是“一个生产者的产出或投入对另一个生产者的不付代价的副作用。”①从广义经济学角度看,外部性为某经济主体福利函数的自变量中包含了他人的行为,而该经济主体又没有向他人提供报酬或索取补偿。消费市场中随着人口增加、消费水平的提高,再加上不科学的消费方式,均可能会导致消费外部性在量上不断增加,进而对自然生态环境、对社会福利造成越来越大的负面影响。消费外部性行为包含消费外部性的“制造者”和“承受者”。这里,消费外部性的“制造者”实际上就是那些消费会产生外部性产品的消费者。许多产品的消费,例如一次性物品消费、危害他人健康的产品消费、濒危物种产品消费等,都会产生外部性。而消费外部性“承受者”是那些实际承受消费外部成本或消费外部收益的主体。此外,从类别上看,消费外部性包括正消费外部性和负消费外部性。正消费外部性是指某一消费者的消费行为使他人或社会受益而又没有向他人或社会收取费用。正消费外部性的存在,使得收益外部化。而当出现收益外部化时,该产品的消费者会忽视其外部收益,将会导致该产品的实际消费量小于帕累托最优水平。相对应的负消费外部性是指某一消费者的消费行为使他人或社会受损而又没有向他人或社会做出补偿。负消费外部性的存在,使得成本外部化。而当成本外部化时,该产品的消费者会忽视其外部成本,将会导致该产品的实际消费量大于帕累托最优水平。例如,吸烟是负消费外部性的常见例子。医学研究早就揭示出,被动吸烟是严重有害健康的,即吸烟者的成本外溢于社会,但是那些吸烟者由于不需要对被动吸烟者支付相应的成本,因此完全可以不顾外部成本。也正因为如此,这类产品的消费与帕累托最优水平相比往往消费过多。研究表明从社会角度来看,无论是正消费外部性还是负消费外部性,其结果都使资源配置达不到帕累托最优状态,产生经济扭曲,导致整个

---

① 彼得·纽曼、默里·米尔盖特、约翰·伊特韦尔:《新帕尔格雷夫经济学大辞典:第二卷》,北京:经济科学出版社,1992:280。

社会福利受到损失。①

(二)生产扭曲

诸多生产部门不完善因素会导致生产扭曲的产生。如当某些部分处于垄断地位,其势必会在市场中寻求垄断高额利润。因此,虽然相应部门的边际成本比与边际转换率保持一致,但其与国内价格比 P_d 将存在显著差异,即存在

$$DRS = P_d \neq MC_1/MC_2 = DRT$$

此外,生产外部性也会导致生产扭曲的发生。当生产部门存在外部性时,相应部门的边际成本比与国内价格比一致但与边际转换率不一致,即

$$DRS = P_d = MC_1/MC_2 \neq DRT$$

生产外部性同样包含正的外部性和负的外部性。比如,完善的教育系统培育出的人才,会对社会建设做出贡献,这是对所有人都有益的。建设一栋造型美观的建筑,让这个地区的所有人都可以欣赏到这一道风景线,也是一种正外部性。而工厂在生产中所排放的污染物就是一种负外部性。它所造成的社会成本包括政府治理污染的花费,自然资源的减少,以及污染物对人类健康造成的危害。从人类的角度来看,环境可以发挥三种作用:作为一种消费品,作为一种资源的供应者和作为废弃物质的接纳者。这三种功能有时是互相矛盾的。如果一种商品的生产或消费会带来一种无法反映在市场价格中的成本,那么“外部效应”就会产生。外部效应之所以能造成市场无效率是因为它阻碍了价格这只“看不见的手”传达关于均衡产量的正确信息,从而造成市场失灵。环境污染就是这种市场失灵最常见也是最典型的一种表现形式。一般说来,如果无法把污染所带来的福利损失内化到生产成本与市场价格中,那么市场就无法确保资源的最优配置。

当消费的外部性和生产垄断同时存在时,有

$$DRS \neq P_d \neq MC_1/MC_2 = DRT$$

这也会导致生产扭曲。

(三)要素市场扭曲

生产要素特指人类从事经济生产所需投入的经济资源和条件,其主要包

① 俞海山、徐蕾、鲁彬:《消费外部性的福利影响分析》,《宁波大学学报(人文科学版)》,2007年第1期:94-98。

括:土地、资本、劳动力和煤、电、石油等各种自然资源。一般来讲,要素价格由要素市场的供求决定。在完全竞争条件下,要素市场价格机制能够灵活确定和反映生产要素的相对稀缺程度和动态变化。当要素市场不是处在讲竞争状态,而是处在扭曲状态时,要素价格结构就不能准确反映资源的相对丰裕程度,企业也不能根据比较优势选择自己的产业和技术,从而导致资源配置扭曲、寻租活动猖獗、宏观经济不稳定和整个经济效率低下。① 从本质上讲,要素市场扭曲是要素市场价格与机会成本的偏差或背离。要素市场扭曲可以分为正向扭曲和负向扭曲。要素市场的正向扭曲是指要素价格大于或超过其机会成本或边际生产所决定的均衡价格;负向扭曲则是指要素价格小于或低于其机会成本或其边际生产力所决定的均衡价格。对于市场经济不发达的广大发展中国家,要素市场扭曲普遍存在。

市场分割是导致要素价格扭曲的原因之一。竞争性的要素价格均衡依赖于市场竞争的充分性以及要素的自由流动性。当市场出现分割形成要素流动障碍时,就可能会导致要素价格的扭曲。在这方面具有代表性的理论是劳动力市场分割理论。早期对劳动力市场分割进行研究的主要有 Doeringer 和 Piore(1971)、Tobin(1972)等。他们的主要观点是在存在劳动力市场分割的情况下,工资的决定并不遵循新古典的边际法则,主要劳动力市场工资会高于合理市场工资,而次要劳动力市场的工资则会低于正常的市场工资水平。Dickens and Lang(1985,1988)从实证角度进一步证明,主要劳动力市场和次要劳动力市场是存在的,而且还存在着阻碍劳动力从次要市场向主要市场流动的非经济壁垒因素,劳动力市场的分割是导致工资水平出现差异的关键。

垄断等阻碍竞争的市场势力的存在也会导致要素价格扭曲。在充分竞争条件下,要素的供给与市场需求决定共同作用和决定要素的均衡价格。但在现实中经常由于各种垄断因素导致要素市场出现扭曲问题。对于垄断因素导致要素市场扭曲的研究,主要集中在工会势力导致劳动力价格出现扭曲的方面。因为在西方发达国家,工人们为了提高自身与雇主的谈判能力,会组织起来以工会形式同雇主进行谈判,因此在许多学者的眼中工会被视为劳动力供给市场的垄断

---

① 林毅夫:《自生能力、经济发展与转型》,2006:4-12。

方。工会垄断势力的存在，将导致劳动力价格与市场价格出现偏离的问题，进而对整体经济效率产生影响。Defina（1983）、Roland-Holst（1997）、Fisher 和 Wasohik（2000）等人的研究表明在工会势力的影响下，工人工资要高于竞争性水平。

性别和种族歧视也会导致要素价格扭曲。国外对于性别和种族歧视对要素价格影响的研究，主要集中在劳动力市场上。最早对劳动力市场上的歧视问题进行系统研究的是加里贝克尔（1957）。他认为，在经济歧视的作用下，不同种族、性别、宗教的雇员，即使他们具有同样的劳动生产率，也得不到相同的经济回报，这种歧视导致劳动力价格出现扭曲。Ashenflter（1971）的研究也认为，不仅工会造成工人工资差异，性别和种族也是导致工资出现差异的重要因素。对于白人女性来说，工会与非工会工资差异为 9.7%；而黑人女性中存在的这一差异将高达 20 个百分点。

（四）贸易扭曲

内生性贸易扭曲特指当一国在国际贸易中有垄断力量时，国外价格比不等于国内价格比，即生产的边际转换虽等于生产成本比与国内价格比，但不等于国外边际转换率，从而有

$$DRT = MC_1/MC_2 = P_d \neq P_w = FRT$$

内生性的贸易扭曲是与整个经济相关的，在贸易活动中它是由市场不利因素造成的。例如，出口的外部因素不完全适合于出口商时，出口活动就可能不会发生。在开拓国际市场，建立国家和产品的质量信誉，在外国市场上摸索经营的方法和在外国市场上寻求商品和服务渠道时会面临这些外部因素。出口活动也可能由于资本市场的不完善而中止。这可能是因为出口活动因其最终的债务方是外国实体或者风险与货币的波动有关或者与在外国市场的经营有关而本身具有内在的风险。也还会出现一些其他形式的内生性贸易扭曲现象，例如，当被动接受价格的消费者和生产者没有意识到一个国家在对外贸易中的市场力量时，或者，当递增的规模收益导致产生一条非凸状生产可能性边界曲线时，就会出现内生性贸易扭曲现象。

三、发展中国家的内生性扭曲

发展中国家的市场发育程度虽不尽相同，甚至差异颇大，但都存在着市场

经济本身不发达和不完善的问题，由此产生了一系列与发达国家相比更为显著的内生性扭曲。基于其整体发展程度以及在国际分工中的特殊性，发展中国家的内生性扭曲具有其自身的特点。

（一）消费扭曲

消费外部性是导致消费扭曲的最主要来源。发展中国家消费市场的不成熟，相对较高的人口密集度，快速经济发展所导致的消费水平急速提高以及消费方式的不科学，均导致了消费扭曲伴随着发展中国家经济发展不断放大的趋势，进而对自然生态环境以及社会福利造成越来越大的负面影响。具体而言，发展中国家导致消费扭曲的消费行为主要体现在如下两个方面。

首先，危害他人健康的产品消费在发展中国家更为显著。

烟草消费问题一直为全球所关注，全世界有超过 11 亿人吸烟。随着近些年对吸烟危害关注度的快速提升，主要国家和地区均相继出台了禁烟措施，其中发达国家的烟民比例出现了显著下降的态势。比如从 1965 年到 2006 年，美国的成人烟民比例从 42% 下降到 20. 8%。烟民比例不同的州相差很大，肯塔基州、西弗吉尼亚州、俄克拉何马州和密西西比州烟民比例较高，而爱达荷州、加州和犹他州则显著的低。而对于多数发展中国家，由于健康保护意识的薄弱，相应政策的缺失以及烟草行业对于本国的经济发展具有重要的作用，同一时期发展中国家的烟草消费量年均上升了 3. 4%。比如中国大概有 67% 的男性和 4% 的女性吸烟。在年轻人中，将近 1/3 的男性和 8% 的女性吸烟。世界上每 3 根烟就有一根被中国人消费。中国每天大概有 3000 人因为吸烟致死。

其次，绿色消费意识在发展中国家相对薄弱，一次性物品消费、高能耗物品消费以及濒危物种产品消费盛行。

一次性用品的产生与工业化大生产有着重要联系，之所以一经产生就长盛不衰，是其满足了人们对“方便快捷”的时代需求。很多人消费一次性用品已成习惯，一次性纸杯、纸巾、保鲜袋等已经成为很多人的生活必备品。这样“畅快”消费的背后所带来的是对环境资源的恶意破坏、有害垃圾的大规模产生以及对居民健康的伤害。此外，由于发展中国家正处于工业化、城镇化的加速推进阶段，其对高能耗产品的需求显著较大。

(二)生产扭曲

生产部门的垄断以及生产的负外部性导致的生产扭曲在发展中国家都有体现。

除了自然垄断行业外发展中国家普遍存在政府对生产的控制,由此形成生产部门的垄断。在中国,电力、电信、铁道等主要是由于其生产经营特点而形成垄断地位,属于自然垄断性行业,而军工和烟草行业则是因政府政策的需要而形成的垄断性行业。

其次,发展中国家普遍存在的生产负外部性,尤其是其对于环境和社会环境的危害。发展中国家为了追求片面的经济快速增长,往往忽视对环境的保护以及对于高污染企业的管制,经济量上的高速攀升往往伴随着周边环境和生态系统的悲剧性破坏的发生。以中国为例,广东省新塘镇是著名的“牛仔裤之乡”。作为产业链上必须的一个环节,印染、洗水对于大大小小的纺织专业镇都必不可少,但也最容易产生对环境的污染。2010 年 11 月,绿色和平组织发布的一项调查显示,新塘镇 3 个采样点被送检的底泥样本中重金属铅、铜和镉的含量均超过国家《土壤环境质量标准》,其中一个底泥样本中的镉超标 128 倍,而一个水样的 pH 值更高达 11. 95。

在经济全球化进程中,跨国公司通过对外投资、国际合作、产品外包,将高能耗、高物耗、高污染、劳动密集型企业转移到发展中国家。这样既可利用这些国家的廉价劳动力、廉价资源,又可保护自己的环境,节省昂贵的环境治理费用,并获取高额利润,使发展中国家成为发达国家的“污染避难所”。比如,石棉因含较强致癌物质,在欧美国家被控制使用,但美国的 MONBIL 公司和欧洲最大的石棉制造公司都到印度投资或合资办厂。又如,有关保护臭氧层国际公约实施以来,西方国家将 ODS(臭氧消耗物质)生产和消费转移到中国,并集中于清洗、制冷和泡沫行业。据国家环保局环境与经济政策研究中心 1997 年 2 月对广东省 1994 年至 1996 年进入的外商投资企业进行的调查,泡沫和清洗行业共有 120 家。日本 1964 年研发出的“氟蚜满”乳油于 1975 年被禁止在日本国内生产,1992 年转移到中国,由中日美合资的福建惠龙农药有限公司生产。1993 年 7 月 ~8 月间发生 6 起含“氟蚜满”乳油的农药中毒事件,导致 3 人死亡。据有关部门统计,中国 1991 年利用外资的 11515 家企业中,污染密集产业达3353家，占总数的29.13%。2008年有100多家跨国公司在华企业因污染环境被中国环保部门列入环保违规黑名单。

20世纪60年代以来日本已将60%以上的高污染企业转移到东南亚国家和拉美国家。美国也将39%以上的高污染高消耗的产业转移到其他国家。污染源企业的转移不仅污染了所在国家的环境，而且损害了所在国工人和居民的健康，导致人群中毒和死亡。最为典型的是博帕尔毒气泄漏事件，1984年12月3日，美国联合碳化物公司在印度博帕尔市的农药厂盛有40吨异氰酸甲酯的贮罐爆裂，造成剧毒气体外泄，导致2500多人当场死亡，三四周后又有2万多人相继死亡。受害总人数达20多万，并有4000多头牲畜和动物死亡。据2004年9月8日《纽约时报》的报道，美国纽蒙特矿业公司在印尼的一处金矿向附近海滩倾倒含有砷和汞的垃圾，导致附近居民肺部和皮肤感染、孕妇生怪胎、鱼类死亡。

（三）要素市场扭曲

在中国经济转型过程中，市场的不完善主要表现为市场分割。由此导致要素市场的非均衡价格，造成要素市场扭曲。中国劳动力市场分割与劳动力价格扭曲，除了表现在垄断行业与非垄断行业的劳动力市场分割与劳动力价格扭曲，还表现为城市中的城镇劳动力市场与农民工劳动力市场的市场分割与价格扭曲。中国的资本市场也存在市场分割，不同所有制企业获取资本的难易程度不同，存在资本价格扭曲。自然资源要素市场，在经济转型过程中所实行的价格“双轨制”，实际上也是人为的市场分割。

（四）贸易扭曲

内生性的贸易扭曲更是与发展中国家整个经济密切相关。发展中国家出口的初级产品经常受到发达国家垄断组织的压价。这主要是由于有些发展中国家至今还没有摆脱单一经济和单一出口结构的状况，所以更容易遭到垄断低价的。发达国家输出的初级产品，例如澳大利亚的铁矿石，情况则不同。它们除了一般地具有原料品价格变动的特点外，还在不同程度上具有垄断性。据联合国公布的数字，发展中国家出口的初级产品价格，1971年比1950年下降了4%，而发达国家出口的工业制成品价格同比上涨了44%。由于制成品和初级产品价格“剪刀差”不断扩大，从1960年到1972年，发展中国家损失了1034.94亿美元。

第二节　工业化战略与政策性扭曲

一国或地方政府为了达到某种经济目标制定的政策必然会影响资源的正常配置,由此带来的扭曲即为政策性扭曲。政策性扭曲有时也被称为“间接扭曲”,“二次扭曲”(Williamson,1987)。如国家实行关税,没有贸易垄断时也会产生对外扭曲;或者有垄断时关税率低于或高于最优关税。生产税或补贴会形成生产性扭曲,消费税或补贴会形成消费扭曲,而要素税和补贴则会形成要素市场的扭曲。麦金农(1988)认为发展中国家在加速推进工业化的目标下,通过人为压低存贷款利率和高估本币汇率的手段人为压低成本,来利用国内和国外的金融资源,造成了金融市场资源配置的扭曲。在麦金农研究的基础之上,Beckman(1998)又提出了“向上的金融抑制论”,这种向上的金融抑制是指在政府干预下金融市场实际利率高于自然利率,进而导致资金配置的无效率。

在发展中国家普遍存在的旨在推进工业化和经济发展的产业政策、贸易政策都可能形成政策性扭曲。

一、工业化战略及其贸易政策手段

发展中国家的贸易战略既是其对外经济战略,也是发展中国家追赶先进国家的工业化战略。不同的国家在不同的阶段可能采取不同的战略。关于贸易战略的具体类型,较有影响的分类方法要有三种。进口替代战略、出口导向战略和综合战略。不同的贸易战略下,各国采取的政策手段有所不同。

(一)进口替代战略(import-substitution strategy)

进口替代战略指通过本国进口替代工业的发展来逐步实现工业化。进口替代行业指本国不具有比较优势、在完全自由贸易条件下将从国外进口产品的行业。进口替代指的是用本国生产取代从国外进口。

赫尔希曼(1958)根据其“联系效应论”提出不平衡增长战略,并指出进口替代战略的可行性:发展中国家在推进工业化中,应该优先发展前向联系和后向联系效应较大的进口替代工业部门，如资本品工业部门。这样可以减少机器设备和原材料的进口，尽量多投入本国原材料，生产出国内工业发展急需的产品，以减少进口，节约外汇，为工业发展创造条件。不过，发展中国家的进口替代通常先用国内生产的非耐用消费品代替进口的同类产品，即先建立和发展一批最终消费品工业如食品、服装、家电制造业以及相关的纺织、皮革、木材工业等。然后再过渡到用国内短缺的资本品和中间产品的生产代替进口同类产品，如机器制造、石油加工、钢铁工业等资本密集型工业。

进口替代战略下的保护措施有关税、进口配额、补贴与本币升值。其中关税和配额是最重要的保护措施。一般来说，对最终消费品的进口征收高关税，对生产最终消费品所需的资本品和中间产品征收低关税或免征关税。通过进口配额也可以限制非必需品的进口数量，以保证国家扶植的工业企业可以进口的资本品和中间产品。直接对本国进口替代产业进行各种形式的补贴以增强其生产能力也是较为普遍的做法。另外，本币高估可以降低进口商品的价格，减轻外汇不足的压力。

进口替代战略有助于加强发展中国家独立发展经济的能力，避免对外过度依赖。如果进口替代行业能够实现规模经济，还可能创造出新的制造业出口，摆脱单纯出口初级产品的不利分工地位。但进口替代战略对推进工业化的作用是有限的。首先，它并不能完全消除对外的依赖性，只是改变了进口商品结构，从进口制成品变为进口原料、技术专利、机器设备、中间产品与资本而已。其次，各种保护措施是通过价格扭曲的方式促进本国进口替代行业的发展的，这种扭曲会带来国内资源配置非效率。进口替代战略的核心问题是它违背了比较优势原则，严重降低了经济效率，并导致国际收支恶化。所以，日本、韩国、新加坡、台湾等国家和地区都曾在经过一段时间的进口替代工业化进程后，纷纷转向出口导向战略。

1958 年 ~ 1960 年是台湾从进口替代向出口导向过渡的时期，在金融政策方面，使台币贬值并使汇率单一化。台湾银行挂牌的汇率官价 1956 年为 1 美元兑 24. 71 新台币，到 1959 年已减为兑 36. 38 新台币。在财政政策方面，1960 年公布《奖励投资条例》，在农业、采矿业、制造业、公用事业、运输业、观光旅馆业等行业实行税捐减免政策，并再度修订《所得税法》，让外国人和华侨投资者享受捐税减免。在贸易政策方面,逐步取消进口配额并放宽进出口管制。1958年以后,逐步减少外汇分配额度,最后完全废止进口配额。1958年~1960年间,总共解除了对200多种出口品的管制。

(二)出口导向战略(export-oriented strategy)

出口导向战略指通过扩大制成品的出口来带动工业化和整个经济发展的工业化战略。出口导向战略是建立在比较优势的理论基础上,认为一国应该大力推进其比较优势产品的出口,通过国际分工最大限度地获取专业化和规模经济的好处。出口导向贸易战略是一种外向型战略,国家通过税收、补贴、汇率等一系列鼓励出口的措施,首先推动出口产业的发展,并通过出口产业推动其他产业的发展。

出口导向战略分为初级品出口和工业制成品出口替代战略。初级品出口战略即出口食物和农矿原料,进口发达国家的工业制成品。在一国工业化发展初期,通过发展初级产品出口来积累工业化资金,在此基础上发展农矿产品出口加工工业,促进国民经济的发展。工业制成品的出口替代一般经历三个阶段:第一阶段是用劳动密集型制成品的出口取代农副矿产品等原始的初级产品出口,通过扩大劳动密集型产品的出口来引进先进的技术、设备和中间产品;第二阶段是用资本密集型产品替代劳动密集型产品,主要发展传统的重工业,如汽车、钢材、化工等产品;第三阶段是用高新技术产品替代资本密集型产品的出口,主要有飞机、电子、计算机等新产品。

一般而言,实施出口导向战略有出口补贴、税收优惠等措施,不采用或很少采用直接控制和许可证办法等非关税壁垒,逐步降低进口关税,对贸易控制程度逐渐减弱。出口导向战略对本国市场的实际保护率很低,名义汇率接近实际汇率。

(三)综合型战略

进口替代战略存在自给自足的倾向,不能利用外部资源和技术发展经济,不能通过国际分工和贸易发展自己的比较优势,往往造成封闭和落后,替代工业部门本身也缺乏效率。出口导向战略虽然能充分地利用本国的比较优势,但是容易造成贸易条件的恶化和国内产业结构的单一化和低级化,而且过分的出口促进措施往往会引起进口国的贸易保护主义倾向抬头。

综合型战略把进口替代战略和出口导向战略各自的有效部分组合起来，在继续大力发展进口替代的同时，积极利用出口导向战略的某些政策，尽力避免政策单独使用带来的负面影响，最大限度地促进经济发展。该战略融合了出口导向战略与进口替代战略的优点，通过进口替代推动生产力的发展和产业结构的高级化，通过出口替代实现比较利益的最大化，充分利用国际分工与国际交换的好处；并通过外汇收入将两者联结和统一起来，形成在扩大出口的基础上加速替代，在加速替代的基础上进一步扩大出口的对外贸易与工业化相互促进的良好局面。

二、政策性扭曲

（一）政策性扭曲的类型

为了更清楚地理解扭曲的含义，有必要区分随机扭曲和择定扭曲。当一种经济政策的采用导致某一产业或产品生产的扭曲，而政策的目的也只在于为该产业的发展或抑制而不得不引进扭曲时，这种扭曲是择定的，即为某一目的而选择确定的（张幼文，1995）。择定扭曲具有定向的性质，即扭曲的程度与方向为政策所操纵。相反，当扭曲的形成不具有这种性质，而是由经济中的非政策因素决定，或者政策造成的扭曲具有全面性而非定向性时，那么扭曲的发生就具有随机性、任意性。这种扭曲与产业政策目标没有必然的联系，只取决于导致扭曲的原因。

择定扭曲既然是出于一定的政策目的，那么只要这个政策决策本身是正确的，“度”是适当的，那么其微观的现期的扭曲损失就可以为未来的发展的利益所补偿或超额补偿。相反随机扭曲不具有这种特征，扭曲的贸易损失是净损失，而且它还造成整个经济价格信号错误和结构失衡的国内效率损失。

可见，随机扭曲是普遍的扭曲，择定扭曲是局部的扭曲。如汇率扭曲是一种普遍的扭曲，因为其对一切产品一视同仁，普遍地提高或降低进口成本和出口收益。汇率扭曲作为一种普遍扭曲是不利的，如汇率的低估被用于进口替代战略就会形成较低的效率。要素扭曲也是一种普遍扭曲。但这并不是说局部扭曲就总是有利的。税收和补贴、直接定价管制构成局部扭曲。如果局部扭曲抑制贸易，那么就是不利的，如果有益于市场的扩大，并且把现期损失限制在一定范围内，那么就长期说还是有益的。扭曲得失取决于程度，政策引致性扭曲形成的宏观与动态利益可以补偿较小的扭曲损失，但也有可能产生较大的扭曲损失抵消政策所带来的利益。

普遍扭曲和局部扭曲也与发展战略相关。进口替代战略必然要求全面的保护政策，较高的关税，较高的汇率，较多的管制，其结果是引起普遍的扭曲。出口导向战略不要求全面的外贸干预，扭曲只来自于定向的出口鼓励和产业发展政策，所以扭曲是局部的。扭曲是两种发展战略实绩差异的原因（张幼文，1995）。

政府行为给出口贸易所带来的扭曲表现为出口政策引致性扭曲，比如说，政府给予出口企业补贴、出口退税等优惠政策，过度干预企业行为，以及产业政策、汇率政策、外贸政策、外资政策所带来的扭曲等等。中国出口贸易的快速增长很大程度来源于政府激励政策的推动。比如说外资政策，在引进外资过程中，一旦吸引外资的数量成为影响各级官员利益的重要指标之一，这些官员可以不承担私人成本地运用行政权力介入或干预企业的决策运营，私人成本和私人利益的不对称导致了政府政策的扭曲，各地区政府以更优惠的条件相互竞争追逐外资，外资在谈判中占有主动权，中方利益损失，外资受益，外资利用中国优惠的条件和廉价的劳动力作为加工基地大量出口。又如出口退税政策，有些企业为了获得出口退税，甚至以低于成本的价格出口商品，造成重复建设和过度竞争。

改革开放初期，无论是低估的汇率政策，还是出口补贴和出口退税的出口鼓励措施，这些出口激励政策在当时是非常必要的，并且发挥了重要的作用。由于过去政策的惯性和相对滞后性，这种一味地激励措施在一定程度上扭曲了企业行为，违背了市场化运作规则。过去只注重规模不注重效益，注重数量不注重质量的出口激励政策已经不适应当前的宏观经济环境，需要调整。

（二）政策性扭曲实施的条件

提高贸易效益的政策选择应遵循对应规则。在市场不完善情况下的政策选择的原理是依据扭曲分析提出来的。西方经济学家研究了当存在着以上四种市场不完善情况时怎样的政策是最优政策。例如，哈根指出，在存在着部门间工资差异的情况下，最优政策是对生产要素的税收与补贴。巴格瓦蒂和拉马斯瓦米指出，当产品存在着外部效应时，最优政策是消费税收与补贴。60 年代末，巴格瓦蒂、拉马斯瓦米和斯林尼瓦逊对在市场不完善的每一种情况下的政策选择的优劣进行了分析，包括外贸的税收与补贴，生产的税收与补贴，消费的税收与补贴以及生产要素的税收与补贴。所有这些分析都表明这样一个原理：只有在市场不完善的位置即扭曲发生处实行适当的干预才能有最优政策，否则只能是以一种扭曲取代另一种扭曲。扭曲理论很好地给出了政策选择原理。

如果国内市场本身是完善的，不存在扭曲，那么对外贸易政策的干预总是干扰一般均衡的实现，导致对外扭曲。对外扭曲的存在使一国不能在充分的规模上实现贸易利益，或者引起国内资源的不合理配置。外贸干预政策本身来自于某些特定的目标，例如，扩大出口、保护国内生产者的利益或幼稚工业，力图建立本国的产业体系、财政收入的需要，纠正国内市场的扭曲等等。这些政策本身的积极作用是可以评估的，但外贸干预在实现一种政策目标的同时也必须付出政策引致性扭曲的代价。

例如，出口补贴造成的扭曲，当出口商品价格不存在扭曲时，由政府给予的补贴会增加出口商的收入，使本来按企业成本只能少量出口的产品大量出口，甚至使实际无比较优势的产品出口。当补贴的必要性来自于国内价格扭曲时，其不利性还会更多一层。因为补贴的原则会使一些亏损不能出口的产品有可能出口，或使所有产品都获得相近的收益。但是，由于比较优势的不同，各种产品本来就不应获得相近的收益，这样就不利于使资源转向优势产业。同时，补贴的存在也不利于企业效率的提高，并使国内价格扭曲凝固。出口补贴以及其他各种鼓励出口的措施是许多后进国家采取的政策，以增加出口能力，满足外汇需求，但是这种方式会受到国际的制约和报复，如提高进口关税和实施反倾销。

第三节　经济转型与中国的体制性扭曲

由于中国经济处于计划向市场的转型过程中，市场本身并不完善且正处于发育过程中，政府一直掌握着大量的经济资源尤其是一些关键性的要素资源，市场与政府管制之间的对立决定了国内市场中存在的扭曲现象绝大部分与政府行为有关。中国经济在由计划经济向市场经济转型的过程中，政府一直在不同程度上扮演着资源配置的角色，导致了资源配置的非帕累托最优，这就是所谓的体制性扭曲。

一、政府主导型的市场经济

政府主导型经济发展模式是在中国从计划经济到市场经济的转轨过程中，在市场主体尚未发育成熟、市场各项规章制度并不完善的情况下，政府对经济过程进行多方面的干预，不仅包括直接支配经济资源，直接参与经济建设，还对企业进行多方面的微观和宏观干预，从而拉动经济的发展。到目前为止，中国的市场经济体制仍然不完善，市场经济成份仍然相对偏小，政府干预经济的领域和程度大大超过了成熟市场经济国家，在很多领域，政府干预是促进经济发展的主要手段，不再是辅助手段。中国政府主导的市场经济表现出如下特点。

(一)二元经济结构

中国目前的基本国情是城乡二元结构，即经济发展在城市和农村有着很大的差别。改革开放前，在传统的计划经济体制下，经济发展的战略之一是以牺牲农业来支持工业的发展，因此通过长期的工农业产品价格的剪刀差使得优势资源从农业向工业输送，工业的发展有向城市集中以达到集群化的内在要求，因此城市在工业的带动下快速发展起来，而农村和农业却发展缓慢，形成了较大的城乡发展差距；改革开放以后，在大力推行城镇化和工业化的同时并没有同时重视农业和农村经济的投入，没能根本改变原来的二元制度，虽然近年来，国家开始重视三农问题，加大对农村经济的扶持，但仍有许多社会经济政策是在维护甚至是在强化二元经济结构，比如，建立在户籍制度基础上的限制外地人口就业，接受教育、享受医保和社保等政策。

(二)权力寻租和腐败

权力寻租和腐败已成为中国经济发展中的普遍现象，据凤凰网资讯公开资料统计，2003 年至 2007 年的 5 年间，共有 35 名副部级以上官员落马，年均 7 人。腐败涉及的金额巨大，动辄就是上千万甚至上亿元。2009 年已基本查明涉案的31位国企企业家犯罪涉案金额累计达34亿元,人均高达1亿元;其中涉及贪污、受贿的国企企业家30人共计贪污、受贿9.3亿元,人均3109万元;涉及挪用公款的国企企业家9人,累计挪用公款12.9亿元,人均1.4亿元。如图1-1,2010年和2011年全国查办县处级以上涉罪人员分别为2723人、2524人。如图1-2,全国查办省部级以上涉罪人员分别为6人、7人。

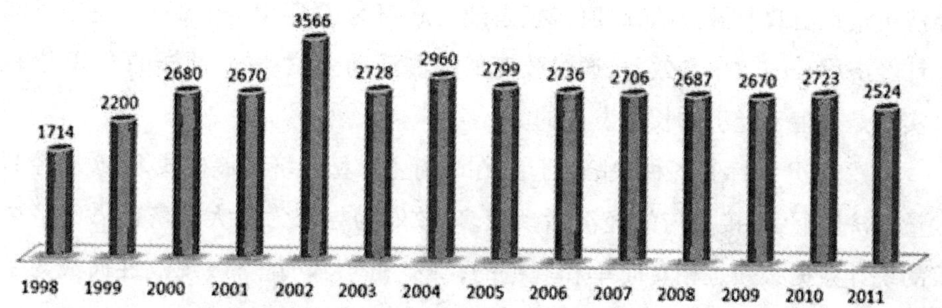

图1-1 全国查办涉案县处级以上国家工作人员数量(1998~2011) (单位:人)

来源:财新网(http://china.caixin.com/2012-03-14/100368160.html)。

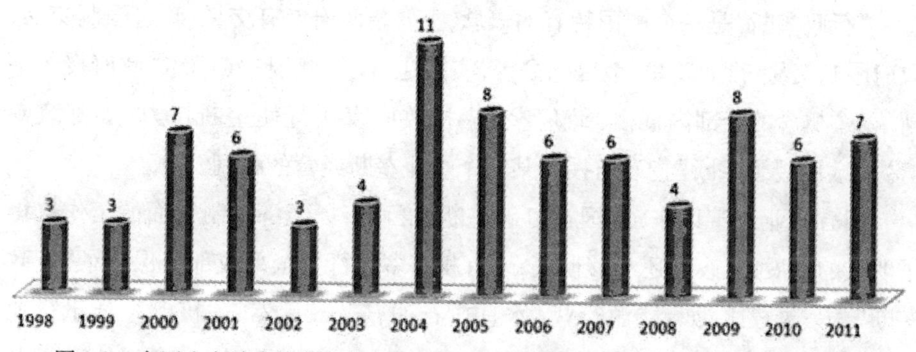

图1-2 全国查办涉案省部级以上国家工作人员数量(1998~2011) (单位:人)

来源:财新网(http://china.caixin.com/2012-03-14/100368160.html)。

权力寻租和腐败的表现之一是“裸官”现象普遍,即为官者将家属连同非法收入转移至国外。滋生腐败的根源是在政府主导型经济发展模式下,政府对大量经济资源直接控制,拥有控制权、追求个人利益最大化的政府官员在缺乏民众监督的政治环境下“理性”地做出了权力寻租行为。

(三)忽视长远发展的GDP增长目标制

政府主导型经济发展模式下,经济增长是首要目标,而在经济实践中,考核经济增长的主要指标就是GDP。因为GDP标准统一,易于统计和决策,所以成为了考核经济增长的主要指标。但是,GDP 考核本身的危害也很明显,GDP 没有考虑环境污染、资源能源消耗、收入分配等方面的社会成本,因此不能反映经济增长的效率。某些情况下,GDP 增长可能是社会资源的浪费,而不是真正的经济增长,比如,不讲质量的粗放型发展,污染了空气、污染了水源,污染的时候创造了 GDP,治理污染又创造了 GDP。政府主导的经济发展模式下,由于很多经济决策是由政府做出的,政府特别是地方政府为了 GDP 增长目标,是很可能不计经济增长的效率和效益,通过政府的经济活动去拉动的,这样的 GDP 增长事实上是有害于经济的长远发展的。

虽然 GDP 指标有各种缺陷,但是,在政府主导型经济发展模式下,政府控制大量经济资源,直接参与的经济活动较多,政府为寻求为庞大经济体做经济决策的统计数据必须是相对简单和规范的,GDP 由于其简单性、规范性而成为了政府经济增长主要考核指标是可以理解而且几乎是无可替代的。

(四)行政垄断

“行政垄断”是一个中国特有的概念,主要指政府专有交易、政府强制交易、政府限制交易、行业壁垒、地区壁垒等,实际包含了“政府垄断”和“政府授予垄断”两个概念的全部内涵。“政府垄断”指政府直接行使垄断权力(如邮政专营),“政府授予垄断”指政府授予某一个企业垄断经营的权利。

国有企业改革以来,中国在打破垄断、培育市场经济体制方面的工作取得了明显的进展,但改革还不够彻底,还有相当多的行业全部或部分保持了“行政垄断”的发展模式,如:能源行业(水、电、石油、煤气、天然气、核电)、通讯行业(有线、无线通讯)、军工行业、新闻行业(电视媒体、报纸媒体、广播媒体)、烟草行业、重要交通行业(航空、铁路、水运)、重要资源行业(煤、铁、贵金属)。“行政垄断”是中国政府主导型经济发展模式的主要特征之一。

二、体制性扭曲的形成机制

中国政府主导型经济发展模式下,由于政府需要干预经济的领域较大、程度较深,因此就需要掌握较多的经济资源,由此导致了政府在能源、金融、土地、电信、交通、矿产资源等各个领域通过法律和行政的手段设置垄断壁垒,直接或间接控制经济资源。政府“既当运动员,又做裁判员”,在很多领域出现与民争利的情况。在这种模式下,政府掌握着大量的经济资源,其对短期内推动 GDP 增长的意愿和能力增强,但对推动经济内生增长和长远发展的意愿和能力不足。其结果必然是各级政府都把保持 GDP 的高增长作为其凸现“政绩”的主要标志。

从地方政府干预经济的角度出发具体分析体制性扭曲的形成机理,大致包含了以下内容:一是分税制改革和中国地方官员的晋升体制,增强了地方政府出于自身利益不顾社会经济效益盲目推动经济规模增长的动机;二是政府官员五年任期和调动制度,使地方政府更加注重短期增长,忽视生产和投资的长期效益;三是模糊的土地产权和银行的预算软约束等体制上的缺陷,为地方政府通过给投资者提供低价土地、减免税收等投资补贴措施,以及帮助企业获取金融资源等手段进行招商引资和促进地区经济增长提供了条件;四是环境产权的模糊和环境保护制度体系的缺陷,为地方政府人为地放宽对企业的环境要求,甚至纵容企业污染环境以吸引投资打开方便之门;五是地方政府的不当经济干预行为,会通过成本外部化效应、风险外部化效应扭曲企业的投资行为,进而导致企业过度的产能投资和“重复建设”,并造成社会福利的损失。

要素市场是中国市场化程度最低的市场,扭曲现象也最显著。东北财经大学自然资源价格扭曲现象研究课题组(2006)认为,中国资源产品特别是能源产品之间的比价关系不合理,而造成这种扭曲的重要原因在于政府管制,在政府对经济的管理中并存着政府失效与政府干预过度。“政府失效”主要表现为:(1)管理者缺乏相应的知识、信息和远见;(2)缺乏有效的政策工具或政策工具使用不当;(3)管理体制僵化,不能对经济、技术条件的快速变化做出快速反应;(4)政府行为往往以单一的“GDP 增长”为指标;(5)财政分权,地方政府利用手中掌握的资源影响经济,支持财政收入的高速增长等。政府干预过度的一个重要表现就是多数自然资源产品价格并未市场化,一直沿袭国家计划经济时期旧的政府定价或政府指导价。自然资源价格改革进程滞后与经济改革飞速发展形成鲜明对照,自然资源价格扭曲问题突出。资源价格严重扭曲不能真实反映市场中资源稀缺程度,形成资源要素过度供给,进而造成了资源使用过程中的严重浪费和经济对于资源要素的过度利用与依赖。

这主要体现在两个方面:一方面,地方政府因为拥有强大的配置稀缺资源特别是影响信贷和“批租”土地的权力,加上以生产型增值税为主的财税体制,使得各级政府纷纷投资发展产值大、税收高的简单加工业。另一方面,由于要素市场改革的滞后,致使在要素领域,政府仍然是重要的配置主体,拥有规则制定权、执行权以及裁判权,直接参与要素资源的价格干预和配置,严重破坏了正常的市场竞争秩序。一些地方政府仍一味追求GDP的增长,直接参与要素资源的配置,以压低劳动力价格、牺牲自然生态环境为代价来参与地方政府间的竞争。这种要素资源价格的扭曲使企业和政府可以无视要素资源的禀赋,选择发展资源耗费大、效率低但能带动当地经济粗放型增长的出口导向型产业。

三、熊彼特思想下的中国经济增长

在经济扭曲主导经济增长的模式下,处在转型与增长模式十字路口的中国究竟路在何方?

一般认为,由于市场不完善、在国际分工中处于不利地位等因素,发展中国家完全依靠市场力量难以快速实现工业化和经济增长,更难以实现追赶先进国家的目标,因而需要政府部分地参与,推进增长。出于加速经济增长动机的政府战略与干预必然在发展中国家的内生性扭曲之上滋生出政策扭曲。在作为转型国家的中国,由于政府与市场机制的作用在体制上还没有理顺,不可避免地又造成了体制性扭曲。这些经济扭曲作为中国发展模式的一个侧面,一方面通过强化比较优势、促进资本积累和投资,对于短期经济增长具有推动作用,比较明显的效果就是拉动GDP上涨,满足了各级政府保持GDP的高增长作为其凸现“政绩”的意愿;但另一方面,经济扭曲对资源配置的负面性因素限制了高级要素的积累、技术创新和破坏了资源与环境,对推动中国经济内生增长和经济的长期可持续增长与发展不利,并且具有很强的抑制作用,因此,中国需要寻求一个切实可行的、能够促进内生经济增长与经济发展的路径。

内生经济增长理论始于20世纪80年代,在迪克西特-斯蒂格利茨的垄断竞争模型(Dixit-Stiglitz Model)框架下发展起来的。首先是由埃塞尔(Ethier,1982)将效用函数重新解释并转化为生产函数,即一种制造业部门(企业)的生产函数。在此基础上，罗默（Romer，1986）首先将微观的 *D-S* 生产函数引入增长理论研究中，以说明垄断竞争条件下技术进步对经济增长的影响。然后在罗默（Romer，1986）和卢卡斯（Lucas，1988）发展的基础上，Aghion 和 Howitt（1992，1998）将熊彼特的创新思想“创造性破坏”引入到创新增长理论，并利用罗默和卢卡斯的分析框架，考察了以产品质量提高为主要内容的产业创新过程，构造了一个“创造性破坏”产生的内生增长模型，并对熊彼特的破坏性创造思想进行了动态扩张。

对于市场经济体中的增长问题，熊彼特（1942）指出创新是经济增长的根本动力，创新的“创造性破坏”过程是增长过程中的基本特征。“确立并保持资本主义发动机运转的根本动力源自新的消费品、新的生产或运输方法、新市场……（这个过程）不断地使经济结构从内部发生革命，不断地摧毁旧的经济结构，不断地创造新的经济结构。这个创造性破坏过程是资本主义的基本特征。”①

下一章，我们将从熊彼特创新思想与增长理论中去寻求处于转型经济体的中国应如何“创造”适合本国实际情况的发展路径。

① Schumpeter，J. 1942，*Capitalism*，*Socialism and Democracy*，New York，Harper and Brothers：83.

第二章

熊彼特增长理论与“破坏性创造”

熊彼特的“创造性破坏”思想以及沿着这一思想发展起来的内生增长理论为发展中国家向发达国家的经济收敛提供了参照系。发展中国家的各种经济扭曲作为一种引致性的资源配置机制，一方面通过强化比较优势、促进资本积累，在一定阶段实现了经济的快速增长，而表现出经济扭曲的“创造性”；另一方面，由于抑制了创新、破坏了资源与环境，使得经济增长不可持续，而表现出“破坏性”的一面。当“破坏性”效应大于“创造性”效应时，发展中国家的经济增长就可能陷于停滞。这种情况下，政府战略的推进作用实际上就是一种完全有别于熊彼特思想——是一种与熊彼特思想中的“创造性破坏”反向操作来推动经济增长的“创造”，因此，在这里，我们将这种具有破坏性的创造经济增长的过程，称之为“破坏性创造”(destructive creation)，这种“创造”必然使发展中国家偏离了基于熊彼特“创造性破坏”思想的经济收敛路径。

第一节　熊彼特的“创造性破坏”与内生经济增长

熊彼特(1942)认为创新“不断地从内部使整个经济结构革命化，它不断地破坏旧结构、不断地创造新结构。这个创造性破坏的过程就是资本主义的本质事实”。Aghion and Howitt(1992)及其后续研究将熊彼特的“创造性破坏”思想引入内生经济增长理论，构建了熊彼特增长理论。

一、创新与创造性破坏

(一)熊彼特的创新理论

“创新”一词最早由美国经济学家熊彼特于1912年出版的《经济发展理论》一书中提出。熊彼特提出的创新包括5种情形:(1)采用一种新的产品。新产品指的是消费者还不熟悉的产品,或者是一种产品的新特性。(2)采用一种新的生产方法。新生产方法指有关的制造部门中尚未通过经验检定的方法,并不需要建立在新的科学发现的基础上;也可以是一种新的商业处理方式。(3)开辟一个新的市场。新市场指一国的某一制造部门进入以前不曾进入的市场,不管这个市场以前是否存在过。(4)掠取或控制原材料或半制成品的一种新的供应来源,不论这种来源是已经存在的,还是第一次创造出来的。(5)实现任何一种工业的新组织,比如造成一种垄断地位或打破一种垄断地位。这5种情况即是五种创新:产品创新、技术创新、市场创新、资源配置创新和组织创新,其中的“组织创新”也可视为部分的制度创新。熊彼特的创新理论主要有以下几个基本观点:

第一,创新是生产过程中内生的。“我们所指的‘发展’只是经济生活中并非从外部强加于它的,而是从内部自行发生的变化。”尽管投入的资本和劳动力数量的变化能够导致经济生活的变化,但这并不是唯一的经济变化;还有另一种经济变化,是从体系内部发生的,并且是诸多重要经济现象发生的原因,所以,为它建立一种理论似乎是值得的。所谓另一种经济变化就是“创新”。

第二,创新是一种“革命性”变化。熊彼特曾作过这样一个形象的比喻:不管把多大数量的驿路马车或邮车连续相加,也决不能得到一条铁路。而铁路这种革命性的变化就是创新,可见,创新具有突发性和间断性的特点。

第三,创新同时意味着破坏。一般说来,“新组合并不一定要由控制创新过程所代替的生产或商业过程的同一批人去执行”,即并不是驿路马车的所有者去建筑铁路,而恰恰相反,铁路的建筑意味着对驿路马车的否定。所以,在竞争性的经济中,新组合意味着通过竞争对旧组织的破坏,尽管破坏的方式有所不同。如在完全竞争状态下的创新和破坏往往发生在两个不同的经济实体之间;

而随着经济的发展,经济实体的扩大,创新更多地转化为一种经济实体内部的自我更新。

第四,创新必须能够创造出新的价值。熊彼特认为,先有发明,后有创新;发明是新工具或新方法的发现,而创新是新工具或新方法的应用。“只要发明还没有得到实际上的应用,那么在经济上就是不起作用的。”因为新工具或新方法的使用在经济发展中起到作用,最重要的含义就是能够创造出新的价值。

第五,创新是经济发展的本质规定。熊彼特力图引入创新概念以便从机制上解释经济发展。他认为,可以把经济区分为“增长”与“发展”两种情况。经济增长如果是由人口和资本的增长所导致的,并不能称作发展。“因为它没有产生在质上是新的现象,而只有同一种适应过程,像在自然数据中的变化一样。”“我们所意指的发展是一种特殊的现象,同我们在循环流转中或走向均衡的趋势中可能观察到的完全不同。它是流转渠道中的自发的和间断的变化,是对均衡的干扰,是永远在改变和代替以前存在的均衡状态。我们的发展理论,只不过是对这种现象和伴随它的过程的论述。”所以,“我们所说的发展,可以定义为执行新的组合。”这就是说,发展是经济循环流转过程的中断,也就是实现了创新,创新是发展的本质规定。

第六,创新的主体是“企业家”。熊彼特把“新组合”的实现称之为“企业”,那么以实现这种“新组合”为职业的人们便是“企业家”。因此,企业家的核心职能不是经营或管理,而是看其是否能够执行这种“新组合”。这个核心职能又把真正的企业家活动与其他活动区别开来。每个企业家只有当其实际上实现了某种“新组合”时才是一个名副其实的企业家。这就使得“充当一个企业家并不是一种职业,一般说也不是一种持久的状况,所以企业家并不形成一个从专门意义上讲的社会阶级。”熊彼特对企业家的这种独特的界定,目的在于突出创新的特殊性,说明创新活动的特殊价值。

熊彼特在增长领域最具有广泛和直接影响的是上述“创造性破坏”思想。他正是基于这一思想,对资本主义的发展过程进行定义:“不断地从内部使整个经济结构革命化,它不断地破坏旧结构、不断地创造新结构。这个创造性破坏的过程就是资本主义的本质事实”。这种独特而准确的概括在新增长理论中得到了广泛地认同和应用。就是说,增长过程主要是通过引入新的产品,即通过扩大产品的种类和创造出更高质量的产品来实现的。在产品新种类和更高质量引入过程中存在着创造性破坏——新的产品使得原来的产品的需求减少,更高质量的产品使当前产品质量层次下降和对原有产品的需求减少,也就是退化和破坏的过程,这对企业家的创新活动有着直接的影响。创新活动一般定义为有目的的研发,执行的主体是企业家,企业家追求的是垄断利润,但他们这种垄断势力和市场影响力并不是孤立存在的,会受到其他企业家或竞争对手行为的影响。

一个企业家获得当前的垄断地位和垄断利润是建立在对先前垄断企业的破坏和替代基础上的,他们同时也受到潜在的、后来的企业家的研发“威胁”,一旦别的企业家创造出更高质量或更好的产品,当前垄断者的垄断利润也会同样被破坏和剥夺。所以研发活动不会仅仅考虑自身的行为,还会考虑潜在对手的可能行为。

二、熊彼特增长理论

熊彼特的“创造性破坏”思想对上世纪 80 年代以来的经济增长理论具有重大影响。这种影响主要体现在两支增长理论上:一支是以 Nelson 和 Winter(1982)开创的、以演化的视角关注异质性和结构变迁的演化熊彼特主义增长理论,另一支是以 Aghion 和 Howitt(1992,1998)为代表的在新古典框架下纳入垂直质量改进(创新)过程的熊彼特主义内生增长理论,它也被称为内生增长的熊彼特方法或熊彼特主义内生增长理论。本书的理论构架是基于后一支理论。

(一)基本的熊彼特模型

Aghion 和 Howitt(1992)开创性地构建了以“创造性破坏”为特征的增长模型,刻画技术和产品之间存在着创造性破坏效应的增长过程。增长速度主要取决于相互竞争的企业最优研发水平,一旦某个企业获得研发成功则获得一定的垄断地位,可以独立地定价从而获得垄断利润。但是这种垄断利润是建立在对上一期的垄断利润的“破坏”基础之上的,因此,企业的最优研发行为和决策就可以用一个前向的差分方程描述,厂商在进行研发时候会考虑潜在的竞争对手进行研发并获得成功后所可能的影响。在这种垄断竞争框架内他们分析了最优创新活动的努力程度和研发投入水平,并考虑了研发投入对增长的影响及经济增长速度的决定因素。这样以创造性破坏为特征的熊彼特式的内生增长模型就进一步沟通了微观和宏观之间的关系,充实了增长理论的市场结构,对于增长的动力——研发努力也更加近似现实经济。Aghion 和 Howitt(1998)又进一步完善了上述理论思想。

Aghion 和 Howitt(1992,1998)假设社会中存在三种可交换的物品:劳动力 L、消费品 y 和中间品 x。经济参与人长生不老,利率 r 不变。劳动力可用于两种用途:中间品的制造和研发,在研发中使用的劳动力数量为 n。消费品的生产投入只有中间品,其方程为:$y = AF(x)$,其中 A 为生产力参数。中间品由劳动力一对一地生产处理,所以可以用 x 代表中间品制造部门所使用的劳动力数量。研发部门主要从事中间品的研发,创新的到达是一个泊松过程。创新的泊松抵达率是 λn,即在研发部门投入的劳动力越多,创新成功的概率就越大,λ 为固定参数。模型中假设新技术会完全取代旧技术,拥有新技术的中间品制造者成为中间品市场的垄断者,并且专利法对技术进行永久性的保护,直到有更先进的技术出现,这种垄断地位才会消失,这就是熊彼特的“创造性破坏”的思想。t 表示创新发生的次序。中间品创新的结果是提高了生产力,即增大消费品生产函数中的技术参数 A。设 $A_{t+1} = \lambda A_t$,γ 为创新对生产力提高的效率。

模型主要通过研发者、中间品当前垄断者以及劳动者的最优化来确定劳动力在研发和中间品的制造这两个领域的配置,进而得出在均衡配置下的经济增长路径。

劳动力比较中间品制造部门和研发部门的工资决定自己在哪一个部门工作;中间品创新成功后,中间品的垄断者的优化决策决定 x 的产量。研发者通过研发活动的优化确定研发的投入。研发的期望利润为:$\lambda n_t V_{t+1} - w_t n_t$,其中 w_t 是研发部门劳动力的工资,V_{t+1}为第 $t+1$ 次创新的价值。研发部门最优化的条件是:$w_t = \lambda V_{t+1}$; 第 $t+1$ 次创新的价值 V_{t+1} 由资产方程 $rV_{t+1} = \pi_{t+1} - \lambda n_{t+1} V_{t+1}$ 决定,该方程表示某一次创新的价值是在其生命周期内所产生的垄断利润流的净现值,n_{t+1}为第 $t+1$ 次创新之后的研发投入。方程体现了“创造性破坏”的思想,即第 $t+2$ 次创新成功后,第 $t+1$ 次创新所获得的技术将完全被替代,所以第 $t+1$ 次创新的未来的利润流要减去下一次创新造成的损失,并且,

n_{t+1}越大,第 $t+1$ 次创新的价值就越小。因而有:

$$V_{t+1} = \frac{\pi_{t+1}}{r + \lambda n_{t+1}}。 \tag{2-1}$$

上式的分母体现了“创造性破坏”思想。综合以上假设与公式,可以得到:

$$\omega_t = \lambda \frac{\gamma\tilde{\pi}(\omega_{t+1})}{r + \lambda n_{t+1}}, \tag{2-2}$$

ω_t 和 $\tilde{\pi}(\omega_{t+1})$ 为经生产力参数调整过的工资和利润。这个等式就是研发者的套利条件,也被称为自由进入条件,它综合了中间品的生产和研发活动的最优化问题,即劳动力 L 如何在两种用途上分配能够同时达到中间品制造部门、研发者和劳动力的最优决策,即劳动力市场的一般均衡。另外,引入劳动力市场出清等式:

$$L = n_t + \tilde{x}(\omega_t)。 \tag{2-3}$$

根据公式 2-2 和公式 2-3,可得出均衡时的 n 和 ω,并且这个均衡 $(\hat{n},\hat{\omega})$ 是唯一的。得到均衡值 n 就可以得出均衡增长路径。因为 $A_{t+1}=\lambda A_t$,并且$y_{t+1}=\lambda y_t$,所以可以得出对数化后的平均增长率为:$g=\lambda\hat{n}\ln\gamma$,由此可知研发投入 n 是经济增长唯一内生的动力。由于工资、利润和最终产出都是以 γ 的规模增长,所以这也是一个稳态均衡。模型中可以把创新规模 γ 内生化,γ 一方面影响创新的抵达率,另一方面,最优的创新规模 $\hat{\gamma}$ 也要由模型来确定。创新抵达率由研发投入决定以及创新规模的内生化共同体现了技术或创新的内生化,从而也使得经济增长内生化。

熊彼特增长理论认为,技术进步的主要源泉是创新,创新以成功创新的垄断租金的形式得以补偿。新的创新使旧的创新退出市场,不再获得垄断租金。Aghion 和 Howitt(1998)认为,从实证的角度,“创造性破坏”既包括现在的研究对将来的研究的正的外部性,又包括 Romer 所没有认识到的后来创新者对先前创新者的负的外部性,即“窃取效应”。后者妨碍了当前创新者进一步地创新。另外,资本积累和创新是一个过程的两个方面,资本与创新是互补的关系。资本积累的上升将防止资本成本上升、创造利润,导致创新增加;创新的增加防止资本报酬递减,生产率提高,将导致资本积累的上升。因此,创新将刺激经济增长,资本积累和创新的增长对于经济增长同样是必要的。

早期的熊彼特模型认为,产品市场的竞争不利于增长,竞争加剧,垄断性租金下降,导致了创新的下降。自由贸易对长期增长的不确定作用体现在劳力规模的扩大对经济增长的促进作用和竞争加剧对经济增长的限制作用,以及这两者的共同作用。然而,根据更全面的熊彼特模型,考虑代理、专利竞争、跨部门流动等效应,产品市场的竞争对经济增长有正的作用。

(二)国际技术扩散与“俱乐部”收敛模型

熊彼特增长理论始终处于不断拓展之中。比如从一国模型扩展到多国模型,熊彼特增长理论还研究了各个国家和世界整体的生产率进步、资本积累的过程和稳态。世界长期经济增长速度的收敛依赖于所有国家对资本积累和创新的激励。任何一个国家的研发效率依赖于世界所有国家的知识存量,是该国相对生产力的减函数。一个落后国家不可能通过一次技术飞跃赶超他国,只能逐渐地发展;技术升级的速度是与前沿技术差距的正函数。在稳态状态下,各国人均增长率一致,世界各国增长率收敛。短期内各国的增长由内外部因素共同决定,长期内,两国间人均产出的差距为资本差距和生产力差距的加总。

在开放条件下,发展中国家利用国际技术扩散不仅可以在静态意义上提高本国的技术存量水平,缩小与发达国家的技术差距,改善本国的技术能力,在动态意义上还通过各种渠道和机制促使本国技术创新能力的提高以及创新机制的形成,为赶超发达国家提供了某种可能性。国际技术扩散指一国的开发能力通过消费和生产使用的各种方式被另一国使用、吸收、复制和改进的过程。Aghion、Howitt 和 Mayer-foulkes(2005)在熊彼特多部门模型的基础上构建了一个后进国家通过技术扩散向先进国家收敛的模型。

1. 基本模型

假定时间是离散的,消费者生存一期,具有线性偏好。经济中只有一种最终产品,生产中需要投入劳动和中间产品,具体函数如下:

$$Y_t = L^{1-\alpha}\int_0^1 A_{it}^{1-\alpha}x_{it}^{\alpha}di, \qquad 0 < \alpha < 1 \tag{2-4}$$

x_{it} 表示中间产品 i 的投入量,A_{it} 表示中间产品 i 的生产率参数。在此令 $L=1$。最终产品在完全竞争的条件下生产,因而每一种中间产品的价格等于其边际产品。令 p_{it} 为以最终产品衡量的中间产品价格,有以下公式成立:

$$p_{it} = \alpha A_{it}^{1-\alpha}x_{it}^{\alpha-1}。 \tag{2-5}$$

假定每一种中间产品都是一比一地投入最终产品进行生产,所以每一种中间产品生产中投入的最终产品数量就是中间产品的产出量。中间产品的生产者、即垄断者选择 x_{it} 最大化其利润：

$$\Pi_{it} = p_{it}x_{it} - x_{it} = \alpha A_{it}^{1-\alpha}x_{it}^{\alpha} - x_{it}。 \tag{2-6}$$

根据一阶条件得到均衡数量：

$$x_{it} = \alpha^{\frac{2}{1-\alpha}}A_{it},$$

均衡时的利润为：

$$\Pi_{it} = \pi A_{it}^{*}。$$

其中 $\pi = (1-\alpha)\alpha^{\frac{1+\alpha}{1-\alpha}}$，为常数。

2. 创新与研发套利

企业成功创新意味着产生一种新形式的中间产品，比之前的中间产品更具生产力。则本期使用的中间产品的生产力将由上一期的 $A_{i,t-1}$ 提高到 $A_{it} = \gamma A_{i,t-1}$，$\gamma > 1$。如果企业研发没有成功意味着 t 期没有创新，则使用的中间产品与前一期相同。假定潜在创新者成功的概率 μ 依赖于投入研发的最终产品的数量 R_{it}，并有如下的函数关系：

$$\mu_{it} = \phi(R_{it}/A_{it}^{*}),$$

其中 $A_{it}^{*} = \gamma A_{i,t-1}$ 表示研发成功（创新）后的新中间产品的生产力。创新的概率与 A_{it}^{*} 负相关，表明技术越先进则越复杂，越难以改进。因此与成功创新相关的并不是科研投入的绝对数量 R_{it}，而是经过生产率调整的数量 R_{it}/A_{it}^{*}。令 $n_{it} = R_{it}/A_{it}^{*}$，且创新的函数为柯布-道格拉斯形式：

$$\phi(n_{it}) = \lambda n_{it}^{\sigma},$$

上式中的 λ 是研发部门生产率参数，$0 < \sigma < 1$，$\phi'(n_{it}) = \sigma\lambda n_{it}^{\sigma-1} > 0$，$\phi''(n_{it}) = \sigma(\sigma-1)\lambda n_{it}^{\sigma-2} < 0$。

企业家选择研发开支来最大化自己的净利润：

$$\mu\Pi_{it} - R_{it} = [\mu\pi - \tilde{n}(\mu)]A_{it},$$

其中 $\tilde{n}(\mu)$ 表示创新者经过生产率调整的研发成本，即满足 $\phi(n) = \mu$ 的 n 的数值。为了简单起见，假设 $\tilde{n}(\mu) = \eta\mu + \psi\mu^2/2$，其中 η 和 ψ 都是严格正的，于是，边际成本等于 $\tilde{n}'(\mu) = \eta + \psi\mu$。当 $\mu = 0$ 时，上式为严格正的。此外，假定 $\eta + \psi < \pi$。这时，存在两种情形。

情形 1：如果 $\eta < \pi$，则创新的回报足够高，以至于生产者将会以一个正的

速率创新。则最大化方程的一阶条件是：

$$\tilde{n}'(\mu) = \pi,$$

得到解为：$\mu = (\pi - \eta)/\psi > 0$。

情形2：如果 $\eta \geqslant \pi$，意味着创新的回报不够高，生产者不会创新。

3. 生产率与前沿距离

假定任何部门中成功的创新者可以执行一个生产率参数水平为 $\bar{A}_t$ 的技术，这代表了世界的技术前沿，并以一个非本国因素决定的速率 g 增长。则有：

$$A_{it} = \begin{cases} \bar{A}_t, \text{概率为}\mu \\ A_{i,t-1}, \text{概率为}1\text{-}\mu \end{cases}。$$

成功的创新者可以执行参数为 $\bar{A}_t$ 的技术，意味着存在技术转移，使得国内的研发使用的是世界范围内已经发展出来的知识和技术。因而，一国平均生产率参数 $A_t = \int_0^1 A_{it}di$ 的演化方程为：

$$A_t = \mu\bar{A}_t + (1 - \mu)A_{t-1}, \tag{2-7}$$

就是说，比例为 μ 的部门具有创新的生产率 $\bar{A}_t$，其余部门的生产率仍然与 t-1 期的生产率相同。本国与世界技术前沿的距离可由平均生产率参数与世界前沿的技术参数之比来逆向地衡量：

$$a_t = A_t/\bar{A}_t,$$

a_t反映了本国与世界前沿技术之间的"接近程度"或距离。将公式2-7两边同除以 $\bar{A}_t$，得到：

$$a_t = \mu + \frac{1 - \mu}{1 + g}a_{t-1}。 \tag{2-8}$$

令 $a_t = a_{t+1}$，可以得到唯一的稳态接近程度值 a^*：

$$a^* = \frac{(1 + g)\mu}{g + \mu},$$

a^* 反映本国与世界前沿的长期接近程度。

4. 收敛与发散

上述分析可以得到以下结果。

结果1：所有满足 $\eta < \pi$ 的国家在长期中都以相同的速率增长。

就是说，以正的速率创新的所有国家都将收敛到相同的增长率。因为存在技术转移，某一国家在初始的时候落后于世界前沿越多，其创新的平均规模就越大。

$$\bar{\gamma} - 1 = \bar{A}_t / A_{t-1} - 1 = (1 + g)/a_{t-1} - 1。$$

一国的增长率等于创新的概率乘以规模：

$$g_t = \mu(\bar{\gamma} - 1)。$$

因而，一国越落后于世界前沿，其增长率就越高。本国的长期增长率就是世界生产率前沿的增长率 g，

$$\frac{A_{t+1}}{A_t} = \frac{a^* \bar{A}_{t+1}}{a^* A_t} = \frac{\bar{A}_{t+1}}{A_t} = 1 + g。$$

结果 2：所有满足 $\eta \geqslant \pi$ 的国家在长期中都是停滞的。

那些宏观经济条件、法律环境、教育体系以及信用市场等方面表现较差的国家在均衡中没有创新，因而他们不能从技术转移中获益，最终将停滞不前。对于这些国家而言，$\mu = 0$ 意味着它们与前沿的均衡接近程度 a^* 等于零。

上述两个结论就构成了俱乐部收敛：存在一个收敛到相同增长路径的国家群体，同时还有另一个国家群体，他们的落后程度越来越大。另外，即使国家收敛到相同的增长路径，也不意味着国家收敛到相同的水平值。如果两国具有不同的参数值 π、η 和 ψ，一个国家与前沿之间的稳态接近程度值可以不同于另一个国家。

第二节　经济扭曲与熊彼特增长理论的扩展

上述基本的熊彼特模型都是建立在市场完善基础上的，而现实经济中，尤其是后发国家由于市场不完善、政府管制等因素造成的经济扭曲不可避免影响到技术创新的均衡，进而影响发展中国家经济增长的效应。一系列对熊彼特增长模型的扩展涉及到了经济扭曲的影响。

一、劳动力市场不完善条件下的增长与失业

Boone(2000)研究了劳动力市场不完善对企业创新方式的影响，而企业的

创新方式会影响到就业,进而影响经济增长系。企业的创新方式有两种:产品创新和流程创新,前者指产品质量的提高,后者指缩减企业劳动力成本的创新,即新技术自动化程度更高。在劳动力市场不完全的情况下,比如在工会、效率工资等因素的影响下,市场上的工资水平偏高。企业追求利润最大化的决策将是更多地采取流程创新,即削减劳动力成本,而较少地采取产品创新。这种创新方式加重了失业,会导致长期的增长率低于社会最优的经济增长率,社会福利也低于社会最优时的情况。

Lingens(2002)研究了工会对工资的讨价还价行为对创新即经济增长的影响。劳动力分为高熟练工人和低熟练工人之分,中间品制造部门既使用高熟练工人也使用低熟练工人,研发部门仅使用高熟练工人。工会只针对低熟练工人的工资进行谈判,工会的讨价还价使低熟练工人的工资上升。结果一方面会降低企业进行创新的现值,降低了企业家进行研发的意愿,不利于经济增长;另一方面,低熟练工人的工资上升使低熟练工人失业增加,又因为低熟练工人与高熟练工人的边际替代率递减,这样制造业部门低熟练工人数量的下降会降低高熟练工人的边际生产力,制造业部门高熟练工人的工资因此下降,促使高熟练工人从制造业部门流向研发部门,从而提高创新的泊松抵达率,经济增长率也会相应提高。降低企业创新意愿与提高创新成功的概率这两种效应哪一种占主导,取决于中间品生产函数的替代弹性,如替代弹性小于1,则后一种效应占主导地位,也就是说工会的作用有利于经济增长;如替代弹性大于1,则前一种效应占主导地位。

二、市场结构的不完善与经济增长

在 Aghion 和 Howitt 模型中,创新是增长的动力,因此对市场结构与经济增长关系的讨论就可归结为对市场结构与创新关系的讨论。对于市场结构或市场竞争如何影响创新的问题,一直存在着很大的争论。熊彼特(1934)认为,未来的垄断租金吸引着企业进行创新,进而推动着经济的增长,同时也指出厂商拥有一定程度的垄断权力对于它从事创新活动是必要的。这是因为研发活动必须有一定的内部融资,而这种内部融资只能来源于由垄断权力带来的垄断利润;而且,也只有拥有一定的垄断权利才可以防止创新被迅速地模仿,厂商也才有动力去进行创新。

Aghion 和 Howitt(1992)也有相同结论。将上一节模型中最终产品的生产函数设为 $F(x)=x^{\alpha}$,则稳态时的研发套利条件变为 $1=\lambda\frac{\gamma\frac{1-\alpha}{\alpha}(L-n)}{r+\lambda n}$。稳定状态下的研发水平 n 是厂商所面对的市场需求弹性的减函数。α 代表市场竞争程度,α 越大,市场竞争程度越高。这说明市场竞争程度越高越不利于经济增长,其原因是垄断租金的耗散会削弱企业进行研发、创新的积极性。而在实际中,产品市场的竞争一般会促进企业为了生存而进行创新。

Aghion 和 Howitt(1996),Aghion、Dewatripont 和 Rey(1997,1999)引入了公司治理问题来分析竞争对创新的促进作用。在垄断企业利润最大化假设下,垄断企业因为“阿罗效应”没有动力进行研发。当引入企业内部的“委托-代理”问题而放弃企业追求利润最大化的假设时,市场竞争可能会激励垄断企业进行研发活动。现实中企业经营的实际控制者往往是管理层,管理层的目标函数是增强自己的控制力,这与企业所有者的利润最大化不同。在这种情况下,产品市场的激烈竞争会迫使管理层加速创新或采用新技术以避免破产和减少控制权,即使这种创新会使利润缩减。这种行为在企业中的广泛蔓延将促进经济增长。因此,股东对企业的控制力较弱时,竞争会促进增长。但是反过来,当股东对企业的控制力较强时,就会抑制增长。

三、信贷约束与经济增长

Aghion 和 Angeletos(2005)等文献在熊彼特增长理论框架中引入信贷约束来分析经济波动对经济增长的影响。在金融市场完全或不完全的情况下,外生冲击对经济主体的长期投资行为会有不同的影响,而长期投资是推动知识增长进而推动经济增长的动力,所以长期增长受到的影响也不同。

考虑金融市场的约束,企业的投资决策取决于两种效应:机会成本效应和流动性冲击效应,前者指长期投资和短期投资之间的选择,后者是长期投资在未来所遇到的不确定性情况。当金融市场完全时,长期投资的借款总是能够被满足,这时企业不会出现流动性问题,投资选择完全决定于机会成本效应。短期投资的回报比长期投资的回报对经济当前的冲击更敏感,即短期投资的回报更具有周期性。短期投资的回报是同一笔钱进行长期投资的机会成本,当经济出现短暂的繁荣时,短期投资的回报更高,则长期投资减少。当经济出现短暂的萧条时,长期投资的机会成本下降,长期投资会增加,所以长期投资具有反周期性。由于知识或生产力的增长是长期投资的增函数,因此,在金融市场完全的情况下,长期生产力的增长具有反周期性。当金融市场不完全时,流动性风险效占主导,此时由于借款资金供给不足,长期投资可能被打断。萧条时期流动性更加缺乏会使长期投资的借款不能被满足的可能性加大,所以企业在一开始预见到可能的结果时,便不进行长期投资。相应的,在繁荣时期长期投资会增长,所以当金融市场不完全时,长期投资是顺周期的,而且会加大经济波动的幅度,长期投资的顺周期也自然导致了长期生产力增长的顺周期性。

四、金融发展与经济收敛

Aghion(2005)及 Aghion 和 Howitt(2006)把制度因素纳入到熊彼特增长的框架中并进行了实证研究。其模型主要从各国经济收敛问题的角度来研究制度对经济增长的作用,这是因为在国际比较中最能看出不同的制度如何对经济增长产生作用。全球经济中,一个国家不可能孤立地增长,而是在相互的影响中增长,制度将通过影响技术创新进而影响经济增长,并决定着技术落后的国家能否收敛到技术的前沿。Aghion 和 Howitt(2006)模型主要从金融体系的发展对经济增长的作用以及不同经济阶段应采用适合的制度两个方面研究了这一问题。

Aghion 和 Howitt(2006)建立了一个模拟技术扩散与经济收敛的基本。设 A_t 为某一国在 t 时间的国内生产力参数,$\bar{A}_t$ 为全球生产力的前沿,这个技术前沿固定地以 g 的速度增长,国内的技术进步过程为:

$$A_t = \begin{Bmatrix} \bar{A}_t,\text{概率为}\ \mu \\ A_{t-1},\text{概率为}\ 1\text{-}\mu \end{Bmatrix},$$

其中 μ 是国家的创新率也就是创新的泊松抵达率,$\mu = \lambda f(n)$,λ 为泊松参数，$f(n)$ 为研发函数，n 为从事研发的劳动力数量。令 $\alpha_t = A_t/\bar{A}_t$，为该国与技术前沿的接近程度，由(2-8)式 $\alpha_t = \mu + \frac{1-\mu}{1+g}\alpha_{t-1}$ 可以得到 α_t 的变化过程，其大小取决于一国经济的特征，包括产权保护制度和研发的生产力等。当 $\mu > 0$ 时，以上差分方程有唯一的固定点：$\alpha^* = \frac{\mu^*(1-g)}{\mu^*+g}$。如果一个国家持续地以正的努力程度（即 n 大于零）进行研发，那么它与全球技术前沿的差距就会固定下来，其生产力增长速度就会收敛到技术前沿的增长率。$\mu = 0$ 时，差分方程没有稳定的驻点，α_t 变为零。表明如果一国停止创新，其长期生产力增长率将变为零，因为一个国家要想从技术转移中受益，就必须创新。

基于上述模型，Aghion 和 Howitt（2006）指出，金融的发展程度对技术落后的经济体能否收敛到全球的技术前沿具有影响。技术落后国家的技术进步存在两种效应：一方面，由于技术国际扩散的存在，落后国家的企业只要寻求创新就能达到国际的技术前沿，所以技术越落后，平均的创新规模就越大，增长率就越高，越有利于收敛，这就是所谓的“后发优势”；另一方面，由于工资是研发融资的来源，工资又与生产力成正比，所以技术越落后，工资收入越低，研发的融资成本也就越高，企业家越不愿进行研发，创新的泊松抵达率下降，增长率也不高，难以收敛。金融市场的完善程度决定着这两种效应哪一个占主导。假设企业所有的研发成本都要从资金所有者那里借入，企业在创新成功时可以向资金所有者隐瞒创新的收益，从而避免偿还贷款。当金融市场不完全时，企业欺骗资金所有者的成本较低，当这种成本低于创新的收益时，企业就有动力去欺骗资金所有者。理性的资金所有者预见到这一点，就不会出借资金，这种情况下，后发劣势占主导地位，资金约束变得更紧，导致对创新的投资更加不足，经济的增长率也不能快速增加，也就难以追赶上处在技术前沿的国家。利用前面的技术扩散模型，这种机制可以形式化为：

$$\alpha_t = \tilde{\mu}(\alpha_{t-1}) + \frac{1-\tilde{\mu}(\alpha_{t-1})}{1+g}\alpha_{t-1}$$

创新的频率 $\tilde{\mu}(\alpha_{t-1})$ 是关于 α_{t-1} 递增的，因为技术距离越小，工资收入越多，资金约束越轻。当 α_{t-1} 给定时，$\tilde{\mu}(\alpha_{t-1})$ 随着信贷乘数递增，信贷乘数受到金融市场完全性的约束。欺骗成本越大，金融市场越完全，企业就越有可能从外部融资进行研发,信贷乘数就越大。

五、知识产权保护政策与创新

知识产权保护是影响专利申请和专利引用的重要因素。因而一国知识产权保护的程度将影响一国创新以及经济增长。

发达国家已经形成了系统的知识产权保护体系,国际间的政策协调也比较发达,所以知识产权保护政策的效应比较明确。但发展中国家和地区的知识产权保护政策的效应却存在很大的差异。Helpman(1993)认为随着发展中国家和地区知识产权保护政策的加强,在资源给定的条件下,发达国家用于创新的资源将会减少,从而影响发展中国家的创新率。Glas 和 Saggi(2002)也指出知识产权保护的加强保证了发达国家创新者的市场份额,从而降低了其创新率。Xu 和 Chiang(2000)指出发展中国家和地区主要是通过本国拥有的国外专利来获取国外技术,这样的话,发展中国家和地区加强知识产权保护,就会降低发达国家的创新率。但发达国家的出口者认为发展中国家应该加强知识产权的保护,从而诱发更多的创新和国际技术转移。Yang 和 Maskus(2003)认为发展中国家加强知识产权保护还将提高发达国家向其转让的专利的质量。

发展中国家加强对知识产权的保护一方面会吸引更多专利申请,特别是来自技术主导国家的专利申请,从而提高其生产力和加快其经济增长。同时,通过鼓励当地厂商对外国专利的引用,将进一步刺激创新活动。另一方面,加强对知识产权的保护提高了借助外国专利申请获取技术的成本,尤其在国内模仿能力较强的发展中国家和地区。

第三节　发展中国家的经济扭曲与“破坏性创造”效应

在多国经济收敛的分析方面,发展经济学家对增长理论提出的一个重要批评是,增长理论对于经济状况不同的国家都给出了相同的政策建议,而事实上,相同的制度对于处在不同发展阶段的国家有着不同的效果。Gerschenkron

(1962)认为相对落后的经济体在引入适宜制度(appropriate institutions)的情况下,能够更快地赶上更发达的国家,虽然这种适宜制度在经济发展的早期阶段能够促进增长但在后期可能不会促进增长。Acemoglu、Aghion 和 Zilibotti(2006)根据 Gerschenkron 的思想在“创造性破坏”的框架中建立了一个容纳制度分析并解释经济收敛的模型,其结论是经济发展的不同阶段应采取不同的、相适应的制度。具体而言,经济发展的阶段可由一国的生产力水平与全球的技术前沿之间的距离来表示。当一国的生产力与全球的技术前沿差距较大时,通过模仿提高生产力的方式比较重要,所以应采取政策促进模仿,当技术距离比较小时,自主的创新对于提高生产力更加重要,所以应该采取能促进自主创新的政策和制度。

但是发展中国家构建什么样的制度和政策才是适宜的?并没有标准答案。对于处于发展中或转型中、市场本身并不完善的后发国家而言,适宜制度更大可能被视为经验问题。

Acemoglu、Aghion 和 Zilibotti(2006)认为日本和韩国在 1945 年~1990 年间出现的经济高速增长与其虽然迥然不同于美国但却是适宜日韩的制度安排有关:诸如企业和银行的长期关系、大的企业集团占主导地位和政府通过鼓励出口以及对制造业进行补贴对经济进行强势干预等。当日本和韩国的市场化程度提高以后,这些制度对经济增长的推动作用就有限了。Acemoglu、Aghion 和 Zilibotti(2006)指出了日本和韩国一些制度安排对经济增长的推进作用,即制度的“创造性”,但是没有讨论制度引致的扭曲对经济长期增长和发展的负面性,因而没有认识到可能正是这种负面性,使得在一定条件下适宜的制度变得不再适宜了,也就是说在某一时期适宜的制度不仅不适用另一时期,甚至可能破坏了另一时期的创新与发展的基本条件,这就适宜制度的“破坏性”。

一、后发国家的政策性扭曲

(一)政府干预与政策性扭曲

政府主导型的资源配置机制不同程度地存在于东亚国家和地区,形成了政策性扭曲。

日本政府对经济的干预主要体现在经济计划和产业政策的制订与推行上。日本政府通过产业政策来弥补市场机制的不足,通过调节供给来达到实现宏观经济目标与微观经济目标相互协调,从而有效地实现资源的最佳配置。但是产业政策的制订既有积极作用,也有消极作用,日本政府干预的成功就在于巧妙地最大限度地发挥了其积极作用。其成功的机制在于,无论是经济计划还是产业政策,最终还是由企业决定是否执行,并不完全被政府所操纵。因为日本存在着一套独特的“官民协调”体制,经济计划和产业政策必须顺应企业家的要求,通过与企业界反复协商后才制定出来的,没有这一体制,日本的政府干预就不可能获得如此大的成功。

韩国被公认为典型的威权主义政府,政府不仅直接控制和管理着大量的公营企业,还使私营企业受到政府的各种长期发展计划、短期管理政策和措施的影响。与韩国相比,中国台湾对经济干预程度没那么强烈,但台湾也十分重视对经济的干预和调节作用。台湾地区主要是以制订经济建设计划为主,辅之财税政策、金融和外汇政策、农业政策、人力发展政策、科技发展政策等,来实现对台湾经济生活和私人企业大范围内的干预。新加坡政府对国民经济的宏观管理主要体现在以下方面:制订和实行中长期社会经济发展计划;通过金融管理局、货币局和投资局来控制货币的供应量和调节物价水平,防止通货膨胀的发生和物价的大幅上涨;政府参与投资,发展国家资本主义,直接投资于企业、基础设施工程,大力发展住房建设等。

泰国、马来西亚、印度尼西亚和菲律宾等东盟国家政府干预经济的形式多种多样,主要有两个方面:(1)建立国有企业。由于东盟各国(泰国除外)在独立之前都受过殖民统治,独立后,各国政府对殖民资本企业通过没收、接管、收购、参股等方式收归国有,并在此基础上通过巨额财政投资和外援建立了一大批国有企业。80 年代以来,东盟各国程度不一地实行了私有化改革,逐渐减少国有经济在国民经济中的比例,大力扶植私营企业的发展。(2)制订经济发展计划。四国中泰国的计划制订最为详细,数量最多,效果也较好。除此以外,它们还充分利用价格、税收、信贷等经济杠杆对经济加以宏观调控。从总体来看,印尼和菲律宾政府对经济的干预程度较强,但干预效果不很理想,泰国和马来西亚政府对经济的干预程度较弱,然而效果却较好。80 年代中期以后,东盟各国纷纷推行经济自由化,各国政府对经济干预程度和范围都趋于减弱和缩小。

（二）工业化战略与政策性扭曲

发展中国家在不同阶段采取不同的工业化战略,就有了相应的贸易政策和产业政策,形成了政策扭曲。

实行进口替代战略的发展中国家通常通过关税、进口配额、补贴与本币升值政策,实行贸易保护。具体政策包括:(1)对最终消费品的进口征收高关税,对生产最终消费品所需的资本品和中间产品征收低关税或免征关税。(2)通过进口配额限制各类商品的进口数量,以减少非必需品的进口,并保证国家扶植的工业企业能够得到进口的资本品和中间产品,降低它们的生产成本。(3)对本国进口替代产业进行各种形式的补贴,以增强其生产能力。(4)使本国货币升值,以降低进口商品的价格,减轻外汇不足的压力。其中关税和配额是进口替代战略中最重要的保护措施。

比如巴西在奉行进口替代的过程中,选择重工业和耐用消费品工业作为替代工业。巴西政府1956年制定的“目标计划”将汽车工业、钢铁工业和其他一些基础工业部门作为发展的重点,投入了大量财力和物力。为保护国内市场,对替代行业产品的进口进行限制。比如进口商必须在银行中存入一笔资金,国内能够生产的商品不得进口,甚至国有企业的进口在数量上也被限制。

实行出口导向战略的国家一般通过税收、补贴、汇率等一系列措施鼓励出口,由此推动出口产业的发展。与进口替代政策不同的是,出口导向贸易战略主张逐步削弱和消除严重的进口限制,逐步趋向贸易自由化。

韩国一开始选择发展轻工业,直到70年代初才开始发展重工业和化学工业,将钢铁、石油化工、有色金属、造船、电子和机械这6个部门作为“具有战略意义”的部门,对其加以有力的扶持。政府发展前三个部门是为了实现工业原料的自给自足,发展后三个部门则是为了发展技术密集型产业,进而增加在国民经济中的技术含量。韩国对本国市场保护的力度和程度都不及巴西。更为重要的是,韩国在保护本国市场的同时还积极扩大出口。韩国于60年代中期开始将进口替代模式转向出口导向模式。为了扩大出口,1964年,政府实行统一汇率制,并将本国货币贬值100%。政府向企业提供了出口补贴和现金补贴,并允许企业通过举借外债等方式来扩大出口。政府还通过受国家控制的银行系统，以优惠的利率向那些政府有意扶持的出口活动和产业提供资金。按照政府的指示，银行把出口能力作为企业资信的衡量标志。此外，在推动出口的过程中，政府还在其他方面与企业密切配合。

二、政策性扭曲的“创造性”

通常认为，政府激励出口是出口增长与经济增长的重要因素，也就是说，积极的政策是增长与发展的基本原因。

出口导向战略推动着台湾的出口迅速发展。1960 年 ~ 1970 年间，出口贸易的年均增长率高达 20.4%，1970 年 ~ 1981 年为 14.5%。但是，出口导向战略伴随着出口加工工业片面发展、产业比例失调、经济对海外市场更加依赖等问题。80 年代以后，中国台湾转而新贸易政策，在进一步开放贸易的同时，政策重点由促进高速增长转向推动产业结构向高新技术升级。由此，台湾经济自 80 年代中期进入了通过高新技术来带动产业结构升级的新阶段。

改革开放以来，中国对外贸易迅速发展，其增长速度远远高于国内生产总值增长速度。90 年代之后，中国出口的增长速度加快。2001 年中国加入 WTO，之后贸易规模更是急速扩张，货物出口规模在世界贸易中的排位逐年上升。2007 年，货物贸易出口超过美国，成为仅次于德国的第二大出口国。2009 年货物贸易出口超过德国，成为第一大出口国。

中国出口迅速扩张的原因，除了大量文献指出的 FDI 的促进作用以外，还有部分文献指出了中国的体制性扭曲的作用。如朱希伟和金祥荣(2005)从国内市场分割的角度解释中国出口扩张，认为中国出口企业行为之所以不同于经典国际贸易理论模型，是由于中国国内市场存在严重的地方保护主义，这种市场分割现象直接导致国外市场进入成本低于国内外地市场进入成本，使得本土企业既无法依托国内市场发挥规模经济，同时又面临高昂的地区市场进入成本，从而出现了中国本土企业“宁出口不内销”的反常现象。张杰等(2008)认为国内信用制度缺失是中国本土企业出口扩张的重要原因，相比国外市场的预付货款付款及时、设备供应批量大且稳定等优势，国内市场的信用制度缺失致使中国本土企业“舍近求远”，放弃国内市场，追求国外市场。

出口规模的不断扩张带来了就业的增长,从劳动力投入方面促进了经济增长。出口的扩张,尤其是加工贸易出口的扩张吸引了大规模的投资,也通过投资需求激励经济增长。斯蒂格利茨(2006)指出出口对中国和其他许多国家的增长的重要作用体现在四个方面:出口提供了改进技术的基础;出口导向型增长帮助中国吸收了西方的标准、创造了自己的标准;出口导向型的增长促进了竞争;生产能力的扩张超过国内消费水平的增长。

三、政策性扭曲的“破坏性”

上述结果表明,政府在发展中确实起到了积极作用。但是,政策产生的政策引致性扭曲也可能抑制经济的增长,形成“破坏性”。

比如从中国对开放的政策来看,其“出口导向政策”主要体现为:鼓励外资和私营经济的发展、出口退税和降低行业中的国有资本比重,所有政策最后形成的合力就是鼓励企业进入出口市场。以出口退税为例。自“汇改”以来,大幅度的扩大出口退税范围和提高退税率使得企业利润空间延伸,因而这种退税政策具有“新重商主义”特征。这种政策的支撑带来了大幅度的贸易扩张,使得中国出口模式自身成为一种扭曲行为。这种政策必然造成一系列“破坏性”。

第一,过度出口激励政策下的价值流失。不论是低估汇率,还是出口退税、外汇鼓励和生产扶持等政策,一个共同点是使生产企业能在不变的或者有所提高的本币收入下扩大产品的生产与出口。这种激励不是政府向企业让利,就是使进口利益向出口利益转移,是非贸易部门的利益和国内消费者的利益向出口转移。由于出口企业本币收入不变或只略有增加,所以,部分利益流向国外,这就是价值损失,国民财富的流失。在无扭曲条件下这种结果不会发生;在扭曲程度较小的情况下,出口流失的价值可以在进口中得到超额补偿,政策激励是有益的。但过高程度的扭曲就不能得到补偿,从而激励转为不利。由于扭曲的国民经济效应机制很复杂,在实践上至少应从两个标志来看政策激励是否过度。一是激励是否导致出口降价,“是”就是过度的,“否”就是适度的。二是新增出口产品的边际成本是否超过最低效益进口产品的边际效益,“是”就是过度的,“否”就是适度的。

第二,劳动密集型发展战略下的反资本积累倾向。许多发展政策具有鼓励密集型劳动产业发展的特征,这种战略显然不应否定。因为它至少有两个优点,一是短期内易于增加出口,二是有利于国内就业问题的解决。但同样也应看到这种要素密集型偏向政策下的偏向效应。经济增长理论指出资本的积累是增长的重要因素之一,所以如果劳动密集型产业的发展激励大到抑制投资激励的程度,那么投资的相对不足就抑制了长期的经济增长。对投资激励的不足又往往伴随对新技术、高技术利用的不足,而技术水平的提高和生产中的运用正是经济增长的又一重要因素。

第三,保护低效导致资本—产出率难以提高,资本—产出率的提高是经济发展的又一重要因素,这主要来自于整个经济的效率的提高。过度的出口激励政策也具有两个负面效应,一是政策在一定程度上减轻了出口生产提高效率的压力,因为政策使之能在不致力于提高效率条件下扩大出口;二是进口品价格的提高降低了国产替代品的竞争压力,进口替代产业的提高效率的压力也减少。当低效使用投入资本的企业也获得出口机会时,那么出口增长同时又包含着对经济增长率的抑制。

第四,价格机制作用的抑制导致实际生产能力的下降。对于一个有效运行的市场来说,干预是对市场机制的破坏。如果出口激励政策下资源配置是更合理的,那么激励是有效的。这种有效性基于两个条件,一是激励通过价格机制进行,即利用价格机制而不是违背价格机制;二是适度的,即在资源配置可能调整的范围内进行激励。如果不符合这两个条件,那么激励会降低生产要素的总的利用水平,形成扭曲和生产可能性曲线的下降,形成对增长与发展的负面效应。在激励政策中总是包含着政府付出代价,或其他经济部门付出代价,如果资源重新配置是受其他因素制约的,那么激励政策的效果也是有限的。

第五,为激励政策而付出的社会成本反过来约束了社会对发展的激励能力。激励政策中的政府成本,如退税让利、低价的基础设施服务等,结果是政府财力的下降,政府对整个经济的调控、投资能力减弱,再转化为在经济增长与发展中作用的减弱。基础设施的低价服务使之失去了自我发展的功能。地区性特殊政策的激励在地区发展的同时也限制了政府财力,使许多应由中央政府进行的投资无法进行。

总之,激励政策是必要的,但必须是适度的,超过了一定程度就会产生过大的负面效应,而反过来制约经济增长与发展,“扭曲”正是衡量这个“度”的一把尺。

要素市场的扭曲,尤其是没有反映禀赋关系的资本和劳动力价格的相对扭曲,使得国有企业和非国有企业面临分割的资本市场和劳动力市场,并且以不同的价格得到资金和劳动力。国有企业可以低于市场价格的利率得到资金,使用资本替代劳动。在经济政策的“公有偏好”下,社会总投资的大部分都流入到经济效益低下、就业效应较弱的国有和集体企业,社会总投资带来的就业量大幅降低,加剧了就业的严峻形式。随着国有企业改革的深入和产业的结构调整,下岗和结构性失业人数增加。作为吸纳劳动力,尤其是农民工的主力等非国有经济,却得不到发展所急需的资金。由于国有企业较高的福利保障水平,阻碍了国有企业下岗劳动力向非国有经济波动;同时由于非国有经济获得外部资金的难度大,也限制了其对农民工的吸纳。Kuijs 和 Wang(2005)指出,中国城市就业的增长之所以如此缓慢,且 90 年代后期农业劳动力向其他部门转移速度出现停滞,这与中国依靠投资驱动的经济发展模式有关。在这种模式下,扭曲要素价格,以资本替代劳动发展资本密集型产业是地方政府的集体选择。

那么,如何从理论上解释中国的政策性扭曲或/和体制性扭曲对其经济增长路径的影响呢?这需要针对中国的实践构建解释中国的扭曲与经济增长的理论模型。

第三章

"破坏性创造":一个基于"成本转嫁"的内生增长模型

中国作为转型中的发展中经济体,不仅普遍存在内生性扭曲和政策性扭曲,还存在着广泛的体制性扭曲,这是转型中的中国经济的独特性所在。本章构建一个基于成本转嫁的内生增长模型,分析经济扭曲对中国经济增长的影响。

第一节　转型中国的经济扭曲

内生性扭曲、政策性扭曲和体制性扭曲的叠加构成了中国转型中的经济扭曲,表现为生产扭曲、投资扭曲和生产要素扭曲。

一、生产扭曲

(一)生产的负外部性引起的生产扭曲

企业进行生产时存在的负外部性是将私人成本转嫁给了社会,造成供给曲线外移,形成生产扭曲。

环境破坏是一种典型的生产负外部性。如果企业在生产过程中没有对可能存在的环境破坏行为进行控制,也没有对实际产生的环境污染支付必要的补偿费用,其私人成本将低于实际发生的成本。企业可以以低于其总成本的价格获得在国内外市场上的竞争优势,从而得以扩大产出。与此同时,社会承担了本该由企业承担的部分成本之后,等于社会遭受了损失。

在发达国家,通过制度规制的严格的环境标准可以在很大程度上减缓企业生产的负外部性。但是在发展中国家,企业生产效率普遍低,过高的环境标准可能限制企业的发展。而在转型中的中国,地方政府出于经济增长考虑而姑息企业的负外部性导致环境问题长期存在并不断恶化。

国家环保总局和国家统计局联合发布的《中国绿色经济核算报告 2004》显示,全国各行业合计 GDP 为 159,878 亿元,虚拟治理成本为 2874.4 亿元,虚拟治理成本占整个 GDP 的比例,即 GDP 污染扣减指数为 1.8%。从环境污染治理投资的角度核算,如果在现有的治理技术水平下全部处理 2004 年排放到环境中的污染物,约需要一次性直接投资 10,800 亿元(不包括已经发生的投资),占当年 GDP 的 6.8%。利用污染损失法核算的总环境污染退化成本为 5118.2 亿元,占地方合计 GDP 的 3.05%。可见从社会福利增进的角度上 GDP 增长要远低于其真实值。若再考虑环境污染存量的外部性,对未来绿色 GDP 的负面效应将更大。

(二)要素价格引起的生产扭曲

资源价格的扭曲通过降低企业生产成本导致企业的供给曲线不合理外移,也同样导致生产扭曲。顾海兵(1997,2000,2009)对中国经济市场化测度的研究发现,中国自然资源市场的市场化水平最低。长期以来,中国资源价格基本实行国家定价,并且因历史原因国内价格一直低于国际价格水平。由于资源类产品价格低,效率不高的企业也能生产经营,由此刺激了资源消耗型产业的扩张与高速发展。在国内市场需求不足时,大量劳动密集型产品的大规模出口也是基于劳动力价格低下的扭曲环境。

由此,一方面高出口水平中事实上隐含着额外的资源和劳动力成本,大大降低了要素的使用效率。另一方面,从事资源密集型和劳动密集型产品出口的企业往往由于国内的过度竞争而获利微薄,缺乏发展能力。就愈加将其竞争优势固定在负外部性的社会成本转嫁形成的低成本优势上,忽略在技术创新等其他竞争手段方面的努力,并形成路径依赖。由于地区之间激烈的产品竞争,产品附加值不断下降,很多企业耗费大量低价资源却只能在微利中挣扎,宏观经济的增长与微观主体的脆弱性形成了巨大的反差。

二、投资扭曲

中国的投资扭曲一方面表现为生产性投资的过度造成重复建设与产能过剩，在内需市场不足的情况下，国内产品大量寻找海外出口，过度集中的出口生产也就导致了中国各地区之间以及企业之间的恶性削价竞争。投资扭曲另一方面表现为对社会居民基本福利的投资不足，导致教育、医疗等问题成为居民社会生活的负担，居民消费能力以及自主投资能力匮乏，最终形成内需不足与廉价劳动力过度供给的局面。而这种局面反过来又强化了地方政府利用投资拉动经济增长的动因，进一步加深投资扭曲。

(一)生产性投资过度

自20世纪80年代以来，“重复建设”“过度竞争”“过度投资”和“产能过剩”等相关问题开始在不同地区不同程度出现。周其仁(2005)认为“过度投资”的主要表现是投资形成的生产能力在某部门或者行业大大超过市场的需要，派生现象是产品价格竞争激烈、企业亏损增加、产能大量闲置。由于过度的生产投资本身带有盲目性，不但会导致供给量的扭曲增加，而且会导致经济结构的恶化，产生产业组织恶化、企业利润下降、加大金融风险、严重浪费资源，使经济结构不协调等问题。比如，行业结构的高度相似性加剧低层次的重复建设和过度竞争，增加环境污染负荷和治理难度。按增加值计算，全国各个行业中，有超过60%的行业的集中程度低于20%，而且有50%的行业产品生产能力利用率在60%以下。不少高技术产业园区在市场需求和经济利益的双重驱动下，纷纷生产消费产品，大量重复投资引进国外同一条技术水平的生产线，造成全国范围内某些高技术产品严重过剩，造成资源浪费，阻碍了区域的可持续发展。

从过度投资的形成机制来看，单纯的市场原因很难形成长期的过度投资，与地方政府的干预有关。虽然随着企业改革的深入以及“国退民进”、民营经济的高速发展，各级地方政府已经不再是投资的直接主体，但是经济的发展和城市化进程的加快使得土地迅速升值，地方政府通过对土地这一稀缺要素的垄断以及金融、财税等其他手段，获得了干预企业投资有效手段，地方政府更多的是通过各种经济优惠政策影响和主导企业投资。

（二）非生产性投资不足

在非生产性投资方面，教育投资明显不足。目前，中国财政教育投入占GDP的比重为3%左右，不到英美德法等发达国家的一半，水平差距进一步扩大。公共财政支出占全社会教育支出的比例，在发达国家约为86%，全世界平均约为80%，而中国仅为50%左右，即使发展中国家平均水平也在75%左右。由此可见，中国教育公共投入严重不足，私人支出占教育支出比例异常地高。教育公共投资不足的一个后果是教育不公平问题越来越突出，教育费支出已经成为很多家庭的沉重负担，教育投入过度依赖家庭，严重挤压了私人消费空间，导致社会消费其他方面的需求不足，抑制了中国经济增长的内在动力。

非生产性投资不足还体现于对于文化和制度建设上的投入不足。后发国家在引进国外先进技术知识的同时，也需要与吸收先进技术及培育创新机制相适应的文化制度环境。例如，创新不仅需要高投入还需承担高风险，创新者的利益如果得不到鼓励性的保护，就很难培育自主创新机制。知识产权意识和保护措施属于文化和制度环境，如果对此投资不足，限制其发展与改善，就会影响创新。比如，国内企业之间的相互模仿实际上是受姑息的，创新企业往往因为其他企业的迅速模仿而无法获得相应的回报，形成了不创新等死，创新立死的尴尬局面。

三、要素市场扭曲

中国要素市场的扭曲表现为劳动力市场的不完善及劳动力价格的扭曲，土地市场的不完善及土地价格的扭曲，资本市场的不完善以及汇率的扭曲。如劳动力市场上城乡劳动市场的差异、跨行业的工资刚性以及劳动市场结构分布的地区不平衡等；资本市场上存在对民营企业融资的歧视，汇率市场和利率市场没有完全市场化等等。这些扭曲在一定程度上降低了企业的成本，造成产出表面上的繁荣，而实际上给中国带来的却是福利的损失。

（一）劳动力价格扭曲

中国低廉的劳动力价格很大程度上是由劳动力市场不完善和扭曲造成的。首先，简单劳动力的价格不是由全社会平均劳动生产率决定，而是由劳动生产率最低部门——农业部门——的劳动生产率决定。由于农村低下的生产率,农民的保留收入水平极其低廉。大量的农民工进入城市,在农民工市场长期保持供大于求的状态下,农民工的工资被维持在极低的水平上。进而影响到城市中低层次工人的工资水平。尚未建立完整的社会保障体系,特别是农民工的合法权益得不到保障,在体制和政策上存在着人为压低劳动力成本的因素。劳动力自由流动的制度性障碍更是导致劳动力价格过低的体制性扭曲因素。如户籍制度限制提高了农民工进入城镇劳动力市场的成本,国营企业和政府机构、事业单位与其他雇工单位相比的各种保障、福利等隐性收入,加大了这些单位劳动力流动的机会成本,从而使劳动力的合理流动被扭曲。

高端人才市场上也同样存在扭曲。国内企业、尤其国有企业和事业单位的工资没有采取完全市场化决定机制,而外资企业除了本身具有较高的效率外,所享受的优惠政策也有利于提供更高的人力成本。二者的工资差异导致人才大量流向外企,对国内企业发展和创新不利。

(二)土地价格的扭曲

土地价格的扭曲来源于土地市场的不完善和土地制度的缺陷。2003 年 3 月 1 日起执行的《中华人民共和国农村土地承包法》明确规定了农民的土地权利、义务及其他应遵守的事项,以法律的形式确认了农民 30 年不变的承包地使用权,并允许土地承包经营权依法有偿转让。但也有法律规定所有农村土地“属于农民集体所有”“由村集体经济组织或者村民委员会经营、管理”,而村一级土地的决策权实际上掌握在少数干部手里。因而在土地承包期内,以行政手段干预土地流转,低价征用或无偿征用的现象非常普遍。有些地方将土地流转与村干部的农村现代化目标责任制和机关干部岗位责任制考核挂钩,用行政手段促进土地流转,土地的产权关系在悄悄地发生着变化,使土地市场畸形发展。

(三)资本市场的不完善

发展中国家在加速工业化阶段,通常会通过压低存贷款利率、高估本币汇率等措施人为地以低成本来利用国内外金融资源。中国改革开放以来,资本要素市场始终扭曲严重,比如资本要素获得方式过于行政化,以权力分配资本和不能有效约束资本的偿还责任,结果是那些拥有权力的企业大量浪费资本,而需要资本却不拥有权力的企业无法获得资本。银行信贷、股权融资和债权融资以国有企业为主要对象，并向国有大中型企业倾斜，广大中小企业的融资十分困难，不得不在黑市上以很高的资本价格融资。而大企业获得资本的成本低于市场价格，无形中降低了企业的生产成本，放松了企业的资金约束，容易采取低价竞争和其他不正当竞争的手段，导致过度竞争。另外，商业银行以国有银行为主体，存在很多非市场化信贷，其经营行为没有完全市场化，风险控制手段和技术缺乏。而且利率和汇率没有完全市场化，阻碍了资金的自由流动和优化配置。这些扭曲无疑降低了国有企业资本的成本，导致了低廉的价格，造成过度竞争。

（四）生产要素扭曲的测度

杨小林(2007)对2004年中国劳动和资本价格扭曲测算的结果是：资本价格扭曲=资本的边际产出/资本价格=10.1209/1.01994=9.923，劳动价格扭曲=劳动的边际产出/劳动力价格=10.4488/1.291053=8.093。目前中国无论是劳动力或者是资本品的使用都未能达到合理的均衡，存在严重的价格扭曲，如果这种扭曲不是政策性的，那么我们可以获得的结论就是国内投资以及劳动力供给严重不足，造成其边际收益远远大于成本，但是非常明显，实际情况绝非如此。合理的解释只有一个，那就是这种扭曲本身并不是市场造成，而是在以政府政策为主的社会环境的影响下出现的不正常结果。第二个结果就是由于资本与劳动的边际产出都远远高于其价格，国内企业应该存在非常高的利润率，实际情况恰恰相反，从社会经济现象出发可以得到的结论是由于要素价格被严重扭曲，生产领域发生了过度供给，过度供给造成的过度竞争造成国内产品的大量低价出口，这个过程就是一个生产者剩余让渡给国外的消费者剩余的过程。

第二节　“破坏性创造”效应：“成本转嫁”模型

各种经济扭曲激励下的资源配置造就了中国经济增长奇迹，但是在奇迹的背后，社会损失越来越大。

一、中国的经济增长与“超比较优势战略”

（一）中国奇迹与中国模式

中国经济增长的“奇迹”有目共睹。2002 年，中国 GDP 突破 10 万亿元，到 2011 年，这一数字已逾 47 万亿元。10 年间 GDP 增长了近 4 倍，年均增长率达 10.7%，而同期全球 GDP 年均增长率仅为 3.9% 左右。2010 年中国以 58,786 亿美元的国内生产总值，超过日本的 54,742 亿美元，成为全球第二大经济体。

尤其是 2008 年世界性金融危机爆发之后，一方面是世界各国普遍陷于经济萧条，另一方面却是中国经济始终维持稳定增长。于是，所谓“中国模式”的说法甚嚣尘上。

中国模式，从经济增长的视角看，是依靠投资和出口驱动的外向型增长模式。一方面，通过高投资、高消耗促进工业化；另一方面，基于比较优势参与国际分工，通过劳动密集型产品出口带动就业与生产的扩张。

投资驱动的经济增长特征可以从主要依赖要素投入而不是科技进步的粗放型增长中体现。首先，资本投入是中国经济增长的主要来源。在生产方面，资本要素投入增长对中国经济增长率的平均贡献在 1979 年 ~ 1997 年达 45.4%，是拉动增长的最主要因素。劳动投入增长的贡献为 14.8%，这两项数值所表示的要素投入贡献相比于体现科技和效率进步的全要素生产率带来贡献（37.8%），占据绝对主要的地位。刘遵义等（1994）发现中国 1992 年前资本贡献率达 92.2%，劳动贡献率 9.2%，而表示技术进步的全要素生产率的贡献为-1.4%。① 进入 21 世纪之后，这一趋势维持不变，如图 3-1，除了部分年份，资本形成总额对 GDP 的贡献基本上都在 40% 以上。与日本、“东亚四小龙”的高资本投入模式有所不同的是，中国的资本投入呈现出粗放型特征：第一，政府在投资中起主导作用，私人部门的基础性作用没有得到充分发挥。特别是对于重工业的投入过高，这一定程度上抑制了轻工业和第三产业的发展。第二，投资

① 克鲁格曼（1994）引用该研究的结论，预言了亚洲经济危机。

更多地表现为简单的数量扩张，而不是对提高效率的投入。第三，一些产能落后、生产效率低的市场主体也跻身投资主体之列，而一些创新能力强、生产结构较优的市场主体却被排除在外。

图 3-1　资本形成总额对中国 GDP 的贡献(%)

资料来源：国家统计局《中国统计年鉴》

其次，经济增长对资源能源的依赖过大。1979 年，中国的能源消耗总量为 58,588 万吨标准煤，2000 年这一数值上升到 138,553 万吨，增加了 136.49%。《2010 世界新兴产业发展报告》的数据显示，2000 年中国万元 GDP 能耗不仅高于主要发达国家约 6 倍，也高于印度、南非等其他发展中国家。资源与能源高消耗的同时，利用效率始终很低，这既扩大了经济进一步发展的资源缺口，也导致了严重的环境问题。

这种粗放型的经济增长模式也延伸到出口部门，表现为中国的国际竞争优势主要是低成本。这种低成本不仅体现了由中国人口禀赋自然形成的低廉的劳动力投入，也包含了与出口产品粗放型生产相关的低廉的资源使用价格，以及劳工标准降低带来的成本节约，环境破坏的成本以及政府提供的低廉土地资源和税收价格等。

以低成本优势为基础参与国际分工，“两端在外，大进大出”为特征的加工贸易成为中国参与国际贸易的主要方式。20 世纪 80 年代开始大力发展“三来一补”后，加工贸易的增长速度一直远高于其他贸易，并在 1996 年成为第一大贸易方式。在加工贸易的推动之下，中国对外出口不断扩张，并于 2009 年成为世界第一大出口国。由于只凭借成本进行竞争，中国对外出口不得不以量取胜，由此加剧了国内企业之间竞相压价的恶性竞争的现象。这种现象不仅出现在加工贸易中,在一般贸易的主要构成部分——劳动密集型产品的出口中也普遍存在。这种恶性竞争不仅挤压了中国企业本就微薄的利润空间,也倒逼了粗放型增长的深化。因为各地方生产性投资的过度造成重复建设与产能过剩,在内需市场不足的情况下,国内产品也纷纷寻找海外市场,出口竞争必然加剧了国内生产的低成本的恶性竞争。

(二)“超比较优势战略”

在上述的中国经济增长模式中,无论是内部高投资高消耗的生产还是对外的比较优势产品的扩张都是依赖于低成本的过度竞争实现的,而促成这种竞争的土壤,正是由内生性扭曲、政策性扭曲,尤其是体制性扭曲共同培植的。诸如关税、汇率低估、补贴等都是面向所有企业的政策性扭曲,除此之外,长期低水平的最低工资标准、宽松的劳动标准、环境标准、安全标准和质量标准等等都是导致要素市场扭曲和生产扭曲的体制性扭曲。而这些扭曲将企业本应承担的部分私人成本转嫁给社会,由社会来承担这部分成本,放大了“事前”比较优势,使得企业在对内对外低成本的过度竞争成为可能。

国家发展战略通常是依据不同的经济理论,并根据本国具体国情为实现经济增长目标而采取的措施和手段。比如拉美国家一度实施的是“进口替代型”的发展战略,而东亚国家根据比较优势理论来实施比较优势战略,例如“东亚四小龙”在发展初期实行的出口导向战略就是比较优势战略。“东亚四小龙”也曾通过补贴和本币低估等措施来增强出口竞争力,但是,在这一战略实施的过程中,他们并没有采取要素市场扭曲的做法,而是在尽量维持市场完善与竞争的基础上发展比较优势产业,因此是一种基于比较优势的战略。与此相区别,中国通过要素市场的价格扭曲及由此产生的生产扭曲,放大“事前”比较优势来加速推动出口、就业与经济扩张,我们称其为“超比较优势战略”。

从外向型发展特征来看,“超比较优势战略”也是在国际分工格局约束下中国要素禀赋结构所内生决定的结果。

自改革开放以来的外向型发展模式是在中国逐步加入经济全球化过程中基于国内的禀赋条件和发达国家主导的国际经济体系形成的。中国拥有大量廉价的劳动力与资源,而东亚新兴经济体在承接了发达国家的资本密集型产业之后需要向外转移劳动密集型产业,这就决定了中国进行劳动密集型产品加工出口的国际分工地位,中国出口导向型发展模式由此形成。之后,随着国际分工的不断深化,发达国家越来越多地把高技术产品的劳动密集型加工环节转移和外包到中国,中国的国际分工地位也越来越被锁定在低端的加工生产环节与低技术产品的生产上。

因为中国的要素禀赋及分工地位决定了其比较优势产品只能是技术含量低的同质产品,因而出口必然面临着要素禀赋相近国家瓜分国际市场的巨大压力。低技术产品在国际市场占优的关键是降低成本和价格,因而发展中国家之间必将围绕价格(而非技术和垄断优势)展开异常激烈的贸易竞争。价格竞争的实质就是成本竞争,由于技术创新降低成本的空间很小,竞争手段只能是降低投入成本。

从国内经济发展特征来看,由于各地区间的要素禀赋具有一致性——廉价的劳动力和(或)资源,地区之间一切为了 GDP 的竞争也只能通过压低要素价格而非提高市场效率的方式来增强优势。所以,扭曲造就的国内产业过度竞争与发展的模式,同样是“超比较优势战略”。各地区通过压低要素价格使在完善的市场上没有生存能力的企业也能形成一定的优势而生存和发展,形成地区经济的扩张。这种扩张完全依赖于放大的成本优势。

(三)成本转嫁

在完全竞争的产品市场和劳动力市场上,各种成本都应该体现在产品价格中,所有在生产中形成的、却没有进入企业成本核算也没有体现在价格中的成本,都属于外部成本,只能由社会负担。除了低利率、本币低估、补贴等政策性措施外,中央和地方制度还可能通过制度安排放宽劳动标准、环境标准、安全标准和质量标准,使企业降低投入成本成为可能。在扭曲的制度环境下,企业可以通过一系列方式降低其私人成本。例如,购置低质量的设备,提供简陋的工作环境和低标准的职工福利,购买低质量、甚至伪劣的原材料或零配件,缩减治污减排投入、对资源进行破坏性开采等。企业规避的成本并不意味着没有发生,而是转嫁给了社会。韩忠亮(2011)将这种生产扭曲表述为“成本转嫁”。私人成本转嫁给社会,势必造成了社会损失。比如购置低质量的设备会导致安全系数低,事故频发;提供简陋的工作环境和低标准的职工福利给劳动者带来生理、心理和社会问题;购买低质量、甚至伪劣的原材料或零配件,以次充好,将给下游企业或社会带来危害；缩减治污减排投入、对资源进行破坏性开采，会造成环境污染和生存质量下降；劳动力的收入长期维持在底线水平造成需求不足，加大政府管理的负担；等等。这种成本转嫁的结果是在企业获利的同时，社会负担加大，福利恶化。

成本转嫁一方面增强了产品的成本优势，“创造”了产出与经济扩张，这是成本转嫁的“创造性”；另一方面，因扭曲导致社会损失，是经济发展偏离社会福利最大化目标，从而对经济的可持续发展造成巨大破坏，这是成本转嫁的“破坏性”。因而，“超比较优势战略”推进的经济增长是一种“破坏性创造”，“超比较优势战略”下的经济发展道路是一条充满“破坏性”的“创造”之路。

二、“成本转嫁”模型

本小节首先基于出口企业的行为选择，构建成一个“成本转嫁”模型，分析在“超比较优势战略”下的成本转嫁的“创造性”效应和“破坏性”效应的作用机制。这一机制及效应同样适用于解释国内各地区之间的过度竞争。

（一）基本模型

考虑世界经济中有两个相互竞争的简单劳动力充裕的发展中国家——国家 1 和国家 2①，它们的对外贸易结构遵循赫克歇尔-俄林模型，都出口劳动要素密集型产品，比如牛仔裤。需求、技术、贸易成本等国际贸易环境的假定同新古典贸易理论。设国家 1 出口行业有 N_1 个对称企业，国家 2 出口行业有 N_2 个对称企业，两国有完全相同的生产函数。并假定一国出口行业的生产规模就是其出口规模，则世界贸易规模是两国出口量的加总。任一国家的出口扩张都将影响国际价格，但每一个出口企业都是国际价格的接受者。出口企业在给定的制度和政策环境下追求自身福利最大化。

设国际市场上牛仔裤的需求函数为 $Q^D = a - b \cdot P$，其中 $a > 0, b > 0$；两国企业的边际成本函数为 $MC = \dfrac{1}{d} \cdot q$，其中 $d > 0$；则其供给函数为 $q = d \cdot P$。世界牛仔裤的供给为两国出口企业的供给之和：$Q^S = (N_1 + N_2) d \cdot P$。世界

① 也可以将国家 2 视为国家 1 的所有竞争对手的集合。

供求均衡公式为 $(N_1 + N_2)d \cdot P = a - b \cdot P$，从而决定了国际均衡价格 P_0：

$$P_0 = \frac{a}{b + N_1 d + N_2 d}$$

将均衡价格带入企业的供给函数，可得每个企业的均衡产出与出口规模 q_0：

$$q_0 = d \cdot P_0 = \frac{ad}{b + N_1 d + N_2 d}$$

企业的选择如图 3-2。横坐标表示任一出口企业的产量和出口量(q)，纵坐标是国际价格(P)。曲线 MC 为出口企业的边际成本曲线，在完全竞争的牛仔裤市场上，出口企业是国际价格的接受者，对于国际价格水平 P_0，有效产出为 q_0。

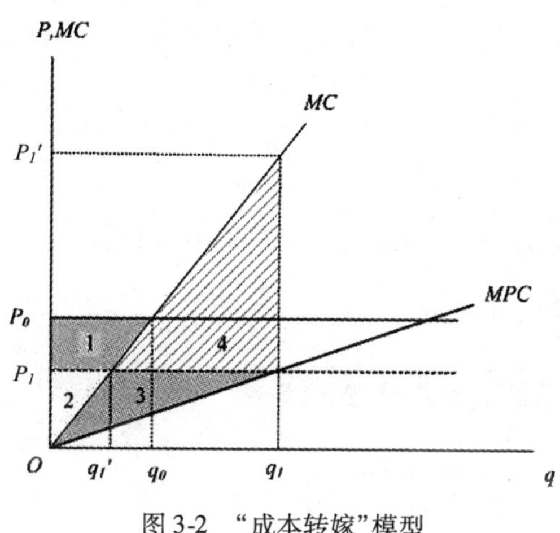

图 3-2　“成本转嫁”模型

这时两国的出口企业都得到图中阴影面积 1 和面积 2 的利润，具体计算如下：

$$\pi_0 = P_0 q_0 - \int_0^{q} MC \cdot dq = \frac{1}{2} P_0 q_0 = \frac{a^2 d}{2(b + N_1 d + N_2 d)^2}$$

现在假设国家 1 为了扩大出口和促进经济扩张，实施“超比较优势战略”，而国家 2 始终推行比较优势战略，维持市场完善。这时，国家 1 的短期目标定位于出口和贸易收入最大化，政府通过补贴或降低规制标准的方式激励企业降低成本,企业选择向社会转嫁部分成本,①形成要素市场扭曲。设国家1企业的成本转嫁率为$\psi(0<\psi<1)$,指企业的私人成本中向社会转嫁出去的比例。转嫁后,企业实际负担的成本比例是$1-\psi$,于是,私人边际成本函数变为$MPC=(1-\psi)\frac{1}{d}\cdot q$。令$\phi=\frac{1}{1-\psi}$,则边际成本简化为$MPC=\frac{1}{d\phi}\cdot q$。其中$1<\phi<\infty$,$\partial\phi/\partial\psi>0$,$\phi$反映了国家1企业的转嫁水平。

国家1发生成本转嫁后,企业的供给函数变为$q'=d\phi\cdot P$,国家2企业的供给函数不变,国际市场供求均衡变为$(N_1d\phi+N_2d)\cdot P=a-b\cdot P$。国际市场供求平衡得到国际价格均衡价格$P_1$:

$$P_1=\frac{a}{b+N_1d\phi+N_2d}$$

在此价格下,如图3-2,国家2企业的最优选择是q_1',国家1企业的竞争性产出与出口规模为q_1:

$$q_1=\frac{ad\phi}{b+N_1d\phi+N_2d}$$

国家1企业的利润(π_1)变为阴影面积2和3,具体计算为:

$$\pi_1=P_1q_1-\int_0^q MPC\cdot dq=\frac{1}{2}P_1q_1=\frac{a^2d\phi}{2(b+N_2d+N_1d\phi)^2}$$

国家1企业转嫁前后的利润差异($\Delta\pi$)为:

$$\Delta\pi=\pi_1-\pi_0=\frac{a^2d(\phi-1)[(b+N_2d)^2-(N_1d)^2\phi]}{2(b+N_2d+N_1d\phi)^2(b+N_2d+N_1d)^2}\qquad(3\text{-}1)$$

假定两国规模相当(下节讨论两国规模差别较大的情形),对于$b>0$,$b+N_2d>N_1d$必然成立,这时只要满足$(b+N_2d)^2-(N_1d)^2\phi>0$,转嫁就是有效的。所以,对国家1的企业而言,有效的转嫁水平区间是:

$$\phi<\left(\frac{b+N_2d}{N_1d}\right)^2$$

由上式可以得到企业的有效转嫁率区间:

① 转嫁成本的方式可能是:压低劳动者工资;购置低质量的设备;提供简陋的工作环境和低标准的职工福利;提高劳动强度;雇佣童工;购买廉价低质、甚至伪劣的原材料或零配件;缩减治污减排投入;减少培训;减少研发投入;压低管理者工资等。

$$\psi < 1 - \left(\frac{N_1 d}{b + N_2 d}\right)^2$$

在不超出有效成本转嫁水平范围，只要进行成本转嫁，国家1的企业一定可以获得福利改善。因而有如下命题：

命题1：给定两国规模相近，成本转嫁是国家1企业的利润最大化选择。

将 $\Delta\pi$ 对 ϕ 求导，得到：

$$\frac{\partial\Delta\pi}{\partial\phi} = \frac{a^2 d(b + N_2 d - N_1 d\phi)}{2(b + N_2 d + N_1 d\phi)^3} \tag{3-2}$$

当 $1 < \phi < (b + N_2 d)/N_1 d$ 时，$\partial\Delta\pi/\partial\phi > 0$，表明转嫁水平越高，企业利润改善的程度越大；当 $\phi > (b + N_2 d)/N_1 d$ 时，$\partial\Delta\pi/\partial\phi < 0$；即转嫁水平满足 $(b + N_2 d)/N_1 d < \phi < [(b + N_2 d)/N_1 d]^2$ 时，随着转嫁水平的提高，企业利润改善的程度下降。在 $\phi = (b + N_2 d)/N_1 d$ 时，$\Delta\pi$ 达到最优。得到企业的最优转嫁水平 $\phi^* = \frac{b + N_2 d}{N_1 d}$，相应的，企业利润改善最大化的成本转嫁率为 $\psi^* = 1 - \frac{N_1 d}{b + N_2 d}$。

因而，国家1的企业进行不高于最优转嫁水平的成本转嫁，但实际可行的转嫁水平还取决于政府的目标与制度激励的程度。

（二）成本转嫁的“创造性”效应

“超比较优势战略”下，政府的短期目标可能是贸易收入最大化和就业最大化目标。贸易收入的扩张反映一国经济扩张与增长的水平，根据模型假定，国家1的贸易收入就是其比较优势产业（出口行业）的总收入。成本转嫁带来贸易收入的变化 $\Delta R = R_1 - R_0$ 为：

$$\Delta R = P_1 q_1 - P_0 q_0 = \frac{a^2 d(\phi - 1)[(b + N_2 d)^2 - (N_1 d)^2\phi]}{(b + N_2 d + N_1 d\phi)^2 (b + N_2 d + N_1 d)^2} \tag{3-3}$$

$$\frac{\partial\Delta R}{\partial\phi} = \frac{a^2 d(b + N_2 d - N_1 d\phi)}{(b + N_2 d + N_1 d\phi)^3} \tag{3-4}$$

在企业有效的成本转嫁区间内，有 $\Delta R > 0$，$\partial\Delta R/\partial\phi > 0$；对于 $\phi > (b + N_2 d)/N_1 d$，$\partial\Delta R/\partial\phi < 0$。贸易收入最大化目标下的最优转嫁水平也是 $\phi = (b + N_2 d)/N_1 d$。所以政府将激励企业实行最优转嫁水平。

政府的短期目标有可能是就业最大化。而就业增加主要来自产出扩张。成本转嫁后每一企业产出与出口的变化为：

$$\Delta q = q_1 - q_0 = \frac{ad(\phi - 1)(b + N_2 d)}{(b + N_2 d + N_1 d\phi)(b + N_2 d + N_1 d)} \tag{3-5}$$

对于 $\phi > 1$，有 $\Delta q > 0$，表明只要存在成本转嫁，一定会带来产出与出口的扩张与就业的增长。将 Δq 对(求导，得到，

$$\frac{\partial \Delta q}{\partial \phi} = \frac{ad(b + N_2 d)}{(b + N_2 d + N_1 d\phi)^2} > 0 \tag{3-6}$$

表明在企业有效的转嫁水平区间内，成本转嫁水平越高，国家 1 出口规模扩张得越大，就业水平越高。所以，当政府的短期目标是就业规模最大化时，其最优选择是转嫁水平越大越好。给定企业的有效选择区间，政府认可的最优转嫁水平也是 $\phi = (b + N_2 d)/N_1 d$ 。

最终，我们得出当国家 1 与国家 2 规模相当时，国家 1 的最优成本转嫁水平为 $\phi = (b + N_2 d)/N_1 d$ 。这一转嫁水平带来了企业福利的改善，实现了出口、就业和经济扩张目标，形成了“创造效应”。但是，这一“创造”是具有“破坏性”的。

(三)成本转嫁的“破坏性”效应

当企业的产出水平为 q_1 时，企业负担的成本(由 $MPC = q/d\phi$ 决定)要小于其实际发生的成本(由 $MC = q/d$ 决定)，其差值是企业转嫁出去的、由社会承担的成本，这就是成本转嫁带来的“破坏性”的福利效应。

从图 3-2 可以直观地看到成本转嫁的福利效应。国家 1 的企业发生成本转嫁之前的福利为阴影面积 1 和面积 2 之和，转嫁成本后的福利为阴影面积 2 和面积 3 之和，阴影面积 3 和面积 4 是企业转嫁到社会的成本，其中面积 3 是出口扩张后生产者剩余的一部分，可视为来自社会的隐性补贴。图中可以看出，转嫁水平越高，*MPC* 曲线下移的幅度越大，社会损失越大。社会福利损失(*SL*)的计算公式如下：

$$SL = \int_0^q (MC - MPC) \cdot dq = \frac{a^2 d\phi(\phi - 1)}{2(b + N_2 d + N_1 d\phi)^2} 。\tag{3-7}$$

因 $\phi > 1$ ，所以 $SL > 0$，意味着只要发生成本转嫁，必定带来社会福利损失。这个结果表明，发展中国家通过成本转嫁实现就业和经济扩张是以一定的社会福利损失为代价的。将社会损失对转嫁水平求导，得到：

$$\frac{\partial SL}{\partial \phi}=\frac{a^2 d}{2}\cdot\frac{(2\phi-1)(b+N_2 d)+N_1 d\phi}{2(b+N_2 d+N_1 d\phi)^3}>0 \tag{3-8}$$

成本转嫁带来的社会总福利变化为贸易收益与社会损失之和,计算公式为$\Delta W=\Delta R-SL$,

$$\begin{aligned}\Delta W&=\frac{a^2 d(\phi-1)[(b+N_2 d)^2-(N_1 d)^2\phi]}{(b+N_2 d+N_1 d\phi)^2(b+N_2 d+N_1 d)^2}-\frac{a^2 d\phi(\phi-1)}{2(b+N_2 d+N_1 d\phi)^2}\\&=\frac{a^2 d(\phi-1)}{2(b+N_2 d+N_1 d)^2}\cdot\frac{2(b+N_2 d)^2-[(b+N_2 d+N_1 d)^2+2(N_1 d)^2]\phi}{(b+N_2 d+N_1 d\phi)^2}\end{aligned} \tag{3-9}$$

一国总福利改善的条件是:

$$\phi<\frac{2(b+N_2 d)^2}{(b+N_2 d+N_1 d)^2+2(N_1 d)^2} \tag{3-10}$$

如果(3-10)式右边的值大于1,则(3-10)式可能成立,反之则不成立。

$$\frac{2(b+N_2 d)^2}{(b+N_2 d+N_1 d)^2+2(N_1 d)^2}-1=\frac{(b+N_2 d+N_1 d)(b+N_2 d-3N_1 d)}{(b+N_2 d+N_1 d)^2+2(N_1 d)^2} \tag{3-11}$$

给定两国规模相当,(3-11)式小于零,则(3-10)式不成立,所以$\Delta W<0$。只有当成本转嫁率为零,即$\phi=1$时,社会总福利最大。这意味着,只要有成本转嫁,无论水平如何,转嫁带来的企业福利改善都不足以弥补社会福利损失,社会总福利总是恶化。于是,有命题2:

命题2:成本转嫁的企业福利改善效应小于社会福利损失效应,必定造成总福利损失。

成本转嫁模型表明成本转嫁水平直接影响到一国的贸易收入和福利损失,并进而影响到一国最终福利。从最优转嫁水平$\phi=(b+N_2 d)/N_1 d$可以看到,该水平的高低取决于一国的要素规模和国家规模。

一国的要素禀赋水平决定了其出口商品的需求弹性特征,根据比较优势理论,一国要素禀赋越高,其出口产品越是资本密集度更高的制成品。一般来说,资本和技术密集度越高的产品,因替代产品多,其需求弹性越大;而要素禀赋越低的国家,其出口产品越是资本和技术密集度低的劳动密集型产品,如牛仔裤、内衣等劳动密集型产品,因其在进口国消费者支出中所占比例很小,类似必需品(不考虑品牌和时装因素),所以对其需求缺乏价格弹性。在需求函数中,参数 b 反映了需求曲线的弹性。由此,我们可建立一国的要素禀赋水平与 b 之间的正相关关系,要素禀赋水平越低的国家,b 的值越小。

将$\partial\Delta\pi/\partial\phi>0$ 对 b 求导,得到,

$$\frac{\partial^2\Delta\pi}{\partial\phi\cdot\partial b}=\frac{a^2d(-b-N_2d+2N_1d\phi)}{(b+N_2d+N_1d\phi)^4} \tag{3-12}$$

令两国规模相当,对于较低的 b 值,有 $b+N_2d<2N_1d$,则对于 $\phi>1$,必有$\partial^2\Delta\pi/\partial\phi\partial b>0$。表明国家 1 的要素禀赋越低,成本转嫁带来的利润扩张效应越差。

$$\frac{\partial^2 SL}{\partial\phi\partial b}=\frac{a^2d}{2}\cdot\frac{(2\phi-1)(2b+2N_2d-N_1d\phi)-3N_1d\phi}{2(b+N_2d+N_1d\phi)^4} \tag{3-13}$$

在企业的有效成本转嫁区间,有 $\partial^2SL/\partial\phi\partial b<0$ 。表明国家 1 的要素禀赋越低,成本转嫁带来的社会福利恶化应越大。成本转嫁带来的利润扩张效应越差,社会福利恶化应越大,意味着总福利恶化的效应越大。可得命题 2 的推论 1:

推论 1:越是要素禀赋低的国家,总福利恶化效应越大。

前述结论都是在两国规模相近的假定下得出的,如果规模相差较大,结论可能会不同。

$$\frac{\partial^2\Delta\pi}{\partial\phi\cdot\partial N_1}=\frac{-a^2d^2\phi(2b+2N_2d-N_1d\phi)}{(b+N_2d+N_1d\phi)^4} \tag{3-14}$$

在有效转嫁区间内,即 $1<\phi<(b+N_2d)/N_1d$,有$\frac{\partial^2\Delta\pi}{\partial\phi\cdot\partial N_1}<0$。表明规模越小的国家,转嫁带来的利润扩张效应越大。另外,当国家 1 的规模非常小,比如 $b+N_2d>3N_1d$,(3-11)式大于零,(3-10)式成立,一国的总福利可能改善。可得命题 2 的推论 2。

推论 2:相对规模越小的国家,企业成本转嫁的收益越大,总福利改善的可能性越大。

所以,只要国家 1 的出口规模相对于其竞争对手不是非常小,短期内成本转嫁带来的总福利一定是恶化的,因此可以得出这样的结论:“超比较优势战略”所纵容的成本转嫁行为,实际上是一种“破坏性创造”,这种“创造”势必会造成种种贸易损失。

上述成本转嫁模型表明,在初级要素密集型产品的国际贸易竞争中,利润

最大化目标驱动下出口企业和产出和就业扩张目标驱动下的政府都有选择成本转嫁的激励,其结果必然带来社会福利损失、甚至一国总福利损失。这种损失也会影响经济增长路径。

第三节　基于“成本转嫁”的内生经济增长模型

本节利用一个熊彼特内生经济增长模型进一步讨论“超比较优势战略”下“破坏性创造”对经济增长路径的影响。

一、一个适宜制度与前沿技术距离的模型

Acemoglu、Aghion 和 Zilibotti(2006)利用熊彼特增长理论的框架,分析了一个国家的增长如何因这个国家与先进国家技术前沿之间的接近程度而不同。他们用新企业面临的进入成本反映一个国家的制度环境,回归结果发现,尽管较高的进入壁垒似乎并没有损害与技术前沿相距较远国家的增长,但是当一国趋近于技术前沿时,高进入壁垒对增长的损害程度就会加大。

(一)基本框架

假定时间是离散的,消费者生存一期,具有线性偏好。经济中只有一种最终产品,生产中需要投入连续统的中间产品,具体函数如下:

$$Y_t = \int_0^1 A_{it}^{1-\alpha} x_{it}^{\alpha} di, \qquad 0 < \alpha < 1$$

x_{it}表示中间产品 i 的投入量,A_{it}表示中间产品 i 的生产率参数。在此,最终产品在完全竞争的条件下生产,因而每一种中间产品的价格等于其在最终产品生产中的边际产品。假定每一种中间产品都是一比一地投入最终产品进行生产,则其边际成本就是最终产品的价格。设最终产品价格为 1,因为面临模仿者的边缘竞争,所以中间产品的生产者收取极限价格 $p_{it} = \chi > 1$。因而部门 i 的均衡利润等于:

$$\pi_{it} = \pi A_{it}$$

其中 $\pi = (\chi - 1)(\alpha/\chi)^{\frac{1}{1-\alpha}}$。

令 $A_t \equiv \int_0^1 A_{it} di$，表示国家 t 期的生产率；$\bar{A}_t$ 为世界前沿生产率；假定两期之间前沿生产率以不变的生产率 g 增长：

$$\bar{A}_t = (1+g)\bar{A}_{t-1}$$

令 $a_t = A_t/\bar{A}_t$，表示本国与世界前沿技术之间的接近程度，是国家在 t 期与世界技术前沿的距离的倒数。

（二）生产率增长与“适宜制度”

假设中间产品的生产者可以通过两种方式提高生产率，一种是模仿已经存在的世界技术前沿，另一种是在当前技术的基础上投入研发进行创新。假定最终生产率的提升来自于这两个渠道：

$$A_{it} = \eta\bar{A}_{t-1} + \gamma A_{t-1}, \gamma > 1$$

其中 $\eta\bar{A}_{t-1}$ 是模仿带来的生产率提升，γA_{t-1} 是创新带来的生产率提升。加总经济中的所有部门，得到国家的生产率：

$$A_t = \eta\bar{A}_{t-1} + \gamma A_{t-1}$$

上式两端同除以 $\bar{A}_t$，并带入 $\bar{A}_t = (1+g)\bar{A}_{t-1}$，得到：

$$a_t = \frac{1}{1+g}(\eta + \gamma a_{t-1})$$

显然，创新对一国生产率增长的相对重要性，即 γa_{t-1} 相对于 η 的大小，随着该国接近于世界技术前沿的程度而增大。模仿对一国生产率增长的重要性则当国家距离前沿技术越远越明显。也就是说，当一国距离前沿技术较远时，模仿参数（η）能够实现更大程度的生产率提升。一般来说，鼓励模仿和鼓励创新需要不同的制度，因为模仿的效率（η）主要来自在职培训和经验积累，而创新的效率（γ）更多来自具有创新精神的企业家。所以激励模仿（imitation-enhancing）的“适宜制度”是鼓励在职培训和经验积累，而激励创新（innovation-enhancing）的“适宜制度”是有利于选拔更好的经理人的机制。在技术水平距离前沿技术很远的国家，增长最大化的“适宜制度”是激励模仿的制度，而对于距离技术前沿较近的国家，则增长最大化的“适宜制度”是激励创新的制度。

（三）增长最大化的策略

在技术水平距离前沿技术很远的国家，增长最大化的“适宜制度”是激励模仿的制度，而对于距离技术前沿较近的国家，则增长最大化的“适宜制度”是激励创新的制度。令两个参数的取值范围为 $\eta \in \{\bar{\eta}, \bar{\eta}\}$ 和 $\gamma \in \{\bar{\gamma}, \bar{\gamma}\}$，其中 $\bar{\eta} < \bar{\eta}$，

$\bar{\gamma} < \bar{\gamma}$。设一种重视模仿的政策($R = 1$)对应 $\eta \in \{\bar{\eta}, \bar{\gamma}\}$,重视创新的政策($R = 0$)对应$\{\bar{\eta}, \bar{\gamma}\}$。为简单起见,令 $1 + g = \bar{\eta} + \bar{\gamma}$,表明一个执行激励创新的制度且处于技术前沿的国家将以 g 的速率提升技术水平。这一假设将前沿增长率内生化为激励创新的增长。

如果采取重视模仿的政策,生产率增长方程变为:

$$a_t^{imi} = \frac{1}{1+g}(\bar{\eta} + \bar{\gamma} a_{t-1})$$

如果采取鼓励创新的政策,生产率增长方程变为:

$$a_t^{ino} = \frac{1}{1+g}(\bar{\eta} + \bar{\gamma} a_{t-1})$$

令上面两个公式的右边相等,得到,

$$\hat{a} = \frac{\bar{\eta} - \bar{\eta}}{\bar{\gamma} - \gamma}$$

这样,对于 $a_{t-1} < \hat{a}$,有 $a_t^{imi} > a_t^{ino}$;对于 $a_{t-1} > \hat{a}$,有 $a_t^{imi} < a_t^{ino}$;对于 $a_{t-1} = \hat{a}$,有 $a_t^{imi} = a_t^{ino}$。因而,对于满足 $a_{t-1} < \hat{a}$ 的国家,增长最大化的“适宜制度”是鼓励模仿,满足 $a_{t-1} > \hat{a}$ 的国家,增长最大化的“适宜制度”是鼓励创新。而且,采取增长最大化策略的国家将总是获得一个高于 g 的增长率,而且还将最终收敛到技术前沿,即 $a_t = 1$。

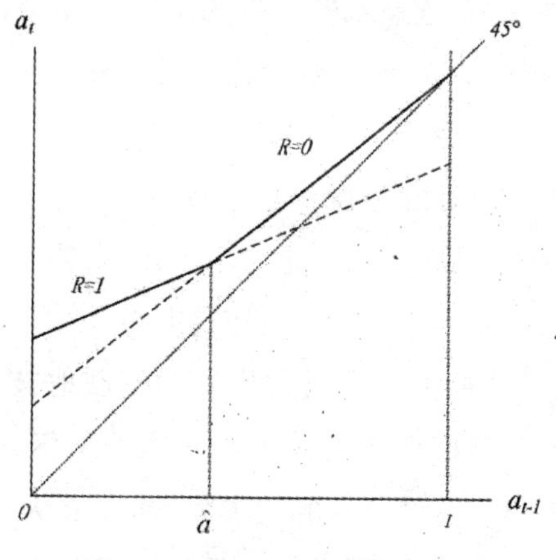

图 3-3　增长最大化策略与路径

图 3-3 反映了不同的政策下经济增长的路径。直线 $R = 1$ 反映政府采取激

励经验积累和模仿的制度时的增长路径。直线 $R=0$ 反映政府采取激励经验积累和模仿的制度时的增长路径。两条线的交点 $\hat{a}$ 体现两种策略下增长的差异。当一国满足 $a_{t-1}<\hat{a}$ 时,激励模仿的增长最优,反之则激励创新的增长最优。增长最大化的最优选择就是在当落后国家的技术水平与前沿技术的差距达到 $\hat{a}$ 时,就必须进行制度创新,由激励模仿的制度向激励创新的制度转换,从而实现向技术前沿收敛。制度创新将使落后国家的增长路径沿着两条直线的包络线增长。如果落后国家在 $\hat{a}$ 处没有进行制度创新,继续维持激励模仿的制度,经济增长就会背离最优增长路径,继续沿着直线 $R=1$ 演进。

二、生产扭曲下的技术升级与经济增长

生产扭曲对技术进步与经济增长有何影响?下面把生产扭曲引入到 Acemoglu、Aghion 和 Zilibotti(2006)的收敛模型中,讨论扭曲对企业技术升级决策、进而对一国技术进步路径的影响。

(一)企业的技术升级决策

设企业提高生产率的方式有两种,一种是干中学,来自于劳动者的经验积累(干中学效应),另一种是投资进行研发,比如购买技术或技术知识。设企业通过经验积累获得的模仿先进技术的强度为 $\eta(t)=\eta$。根据 Lucas(1988),干中学效应随着行业的规模扩大而增强,因而雇佣的劳动力越多,规模越大,企业的干中学效应越明显。企业的模仿强度可写为:$\eta(t)=\eta+\dot{N}\varepsilon$,其中 $\dot{N}$ 表示新增劳动力,ε 表示新增劳动力的经验积累系数,$\varepsilon>0$。企业基于经验模仿前沿技术,可使其生产效率提升到 $\eta\bar{A}_{t-1}$。企业扩大规模,需要为新雇佣的劳动力支付成本。给定均衡工资水平 w,企业的额外成本为 $\dot{N}w$。

企业技术升级的另一种方式是通过研发投资获取技术创新。设企业有 λ 的概率获得技术创新,创新成功将使其生产率提升 γ 倍,为上期技术水平的一个函数:γA_{t-1},其中 $\gamma>1$。企业研发的成本为 κA_{t-1},κ 为研发成本系数,$0<\kappa<1$。研发成本与上一期的技术水平正相关,是因为现有技术水平越高,研发获得新技术创新的难度越大,因而需要支付更高的研发成本。

企业的技术水平为两种方式带来的生产效率之和:$A_t=\eta\bar{A}_{t-1}+\gamma A_{t-1}$。企业

偏向哪一种技术升级方式取决于两种方式的预期收益。如果企业选择通过扩大规模、增强经验积累的方式,利润为 $\pi(\eta+\dot{N}\varepsilon)\bar{A}_{t-1}-\dot{N}w$。如果企业维持原有规模,通过购买新技术促进技术创新,利润为 $\pi(\eta\bar{A}_{t-1}+\lambda\gamma A_{t-1})-\kappa A_{t-1}$。前一项是包括创新在内的技术升级带来的利润,后一项是研发成本。如果以下不等式成立,企业会选择经验积累方式:

$$\pi(\eta+\dot{N}\varepsilon)\bar{A}_{t-1}-\dot{N}w \geqslant \pi(\dot{\eta}\bar{A}_{t-1}+\lambda\gamma A_{t-1})-\kappa A_{t-1}$$

上式两端同除以 $\bar{A}_{t-1}$,令 $\omega=\frac{w}{\bar{A}_{t-1}}$,表示经生产率调整的工资水平,则是上述不等式整理得到:

$$a_{t-1} \leqslant \frac{\dot{N}(\pi\varepsilon-\omega)}{\pi\lambda\gamma-\kappa}$$

令 $a_r=\frac{\dot{N}(\pi\varepsilon-\omega)}{\pi\lambda\gamma-\kappa}$,则当 $a_{t-1}\leqslant a_r$ 时,扩张企业规模、提高模仿能力的收益大于进行研发投入的收益。当 $a_{t-1}>a_r$ 时,则企业进行创新的收益更大。一国的技术水平越低,落后前沿技术越多,企业越会选择模仿前沿技术而不是创新。

（二）最优化增长路径与非收敛陷阱

企业的决策决定了一国技术水平与经济增长的路径。最优化增长路径取决于 a_r 与 $\hat{a}$ 的关系。

情形1:对于 $\hat{a}=a_r$,企业的最优选择恰好是如图3-3所示的国家的最优增长路径。在此情形下,经济将会收敛到前沿技术水平。

情形2:对于 $a_r<\hat{a}$,会出现模仿不足的均衡。如图3-4,当一国的技术水平为 a_r,企业的最优选择是创新,经济增长将沿着 $R=0$ 扩张。在技术水平 $a_{t-1}\in(a_r,\hat{a})$ 区间内,技术升级的增长率低于经验积累与模仿带来的增长率。当技术水平提升至 $\hat{a}$ 处,依然会走上最优增长的路径,最终会实现收敛。

情形3:对于 $a_r>\hat{a}$,且 $a_r>a_{trap}$ 时,会出现非收敛陷阱。如图3-5,a_{trap} 是直线 $R=1$ 与45度线交点对应的技术前沿距离,即:

$$a_{trap}=\frac{\bar{\eta}}{1+g-\gamma}$$

在这一情形中,经济迟迟没有进入到策略转型的阶段,经济增长始终偏离于最优增长路径,不可能向技术前沿收敛了。因而经济陷入了一种非收敛的陷阱。

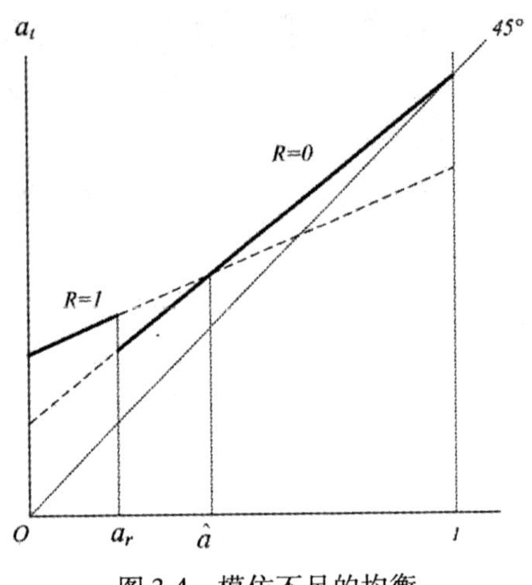

图 3-4　模仿不足的均衡

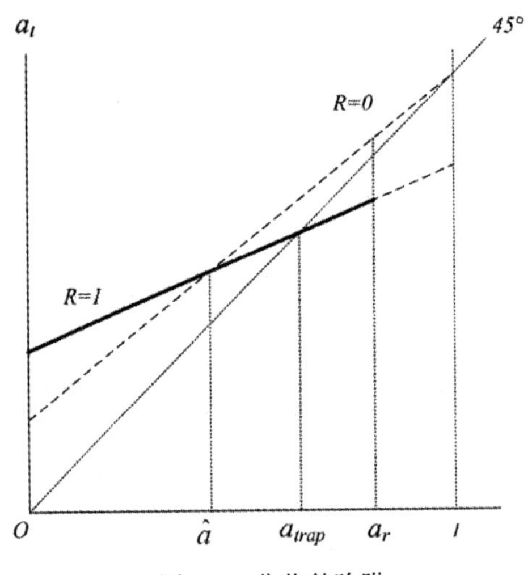

图 3-5　非收敛陷阱

图 3-5 中，当一国经济刚刚起步，技术水平距离世界前沿技术非常大时，重视干中学的技术提升方式是“适宜制度”，使得经济沿着最优路径增长。当技术水平与前沿技术不断接近，并达到 $\hat{a}$ 处时，就需要进行转型，向鼓励创新的制度转变。如果继续维持原有制度，企业始终选择模仿而非创新，导致增长偏离最优，维持低水平的增长。

（三）成本转嫁与企业决策

在“超比较优势战略”下，生产要素价格扭曲的市场环境将影响企业的技术升级决策。劳动力价格低于其边际产品意味着企业可以少支付成本,企业选择扩大规模可以获得额外的租金。假定成本转嫁使企业实际支付的工资只是劳动力边际收益产品的一个比例 ϕ,$0<\phi<1$。ϕ 与扭曲程度即成本转嫁率 ϕ 负相关($\partial\phi/\partial\phi<0$),表明成本转嫁水平越高,企业实际负担的私人成本越低。这时,企业选择扩大规模进行技术升级的利润为 $\pi(\eta+\dot{N}\varepsilon)\bar{A}_{t-1}-\phi\dot{N}w$,其中 $\phi\dot{N}w$ 为成本转嫁后的新雇佣劳动力的成本。如果企业不改变雇佣水平,而是通过购买新技术来促进技术创新,则享受不到成本转嫁的额外收益,其利润依然为 $\pi(\eta\bar{A}_{t-1}+\lambda\gamma A_{t-1})-\kappa A_{t-1}$。

企业决策的不等式变为:

$$\pi(\eta+\dot{N}\varepsilon)\bar{A}_{t-1}-\phi\dot{N}w\geqslant\pi(\eta\bar{A}_{t-1}+\lambda\gamma A_{t-1})-\kappa A_{t-1}$$

上式两端同除以 $\bar{A}_{t-1}$,得到:

$$a_{t-1}\leqslant\frac{\dot{N}(\pi\varepsilon-\phi\omega)}{\pi\lambda\gamma-\kappa}$$

令 $a_r^S=\dfrac{\dot{N}(\pi\varepsilon-\phi\omega)}{\pi\lambda\gamma-\kappa}$,$\partial a_r^S/\partial\phi<0$。对于 $0<\phi<1$,有 $a_r^S>a_r$。

对于 $a_r<\hat{a}$,在技术水平 $a_{t-1}\in(a_r,\hat{a})$ 的国家,$a_r^S>a_r$ 意味着该国可以获得更优的增长路径。而对于 $a_r>\hat{a}$,$a_r^S>a_r$ 意味一国更容易掉进“非收敛陷阱”。

三、经济扭曲与中国经济增长

(一)后发国家的增长路径

在经济落后的发展中国家,市场不成熟,市场知识和技术水平低,经济中的主导产业是低技术产业,因而劳动力的经验积累效率 ε 较低,意味着后发国家的 a_r 值较低。如图3-6,a_r 距离 $\hat{a}$ 较远。在发展中国家经济刚起飞时,技术水平与前沿差距较大,即 a_{t-1} 位于 a_r 左边时,企业的最优决策是通过经验积累和模仿提升技术水平,该国技术进步沿着 $R=1$ 这一最优增长路径提升。当技术升级至 a_r 时,企业的最优决策变为通过研发提升技术水平,该国技术进步转为 $R=0$ 的增长路径。在技术水平 a_r 到 $\hat{a}$ 的区间内,技术水平沿着非最优的路径增长,出现了技术进步不足的情况,如图中阴影部分显示的差异。表明后发国家陷入了模仿不足的均衡。虽然在技术水平升级至 $\hat{a}$ 时,经济增长会回归最优增长路径,但是受追赶目标驱使,在技术水平为 a_r 时,发展中国家通常会采取某种形式的工业化及技术升级战略，激励企业扩大规模，提高模仿能力，使技术升级继续沿着 $R=1$ 的路径增长。

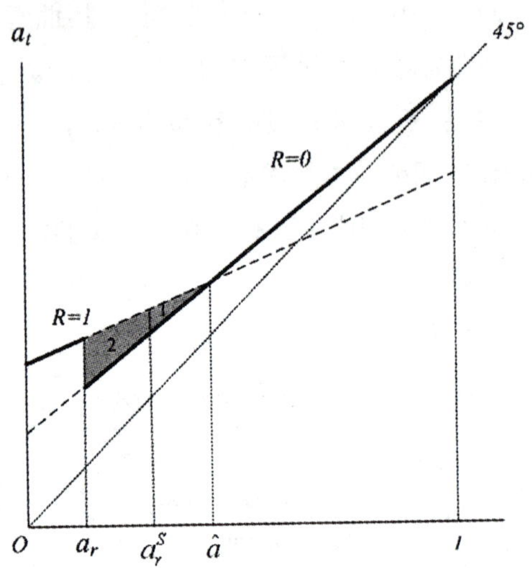

图 3-6 成本转嫁与后发国家的增长路径

在后发国家的工业化进程中，拉美国家曾经推行进口替代工业化战略，东亚国家和地区则在短暂的进口替代战略之后转为出口导向工业化战略。而中国的工业化战略则表现为前节所述的“超比较优势战略”。

(二)“超比较优势战略”的“创造性”

在“超比较优势战略”下，由于内生性、政策性和体制性扭曲形成的生产扭曲，企业可以通过成本转嫁降低其成本。因 $0<\phi<1$，a_r 的值提高至 a_r^S。如图 3-6，当中国的技术水平在区间 $a_{t-1}\in(a_r, a_r^S)$ 时，企业的最优决策是扩大规模，提升模仿能力。中国的技术进步沿着 $R=1$ 的最优路径增长。技术升级的路径优于没有生产扭曲的情形，这就是“超比较优势战略”对经济增长的“创造性”，如图 3-6 中的阴影面积 2。由 $\partial a_r^S/\partial\phi<0$，可得 $\partial a_r^S/\partial\phi>0$，表明生产扭曲的程度越大，成本转嫁水平越高，$a_r^S$ 越大。a_r^S 越接近 $\hat{a}$，中国的技术水平就可以在更长时间沿着最优路径增长，意味着“超比较优势战略”的“创造性”越大。

(三)“超比较优势战略”的“破坏性”

如果成本转嫁的程度非常大，使得 $a_r^S>\hat{a}$。如图 3-7，则中国的技术水平在达到 a_r^S 之前，始终会沿着 $R=1$ 的路径增长。在区间 $a_{t-1}\in(\hat{a}, a_r^S)$，而企业的技术升级决策依然是干中学，偏离最优增长路径 $R=0$，，出现了图中阴影面积显示创新不足损失。

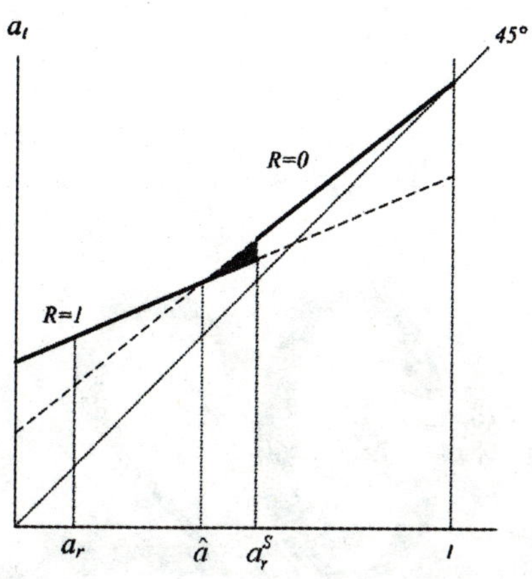

图 3-7　成本转嫁与创新不足的增长

更进一步，如果成本转嫁的程度之大使得 $a_r^S > a_{trap}$，如图 3-8，中国的技术水平始终沿着 $R=1$ 的路径增长，不可能转型到 $R=0$ 的增长路径上，经济陷入“非收敛陷阱”。这就是“超比较优势战略”的“破坏性”。

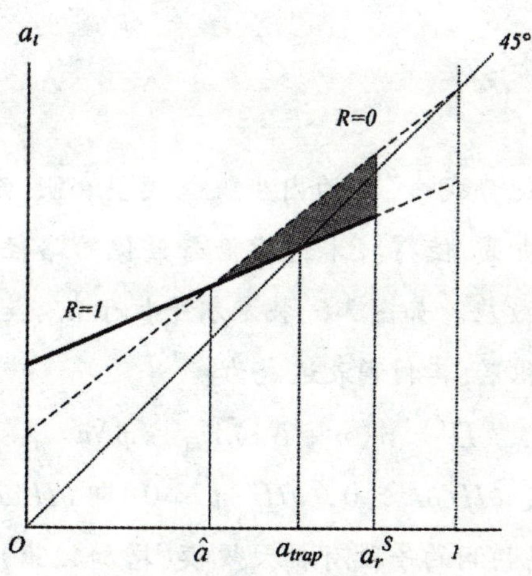

图 3-8　成本转嫁与“非收敛陷阱”

本书第二篇和第三篇将对“超比较优势战略”的“创造性”和“破坏性”效应进行详细阐述。

第二篇 02

经济扭曲的创造性效应

上篇中,“超比较优势战略”下的内生收敛模型表明,经济扭曲激励企业选择干中学的技术升级决策,使得技术进步沿着最优的路径增长,由此带来中国发展模式的“创造性”效应。如图3-6,技术水平位于 $a_{t-1} \in (a_r, a_r^S)$ 区间时,企业的最优决策是经验积累,其利润表达式为:

$$\Pi = \pi(\eta + \dot{N}\varepsilon)\bar{A}_{t-1} - \phi\dot{N}w$$

得到 $\partial\Pi/\partial\eta > 0$, $\partial\Pi/\partial\varepsilon > 0$, $\partial\Pi/\partial\phi < 0$, 即 $\partial\Pi/\partial\phi > 0$。给定现有的模仿水平 η, 企业提高利润的手段有扩大规模(增加就业)、提高新雇佣员工的学习与模仿能力以及尽可能进行成本转嫁。因为 $\partial\Pi/\partial\dot{N} = \pi\varepsilon\bar{A}_{t-1} - \phi w$, 当 $\phi < \frac{\pi\varepsilon\bar{A}_{t-1}}{w}$ 时,$\partial\Pi/\partial\dot{N} > 0$。所以“成本转嫁”水平越高,企业负担的私人成本越低时,企业雇佣劳动力越多,利润越大。在这种增长路径下,企业为了扩大收

益，首先会转嫁就业和扩大产出规模；而产出规模扩张必然伴随着相应的资本投入，于是引致投资扩张；通过企业的培训和生产行为，新雇佣劳动力不断积累经验，企业的劳动生产率得以提高，进而提升了国家的技术水平。这几个方面共同促进了中国经济的增长。

本篇从出口、投资和技术进步三个方面进一步研究这种“创造性”效应在中国的机制。

首先，“创造性”效应体现在出口的扩张对经济增长的驱动。“超比较优势战略”增强了中国在要素成本上的比较优势，出口大规模扩张，并通过增加就业、引致投资和提升技术水平等效应推动经济增长。

其次，“创造性”效应还表现为通过投资扩张促进经济增长。各种政策性和体制性扭曲促进了中国数轮的投资热潮，从投资需求和投资供给两个方面都刺激了中国经济增长。投资成为驱动中国经济增长的两驾马车之一。

第三，“创造性”效应还表现在技术进步上。东亚经济体通过政策支持下的后发优势成功地提升了技术水平，实现了向发达国家的经济收敛。中国在“超比较优势战略”下的出口扩张在一定程度上通过加工贸易的溢出效应提升了技术水平，但是远没有中国出口产品结构的高级化所对应的那么高。

总体而言，这种扭曲的“创造性”还体现在打破了长期以来的对外壁垒和对内资源配置的限制，快速形成了较高的生产力，成功地实现了部分区域、部分行业和部分人的“先富”，为中国经济的长期发展完成了基本资本积累和技术积累。

第四章

扭曲“创造”了出口与经济增长

在成本转嫁模型中，$\partial\Delta q/\partial\phi > 0$ 表明产出和出口与成本转嫁率正相关，即成本转嫁形成的成本优势会带来产出和出口的扩张。在基于成本转嫁的增长模型中，当 $\phi < \frac{\pi\varepsilon\bar{A}_{t-1}}{w}$ 时，$\partial\Pi/\partial\dot{N} > 0$。表明经济扭曲激励企业选择雇佣和培训低成本的劳动力，提升模仿效率，而扩大生产，获取利润。上述模型结论与中国在开放经济中通过一系列政策和制度形成的经济扭曲激励出口企业大规模扩张产出和出口的经验现实是一致的。本章从经济扭曲刺激出口、进而驱动经济增长的视角，研究经济扭曲的“创造性”效应。

第一节　中国对外贸易体制与扭曲

一、对外开放与政策调整（1978 年 ~ 2001 年）

1978 年以后，政策性开放逐渐推进。1980 年，在深圳、珠海、汕头和厦门试办经济特区，通过一系列优惠政策，吸引外商投资，带动对外贸易发展。特区成为中国区域开放的起点和对外贸易的先导示范基地。1984 年以后，对外开放进程不断加快，实现了由点到面、由南到北的过渡，形成了由经济特区到沿海开放城市、沿海经济开放区的对外开放新格局。

在推进改革开放的进程中，中国对外贸易的政策也发生了全面变化。首先是推进对外贸易市场化的改革。一方面逐步削弱与取消计划，赋予外贸企业自主经营权，逐步改变原来中央集权的体制。在出口商品计划中，到1988年，受指令性计划控制的第一类商品下降到21种，受指导性计划管理的第二类商品下降到91种。到1991年，几乎所有的指令性计划都取消了。受指令性计划管理的进口商品占进口总额的比例从1986年的40%减少到1992年初的18.5%。另一方面，对国有外贸企业的改革也逐步推进，内容包括政企分开，简政放权，推行进出口代理制，改进外贸计划和财务体制等。

其次，在进口保护政策方面，为了避免国际市场对本国产品的冲击和继续保护国内幼稚产业的成长，通过关税、配额、许可证等手段对一般商品特别是消费品的进口加强了限制。1991年以前，中国的进口关税壁垒只增不减。1988年中国未加权的平均关税率达到43.77%，1991年达到44.05%。对于国内生产可以满足数量与质量要求的产品基本不进口，国内生产难以满足的商品在促进国内生产能力进步的同时，逐步减少进口。引进重点主要放在先进技术及关键设备上。

在出口保护方面，利用贸易补贴、外汇留存、出口退税以及用于出口的进口关税减免等措施来鼓励出口。其中贸易补贴与外汇留存是国内价格改革还没到位、国内价格与国际价格脱节的情况下为弥补外贸企业的亏损而采取的鼓励手段。另外，通过双重汇率和外汇调剂市场使企业能够按照比较接近实际成本的价格组织生产和出口，调动了企业的出口积极性。鼓励增加出口矿产品和农副土特产品、工艺美术和传统轻纱工业品、各种机电产品和多种有色金属、稀有金属加工产品，以及发挥劳动力的多数优势，发展进料加工。

1992年以后，为了深化改革，扩大开放，中国实施以进出口贸易为基础，商品、资金、技术、劳务合作和交流相互渗透、协调发展，外经贸、生产、科技、金融等部分共同参与，各种所有制企业齐头并进的“大经贸战略”。同时，为了加速发展高新技术产业，提升国际竞争力，1999年，国家对外贸合作经济提出了实施科技兴贸战略。在两大战略下，中国对外贸易政策主要体现在改革贸易体制、减弱进口控制、相对减少出口鼓励措施。

1992年以后，对外贸易的计划控制基本取消。放宽自营进出口业务，允许外商投资企业、一部分国有生产企业、科研院所以及私营企业经营自己产品的进出口。

进口关税与非关税限制都开始减弱。1992 年中国降低了 3000 多个税目商品的关税率,1993 年又降低了 2000 多个。1994 年大幅降低了小汽车进口关税率,1996 年又大幅降税,涉及税目商品约 5000 多个。1997 年再次大幅降低,直到 2001 年,中国未加权平均关税率下降到 15%。在非关税措施方面,1992 年以来中国也大幅削减进口配额与许可证目录。进口结构的转变体现在三个方面:一是强调进口为出口服务;二是强调先进技术的引进而不是成套设备的引进;三是进口重点仍围绕先进技术与关键设备,但对一般商品特别是消费品的进口限制略为放松。

出口鼓励措施的减弱主要体现在取消贸易补贴、实行汇率并轨以及逐步取消外汇留存。信贷政策和税收政策方面的出口鼓励措施依然存在。同时制定了有利于资本密集型产品出口的优惠政策。

二、对外贸易的快速发展与转型

2001 年,中国加入世界贸易组织,为中国经济与对外贸易注入了新的活力,外贸管理体制与全球通行规则全面接轨。全球以 IT 产业为代表的新一轮高新技术产业转移也为中国外贸发展提供了重要机遇。跨国公司的生产、服务、业务流程的外包不断扩大,高端制造与研发环节也逐渐延伸至海外,使中国可以在更大范围内参与国际分工。在这一阶段,中国进一步加强外贸体制的市场化改革。

进口政策方面,遵照加入世贸组织的承诺,持续不断地降低关税税率,从 2002 年到 2010 年,中国关税总水平由 15.3% 降到 9.8%。其中农业产品平均税率由 18.8% 降低到 15.2%,工业产品平均税率由 14.7% 降至 8.9%。其中,2002 年大幅调低了 5300 多种商品的进口关税,关税总水平由 2001 年的 15.3% 降低至 12%,是入世后降税涉及商品最多、降税幅度最大的一年;2005 年降税涉及 900 多种商品,关税总水平由 2004 年的 10.4% 降低至 9.9%,是中国履行义务的最后一次大范围降税;2006 年 7 月 1 日,降低了小轿车等 42 个汽车及其零部件的进口关税税率,最终完成了汽车及其零部件的降税义务,汽车整车及其零部件税率分别由入世前的70% ~80%和18% ~65%降至25%和10%。2010年降低鲜草莓等6个税目商品进口关税后，中国加入世界贸易组织承诺的关税减让义务全部履行完毕。另外，实施进口配额许可证和进口许可证的商品种类减少，有些商品取消了许可证管理。由于意识到以大量能源、矿产品出口来扩张出口的弊端，开始考虑构建中国基础原材料、基础能源等资源品的境外合作开发与进口储备战略，鼓励进口资源性、国储性和高科技产品。

出口方面采取相对较低的保护与温和的出口鼓励政策相结合的措施：运用关税、反倾销、反补贴、反垄断、保障、政府采购等措施对国内具有竞争优势的产业实行动态的、以扩张出口为目标的保护；运用低估汇率、调整出口退税和补贴鼓励企业参与国际竞争的出口鼓励措施。总体来说，出口鼓励水平短期内有一定程度的提高。

2004年，由于财政压力与政策目的，出口退税又降低了3个百分点左右。针对出口仍以高能耗、低技术含量的工业品为主、服务贸易、技术贸易、高技术产品占比低的事实，制定了鼓励高技术产品出口的措施，如出台了适合软件产业特点的软件出口管理办法，通过技术改造贴息和研发资金支持高新技术产品出口。为了优化进出口结构，推进外贸增长方式转变，努力缓解贸易顺差过大的矛盾，2007年，中国在前几年加强进出口调控的基础上，继续对外贸政策进行了调整和完善。主要措施有：调整和完善出口退税政策，进一步降低或取消了部分高能耗、高污染和资源性产品以及容易引起贸易摩擦产品的出口退税；继续完善加工贸易政策体系，扩大了限制类和禁止类加工贸易商品目录；调整进出口关税税率，加征或提高了部分资源性产品出口关税，降低了部分国内需要的资源性产品和涉及百姓生活的日用品的进口暂定税率；取消了包括钢材、钢坯、塑料原料及部分机械设备、装备、仪器在内的338个税目的自动进口许可证管理。同时，进一步实施科技兴贸战略，加快科技创新基地建设，支持自主知识产权、自主品牌产品出口，扩大优势农产品出口，大力发展服务贸易，增加能源原材料以及先进技术装备、关键零部件进口。

2008年之后在国际金融危机、经济危机冲击之下，为了缓解加工贸易企业的困境，中国政府迅速调整对加工贸易的限制政策，积极推动外贸企业的发展。一是提高出口退税率。2008年11月发布《财政部国家税务总局关于提高劳动密集型产品等商品增值税出口退税率的通知》,决定在2008年下半年两次提高出口退税率的基础上,自2008年12月1日,进一步提高部分劳动密集型产品、机电产品和其他受影响较大产品的出口退税率。二是调整加工贸易限制类政策。2008年12月1日起暂停《商务部、海关总署2007年第44号公告》限制出口类目录1853个海关编码商品,以及限制进口类目录轻纺类272个海关编码商品保证金台账“实转”政策。A类和B类企业暂停银行保证金台账“实转”,实行“空转”管理;C类企业仍实行100%“实转”管理。三是实施国别配额。自2009年1月1日起,全部取消蚕茧和部分蚕丝产品的出口配额许可证管理,企业报关出口不再需要申领出口许可证。这之后外贸政策的总体目标仍是“保持出口平稳增长”,同时加快转变外贸发展方式,优化出口结构。

“十二五”期间中国对外贸易的主要目标是:进出口保持大体平衡增长;出口商品结构明显优化;企业国际竞争力进一步增强;持续提升加工贸易产业链;进出口市场格局更加合理。为此,今后五年的主要贸易政策取向将是:由关注出口转变为统筹进出口,兼顾内外需;以增长速度为中心转变为以增长质量和效益为中心;进一步建立、完善开放型经济体制,培育和增强进出口经营主体的国际竞争力;大力推进沿海加工贸易的升级和逐步向内地转移,延长加工贸易国内增值链;进一步扩大农业开放,大力支持农业产业化和农产品参与国际市场竞争;重视资源、能源及环境承载力,促进外贸与资源环境协调发展;支持中西部加快外贸发展;加强商务和贸易平台建设等。

三、经济扭曲与出口扩张

除了政策的鼓励,中国出口的快速扩张还得益于一系列因素。江小涓(2002)认为中国出口的快速扩张是与FDI的大量涌入密切相关,外商投资企业是推动中国出口扩张,影响中国对外经济行为与绩效的重要力量。贺灿飞和魏后凯(2004)分析认为外资企业和产业在空间上的集中促进了外商制造企业的出口,尤其是亚洲投资者和采用劳动密集型生产工序的企业更倾向于出口。朱希伟和金祥荣(2005)认为国内市场严重的地方保护主义形成的市场分割导致进入国外市场的成本低于进入国内外地市场的成本,使得本土企业难以依托国内市场发挥规模经济,从而出现了中国本土企业“宁出口不内销”的反常现象,这一结果催生了出口的扩张。廖涵(2005)指出中国加工贸易发展迅速的原因在于:跨国公司出于经营一体化和防止技术优势扩散考虑,往往更多地从公司内部或母国采购中间品;由于中国国内企业缺乏适当的激励机制和畅通的融资渠道生产中间产品,国产中间品规格和质量不稳定达不到出口品的生产要求;中国现行的加工贸易政策偏向鼓励加工贸易进口中间品,从本地采购更为不利。张杰、刘志彪和张少军(2008)认为国内信用制度缺失是中国本土企业出口扩张的重要原因,相比国外市场的预付货款、付款及时、设备供应、批量大且稳定等优势,国内市场的信用制度缺失致使中国本土企业“舍近求远”,从而放弃国内市场。

一般而言,中国企业的出口决策受到以下因素影响。

首先是国内的价格竞争。激烈的市场竞争会通过压缩超额利润率,迫使行业内企业倾向于寻求国外市场,但在中国,由于地方保护主义滋生的生产要素市场扭曲和过度竞争行为,使得出口行业的激烈竞争是以低价格、高产量为核心的。在国际市场上令对手恐慌的“中国价格”和令买家欣喜的“中国制造”正是中国出口行业处于低端竞争的表现。

其次,中国的出口源自静态产量竞争。Antràs(2003)对美国出口企业的观察发现出口企业的平均规模是非出口企业的4.8倍。江小娟(2007)也认为出口比例确定时,产业规模对出口会产生正向作用,并认为在产业和技术成熟时,规模经济会持续对出口竞争力产生影响。中国出口行业都表现出强大的生产能力和规模效应。中国任何有关经济过热的表现几乎都是来自于狂热的投资行为,同时在城乡二元结构条件下中国拥有几乎无限大的劳动力供给,使得低成本的产能扩张成为可能。尤其对于处于全球化国际制造业重心转移的趋势下的中国出口行业而言,其产能扩张必然是成就出口扩张的重要影响因素。

再次,中国出口扩张路径的一个重要特点就是相对于不振的内需,出口需求极其旺盛。国内市场需求不足一方面是因为存在市场分割,且国内居民对医疗、房价和教育的高支出、预防性储蓄以及中间品需求不足;另一方面为了刺激出口和产出扩张而认为要低要素价格、尤其是劳动力价格的制度环境使得收入差距不断扩大,普通劳动者的低收入水平抑制了消费需求。相比国内需求不足,强劲的国外需求对出口的影响更为重要。

最后,“出口导向”的政策和制度环境无疑是驱动中国出口扩张的主要机制。中国鼓励外资和私营经济的发展、出口退税和降低行业中的国有资本比重,所有政策的合力就是鼓励企业进入出口市场。比如大幅度的扩大出口退税范围、提高退税率、压低出口的投入成本使企业利润空间延伸,这种政策支撑带来了大幅度的贸易扩张,但同时也使出口模式自身成为一种扭曲行为,造成了出口市场的过度进入局面。

第二节 中国对外贸易的快速扩张

改革开放以来,中国对外贸易迅猛发展。90 年代之后出口增长进一步加快。2001 年中国加入 WTO,之后贸易规模更是急速扩张,货物出口规模在世界贸易中的排位逐年上升。根据 WTO 的统计,2007 年,货物贸易出口超过美国,成为仅次于德国的第二大出口国。2009 年货物贸易出口超过德国,成为第一大出口国。

表 4-1 中国货物出口规模及世界排位

年份	出口额(亿美元)	占世界比重(%)	位次	年份	出口额(亿美元)	占世界比重(%)	位次
1990	621	1.8	15	2001	2661	4.3	6
1991	719	2.0	13	2002	3256	5.1	5
1992	849	2.3	11	2003	4382	5.9	4
1993	917	2.5	11	2004	5933	6.5	3
1994	1210	2.9	11	2005	7620	7.3	3
1995	1488	3.0	11	2006	9689	8.0	3
1996	1511	2.9	11	2007	12178	9.0	2
1997	1827	3.3	10	2008	14307	8.9	2
1998	1837	3.4	9	2009	12016	9.6	1
1999	1949	3.6	9	2010	15778	10.5	1
2000	2492	4.0	7	2011	18984	10.4	1

数据来源:www.wto.org。

一、出口规模扩张迅猛

从图 4-1 可以看到，21 世纪以后世界主要贸易国的货物出口都在快速扩张，但是中国扩张速度最快，尤其在加入 WTO 之后，不断超过其他主要货物出口大国的规模。

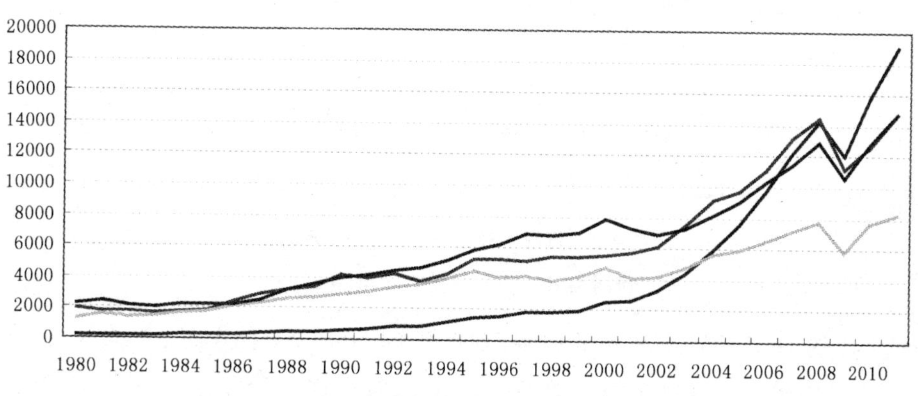

图 4-1　世界主要出口大国的货物出口规模（亿美元）

数据来源：www. wto. org。

1992 年之前是中国对外开放的第一阶段，也是对外贸易发展的起步阶段。随着对外开放体制与区域的不断推进，中国进出口贸易总额逐年稳定增长，从 1980 年的 381. 36 亿美元增长到 1991 年的 1356. 34 亿美元，规模扩大了 2. 56 倍，平均每年增长 12. 68% 。这一阶段，为了推动出口和引进技术，国家为所谓“产品出口企业”和“先进技术企业”的外商投资企业制定了一系列优惠政策，极大地促进了加工贸易的发展。图 4-2 中可以看到，1986 年出口额有了一个较大的增长，与鼓励外商投资政策的促进有关。

从图 4-2 中可以看出，在这一时期，由于出口额和进口额的增速差异，贸易顺差与逆差交替出现。改革开放初期，对外贸易呈现逆差态势，在经历 1982 年 ~ 1983 年短暂逆差后，从 1984 年 ~ 1989 年，出现连续 6 年逆差，此后开始转为顺差。

1992 年之后，中国对外开放的步伐加快，对外贸易规模进一步扩张，从

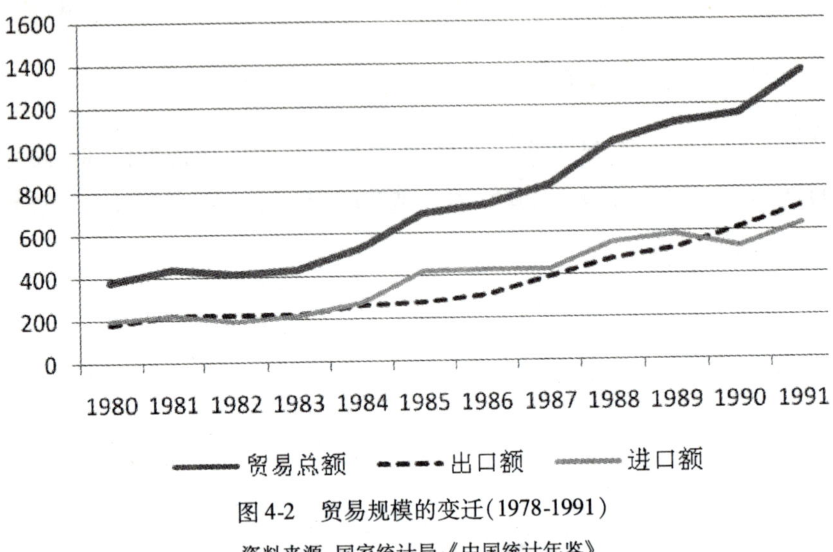

图 4-2　贸易规模的变迁(1978-1991)

资料来源:国家统计局:《中国统计年鉴》。

1992 年的 1655.25 亿美元增加到 2001 年的 5096.51 亿美元,扩大了 2.08 倍,且平均增加速度快于第一阶段,为 14.52%。这一阶段除 1993 年出现逆差外,连续 9 年呈现顺差态势,且顺差金额没有显示出明显的扩张趋势。这一阶段的外贸依存度也保持相对稳定,平均在 35.78% 左右波动,没有大幅度增长。

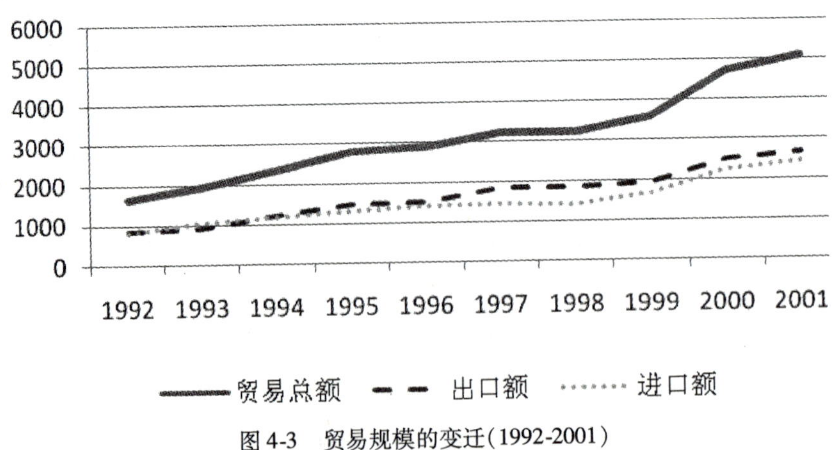

图 4-3　贸易规模的变迁(1992-2001)

资料来源:各年度《中国统计年鉴》。

中国加入 WTO 之后，对外贸易规模呈快速扩张趋势，从 2002 年的 6207.7 亿美元增加到 2010 年的 29,740.0 亿美元，扩大了 3.79 倍，平均增加速度达到 22.75%，2002 年～2008 年的增速为 27.5%，明显快于前两个阶段，这主要是得益于加入 WTO 后更为开放的外贸政策。与这一阶段进一步放开的政策相对应，中国顺差额迅速扩大。除了 2009 年由于国际金融环境恶化导致顺差缩小，2002 年～2008 年，顺差平均增长速度高达 56.84%。顺差额从 2001 年的 225.45 亿美元增加到 2008 年的 2981.31 亿美元，在 2005 年时首次突破千亿美元，达 1020 亿美元，并使中国在 2007 年成为第一大外汇储备国。

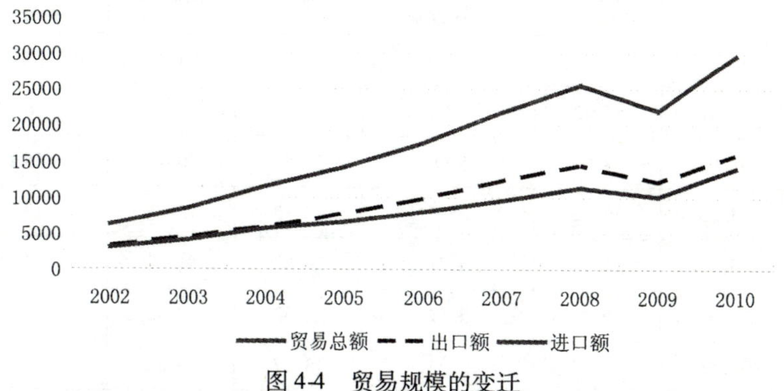

图 4-4　贸易规模的变迁

资料来源：各年度《中国统计年鉴》。

从外贸依存度的数据来看，在加入 WTO 后，中国对外开放程度明显增加，从 2001 年的 38.47%，增加到 2006 年的 64.88%，提高了 26.41 个百分点，是改革开放以来增长最快的时期；而近两年，由于金融危机的出现，出口市场经济出现低迷，出口量减少，外贸依存度有所下降。

二、贸易结构不断升级

在表 4-2 所示的进出口商品结构中，制成品占比都呈现出快速增加态势。工业制成品出口占比从 1980 年的 49.7% 扩大到 1991 年的 77.53%，在 1981 年占比首次超过 50%，为 53.43%；在改革开放最初几年，矿物燃料、润滑油及有关原料占出口总额的比重很高，均在 20% 以上，所以这一阶段外贸总额的增长带来了较为严重的环境污染问题，从 1988 年开始这一比例降到 10% 以下，直至

1991年的6.62%，资源性产品的出口比重逐渐减少。工业制成品的进口占比也在逐年增加，扩大到1991年的83.02%，而矿物燃料类产品进口占比一直维持在1%以下，直至1986年才有了较为明显的增长，为1.17%，最高为1991年的3.31%；机械及运输设备这类资本密集型产品均在10%以下，到1991年也仅为9.95%，此阶段出口产品的附加值均比较低。

表4-2 贸易商品结构(1980～1991) (%)

年份	出口比重			进口比重		
	初级产品	工业制成品	其中:机械及运输设备	初级产品	工业制成品	其中:机械及运输设备
1980	50.30	49.70	4.65	34.77	65.23	25.57
1981	46.57	53.43	4.94	36.54	63.46	26.65
1982	45.02	54.98	5.66	39.59	60.41	16.61
1983	43.28	56.72	5.49	27.15	72.85	18.64
1984	45.66	54.34	5.71	19.00	81.00	26.43
1985	50.56	49.44	2.82	12.52	87.48	38.43
1986	36.43	63.57	3.54	13.17	86.83	39.11
1987	33.55	66.45	4.41	16.00	84.00	33.80
1988	30.32	69.68	5.83	18.21	81.79	30.21
1989	28.70	71.30	7.37	19.87	80.13	30.79
1990	25.59	74.41	9.00	18.47	81.53	31.58
1991	22.47	77.53	9.95	16.98	83.02	30.73

资料来源：各年度《中国统计年鉴》。

1992年以后进出口商品结构开始发生变化，工业制成品的地位日益重要(表4-3)。工业制品占外贸总额之比逐年增加，但增速不如第一阶段快，平均每年增加1个百分点左右，占出口总额之比从1992年的79.98%上升到2001年的90.10%；占进口总额的比例在80%到85%之间波动，没有明显的增加也没有显著下降。机械及运输设备类资本密集型产品所占出口比重有了较大幅度的提升，逐年增加到2001年的35.66%，占据了1/3左右的份额，但仍然低于其所占进口份额，为43.94%。矿物燃料类产品出口占比逐年下降，1992

年的为5.53%，1999年降为2.39%。但2000年又有一个短暂上升，2001年增加到3.16%。初级产品及自然资源产品在中国对外贸易中的地位在逐年下降。

表4-3　贸易的商品结构(1992～2001)(%)

年份	出口比重			进口比重		
	初级产品	工业制成品	其中:机械及运输设备	初级产品	工业制成品	其中:机械及运输设备
1992	20.02	79.98	15.56	16.45	83.55	38.86
1993	18.17	81.83	16.66	13.67	86.33	43.31
1994	16.29	83.71	18.09	14.26	85.74	44.52
1995	14.44	85.56	21.11	18.49	81.51	39.85
1996	14.52	85.48	23.38	18.32	81.68	39.45
1997	13.10	86.90	23.91	20.10	79.90	37.07
1998	11.21	88.79	27.34	16.37	83.63	40.50
1999	10.23	89.77	30.18	16.20	83.80	41.92
2000	10.22	89.78	33.15	20.76	79.24	40.84
2001	9.90	90.10	35.66	18.78	81.22	43.94

资料来源:各年度《中国统计年鉴》。

这一时期高新技术产品(包括机器、机械器具、车辆、航空器、光学、照相等国际分类标准中第16类、第17类、第18类产品)在进出口贸易中的地位逐渐增加。其进出口总额从1994年的933.36亿美元增长到2001年的2198.54亿美元，扩大了1.36倍，平均增速为13.9%，占外贸总额比从1994年的39%扩大到2001年的43.1%，①其重要作用逐年开始显现。

中国加入WTO之后，工业制成品出口占比均在90%以上，基本上稳定在94%左右，工业制成品已成为中国对外贸易的主要力量。机械及运输设备类资本密集型产品所占出口份额已经超过其所占进口份额。

同时，高新技术产品在进出口贸易中的地位以高于上一阶段的速度迅速提

① 相关年度《中国统计年鉴》。

高。如图4-5。其进出口总额从2002年的2873.2亿美元增长到2009年的11,185.9亿美元,扩大了2.89倍,平均增速为28.64%,几乎是第二阶段的两倍;占外贸总额之比也从2002年的28.64%扩大到2008年的48.92%,2010年为31.21%其作用越来越重要。

表4-4 贸易的商品结构(2002~2010)(%)

年份	出口比重			进口比重		
	初级产品	工业制成品	其中:机械及运输设备	初级产品	工业制成品	其中:机械及运输设备
2002	8.77	91.23	39.00	16.69	83.31	46.42
2003	7.94	92.06	42.85	17.63	82.37	46.72
2004	6.83	93.17	45.21	20.89	79.11	45.05
2005	6.44	93.56	46.23	22.38	77.62	44.01
2006	5.46	94.54	47.10	23.64	76.36	45.11
2007	5.05	94.95	47.39	25.43	74.57	43.15
2008	5.45	94.55	47.06	32.00	68.00	39.01
2009	5.25	94.75	49.12	28.81	71.19	40.54
2010	5.18	94.82	49.45	31.07	68.93	39.35

资料来源:各年度《中国统计年鉴》。

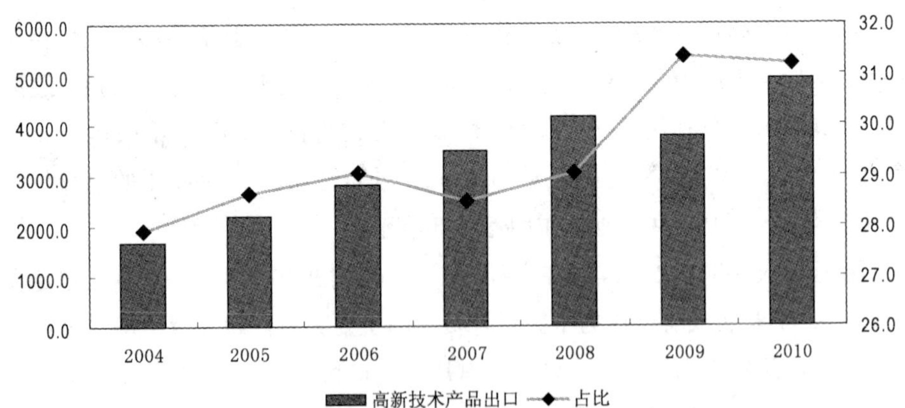

图4-5 高新技术产品的出口变迁(资料来源:各年度《中国统计年鉴》)。

三、中国对外贸易发展的基本特征

经过30年代的发展与演进，在本世纪的头十年，中国对外贸易的发展主要呈现出以下特征。①

第一，在新型国际分散化生产体系下，中国对外贸易的垂直专业化比率不断提高。20世纪90年代以来，国际分工的一个重要特征是垂直一体化的生产过程被分解为不同的工序和区段，并在全球范围内组织生产，中国正是越来越深地参与到这种新型的国际分工体系，才成功地崛起为贸易大国和世界制造工厂。“垂直专业化比率”指的是用于出口生产的进口值与出口额的比率，用来反映一国融入国际生产网络的程度。研究表明，1992年~2003年间，中国出口贸易中的垂直专业化比率已由14%上升到22%，上升的百分点中大约有5个百分点是来自日本、韩国和东盟等东亚经济体的中间投入品进口。一些研究区分了出口加工区和非出口加工区的情况，结论是2008年出口加工区的垂直专业化比率高达56%，而非出口加工区仅为20%。垂直专业化程度、尤其是与东亚经济体垂直专业化程度加深，表明中国与东亚（特别是日本和韩国）经济体之间的零部件与中间品贸易所构成的东亚分工网络是中国对外贸易的供给层面的核心。正是这种程度的加深，使这种新型国际分工网络被认为是包括中国在内的东亚经济遭受2008年金融危机重创的最根本传导机制之一，其对外部需求与内部垂直关联的脆弱性也显而易见。

第二，外资企业的进出口依然是中国对外贸易的主体，特别是加工贸易。在开放性激励政策的作用下，中国一直是全球吸引外商直接投资的明星。外资企业在中国出口和进口中的比重分别由1990年~2000年间的32%和44%上升到2001年~2008年间的55%和57%。在中国加工贸易的出口和进口中，外资企业的份额已经分别由1992年的39%和45%迅猛增加到2006年的84%和85%。外资企业在中国对外贸易中的卓越表现在很大程度上说明外资在中国的投资动机主要是资源与要素导向的，仅仅将中国作为制造与出口平台，而非

---

① 盛斌、钱学锋、黄玖立和东艳：《入世十年转型：中国对外贸易发展的回顾与前瞻》，《国际经济评论》，2011年第5期。

消费市场。

第三，中国的贸易增长主要源自规模的扩张，而非出口产品种类的增加。前者称为集约边际的发展，后者称为扩展边际的发展。近些年来的许多研究证明中国自20世纪90年代以来的出口增长主要是依赖集约边际完成的，例如1995年~2004年间，中国出口贸易增长中集约边际的贡献度为77%；2003年~2005年间，中国出口增长中的42%来自老企业的老产品对老市场的出口（集约边际），30%来自新出口企业进入出口市场，28%来自老企业增加了新的出口产品和出口目的地（后两者为扩展边际）。总体来说，中国出口贸易增长的最主要驱动因素是数量的扩张，而不是产品的多元化与质量升级。因此，中国的贸易增长方式是粗放与外延型的，即低价格和规模产出是中国出口的主要竞争优势。

第四，中国的出口贸易经历了迅速的结构变化，技术复杂度不断提高，但出口技术含量可能被大大高估了。目前，中国的出口商品中制成品的比重已超过了95%，高技术产品的出口比重则超过了30%，一些研究认为，中国的出口技术复杂度超过了其自身的发展水平而与高收入国家比较接近。但如果考虑到加工贸易、外资企业贸易以及政策因素的作用，中国的出口技术含量可能被大大高估了。

第五，出口导向型的发展模式造就了中国的贸易奇迹，但贸易条件在中长期内呈现出明显的恶化趋势。以1995年为基期（100），中国的净贸易条件到2004年时下降为89，到2007年则进一步恶化为77。这意味着中国从贸易中所获取的交换利得正在不断下降，甚至有可能发生“贫困化增长”的现象。

第三节　对外贸易与中国的经济增长

许多研究发现了国际贸易流量和经济增长之间的正相关关系，但是，对于贸易是否会导致更快的增长，现有研究并未提供一个令人信服的答案。贸易与中国经济增长之间有着怎样的关系呢?

一、贸易作为净外部需求对经济增长的贡献

在国民经济核算中，贸易的贡献是通过净出口来体现的。所以传统的计算方法就是通过支出法国民收入恒等式来考察贸易对经济增长的贡献程度，即 $Y=C+I+G+(X-M)$。其中，Y、C、I、G、X、M 分别代表国民收入、消费、投资、政府支出、出口和进口。对国民收入恒等式两边分别对时间求导可得：

$$\dot{Y} = \dot{C} + \dot{I} + \dot{G} + (\dot{X} - \dot{M}) \tag{4-1}$$

其中，$\dot{Y}=dY/dt$，其余类似。用 $NE=X-M$ 表示净出口，上式经过简单运算可得到各个变量的增长率之间的关系：

$$\frac{\dot{Y}}{Y} = \frac{\dot{C}}{C}\frac{C}{Y} + \frac{\dot{I}}{I}\frac{I}{Y} + \frac{\dot{G}}{G}\frac{G}{Y} + \frac{N\dot{E}}{NE}\frac{NE}{Y} \tag{4-2}$$

其中$\frac{\dot{Y}}{Y}$，$\frac{\dot{C}}{C}$，$\frac{\dot{I}}{I}$，$\frac{\dot{G}}{G}$，$\frac{N\dot{E}}{NE}$分别为各个变量的增长率，$\frac{C}{Y}$，$\frac{I}{Y}$，$\frac{G}{Y}$，$\frac{NE}{Y}$分别表示消费、投资、政府支出、净出口在国民收入中所占的比例。因此，(4-2)式可以表示收入恒等式中的各个组成部分的数量变化对国民收入增长的影响，其中包括净出口的变化与经济增长之间的关系。$\frac{N\dot{E}}{NE}\frac{NE}{Y}$或$\frac{N\dot{E}}{Y}$经常被称为外贸增长对 *GDP* 增长的拉动度，这一部分占 *GDP* 增长率的百分比，即$\frac{N\dot{E}}{Y}\Big/\frac{\dot{Y}}{Y}$（或者$\frac{N\dot{E}}{\dot{Y}}$）被称为外贸对 GDP 增长的贡献度。

表 4-5 是中国 1985 年至 2010 年 GDP 增长率的分解结果。由于《中国统计年鉴》中公布的支出法国内生产总值统计资料中，政府支出没有单独列出，而是包含在总消费中，所以，实际计算公式调整为：

$$\frac{\Delta Y_t}{Y_{t-1}} = \frac{\Delta C_t}{C_{t-1}}\frac{C_{t-1}}{Y_{t-1}} + \frac{\Delta I_t}{I_{t-1}}\frac{I_{t-1}}{Y_{t-1}} + \frac{\Delta NE_t}{NE_{t-1}}\frac{NE_{t-1}}{Y_{t-1}} \tag{4-3}$$

其中 $\Delta Y = Y_t - Y_{t-1}$，其余类似。

可以看出，上述衡量对外贸易对经济增长贡献程度的方法在计算方法上简单明了，所需要的数据也非常容易取得。因此，这一方法成为近年来中国理论界讨论外贸问题时最常用的工具。根据这一方法得到的“外贸对经济增长的贡献率”往往非常低。朱文辉(1998)认为，“过去 20 年中国的经济成长，出口并不

是主要推动力，经济增长更多来自投资和消费需求等内需”。外贸政策研究课题组(1999)认为，“净出口对经济增长的贡献通常较小”，只有个别年份(如1990年和1994年)，贸易顺差大量增加，净出口增长对GDP增长的贡献才比较大(都在3个百分点以上)”。这一结果与出口是驱动中国经济增长的两驾马车之一的普遍说法相悖。这意味着，出口或对外贸易必定有其他的渠道刺激中国经济的增长。

表4-5　中国名义GDP(支出法)增长率的分解　(单位:%)

年份	GDP增长率	增长率分解			年份	GDP增长率	增长率分解		
		消费	投资	净出口			消费	投资	净出口
1985	23.3	15.5	12.8	-5.0	1998	6.0	4.2	1.6	0.1
1986	15.8	9.2	5.3	1.2	1999	5.3	4.7	1.9	-1.3
1987	16.8	9.4	4.9	2.5	2000	8.4	6.5	2.1	-0.2
1988	25.3	16.6	10.1	-1.3	2001	10.4	5.5	5.0	-0.1
1989	12.5	8.6	4.1	-0.2	2002	10.5	4.5	5.3	0.7
1990	11.8	5.4	2.4	4.0	2003	13.4	4.9	8.6	-0.1
1991	16.7	10.3	5.8	0.6	2004	17.7	7.2	9.7	0.8
1992	22.1	13.8	9.8	-1.5	2005	16.4	7.2	5.4	3.8
1993	34.0	17.0	20.4	-3.5	2006	18.8	7.3	8.1	3.4
1994	36.0	19.9	12.5	3.6	2007	19.6	8.5	8.1	3.0
1995	25.9	14.9	10.2	0.7	2008	18.5	7.8	10.3	0.3
1996	17.3	11.3	5.2	0.7	2009	10.0	4.6	8.3	-2.9
1997	10.1	5.7	1.6	2.8	2010	13.9	5.8	7.9	0.2

数据来源：根据《中国统计年鉴2010》“支出法国内生产总值”中的数据计算得出。

二、贸易通过扩大就业推动经济增长

国际贸易理论分析都是建立在充分就业假定之下，事实上发展中国家几乎没有实现过充分就业。由于经济发展落后和生产能力低下，农业中存有大量的劳动人口。Myint(1958)指出发展中国家的失业表明其潜在的生产供给大于其实际需求，参与国际分等于为其提供了一个"剩余输出的渠道(vent for surplus)"，使之能够增加就业和产业。所以对于发展中国家而言，国际贸易有助于提高就业和产出。

熊伟(1999)从就业的总量与结构层面分析了对外贸易与中国就业的相关关系，其结果表明贸易具有很强的就业拉动作用。兰绍瑞(2000)认为劳动密集型产品的出口拉动了中国就业的增加。俞会新与薛敬孝(2002)研究了中国贸易自由化对工业就业的影响，通过对34个工业行业1995年~2000年的数据进行回归得出的结论是，出口每增加1%，劳动需求增加0.1%，而进口渗透对劳动需求的影响不显著，贸易自由化对就业总体上没有负面作用。

俞会新(2003)认为中国的出口导向率对工业就业的增加有带动作用，进口渗透率的增加对工业就业变化的影响不显著。李钊、王舒健(2003)则认为对外贸易的发展能为中国劳动力提供越来越多的就业机会。张华初与李永杰(2004)指出，加工贸易将中国的劳动力优势与发达国家的资本技术优势相结合，创造了大量的就业岗位，并培养了大批高素质的熟练劳动力、技术和管理人才。林松华(2005)研究了加工贸易对中国就业和收入的影响，认为加工贸易带来了就业增加并促进了沿海地区经济增长。

一般来说，出口能够创造就业需求，而进口则一般减少就业需求。据估计，中国如果保持年均8%的增长速度，则每年可以新增1000万个就业岗位，其中出口部门的直接就业岗位约为300万个。① 随着中国出口的迅速增加，贸易的就业效应愈加明显。1997年~2002年期间出口增长每年新创造就业岗位250万个，而2000年~2005年间则增加到年均750万个。② 此外，中国的加工贸易发展吸纳了大量农民工就业，促进了中国的工业化与城市化进程。

自90年代中期之后，中国的加工贸易发展迅猛，取得了"爆炸式"的增长。加工贸易在中国对外贸易中的比重已经从1980年的4.4%提高到2002年的48.7%，加工贸易出口占全部出口的比重更高达55.3%。加工贸易是中国对外

---

① Dooley, M. P., D. Folkerts-Landau, and P. Garber, 2004, "*Direct Investment, Rising Real Wages and the Absorption of Excess Labor in the Periphery*", NBER Working Paper, No. 10626.

② Feenstra, R. C. and Chang Hong, 2007, "*China's Exports and Employment*", *NBER Working Paper, No.* 13552.

贸易之所以能够持续地迅速增长的主要支撑力量。加工贸易扩大了中国的就业规模,据调查全国借此解决就业的人数约近4000万。

从表4-6可以看出,近年来,中国加工贸易就业人数一直呈上升态势。1992年,加工贸易就业人数只有2804万,1994年突破3000万,1999年已达到4000万。2002年加工贸易就业人数达到4332万,约占全部就业人员总数的6%。从1992年~2002年中国加工贸易平均每年就业人数为3632万。

表4-6 加工贸易的出口与就业(亿美元,万人)

年份	工业生产总值	加工贸易出口额	工业从业人数	加工贸易从业人数	加工贸易就业占总就业比重
1992	10284.5	2184.9	13197.5	2805	4.24
1993	14143.8	2549.7	13598.3	1451	3.90
1994	19359.6	4910.9	13866.1	3516	5.21
1995	24718.3	6154.7	14157.1	3525	5.18
1996	29082.6	7011.4	14081.1	3395	4.92
1997	32412.1	8256.8	14445.5	3680	5.27
1998	33387.9	6547.9	14579.0	3812	5.40
1999	35087.2	9179.1	14400.9	4203	5.89
2000	39047.3	11395.4	14224.7	4151	5.76
2001	42374.6	12203.1	14173.3	4082	5.59
2002	46535.7	14893.4	13534.8	4332	5.87

资料来源:根据《中国统计年鉴》相关数据整理。

中国对外贸易的迅速发展吸纳了大量的闲置劳动力,通过新增要素投入推动了中国经济的增长。

三、贸易通过吸引投资引致经济增长

贸易可能会刺激资本积累。Ventura(1997)根据70年代和80年代东亚四小龙的增长奇迹发现小型开放经济体在相当长的一段时间内可以通过较高投资率获得增长。根据传统新古典增长理论的预测,东亚国家快速的资本积累应当伴随着新投入资本的收益率下降。但是,在开放经济体中,随着资本存量的增加,资源被转移到主要产出用于出口的资本密集型部门。可见,出口使得资本投入保持较高的收益率,进而长时间内维持了出口驱动的增长。

吴庆(2010)指出外贸对中国经济增长的贡献被严重低估了。假定有一家从事加工贸易的企业,在一年内进口了100亿元产品,经过加工之后再出口了110亿元。按国民账户体系核算,净出口为10亿元,这是这家企业对GDP的全部贡献。然而,通过下面的计算发现,这10亿元只是这家企业对GDP全部贡献中的很小一部分。问题的关键是,这10亿元的贸易盈余都去了哪里?假设这10亿元的贸易盈余去向可分为三部分:4亿元用于购买生产所必需的能源和本地原材料,4亿元用于支付物流为主的社会化服务(费率低于4%),另2亿元为企业内部真正分配(假设100%出口退税)。

进一步分析发现,出口加工企业通常是劳动密集型的,企业内部分配2亿元中的50%用于支付工资,另外1亿元作为资本的回报。此外,提供物流服务、能源、本地原材料的部门需要投资公路、港口、电厂及矿山等资本密集型项目,在这个出口加工企业支付给其他企业的8亿元中,假定75%(6亿元)成为资本的回报,其余2亿元成为工资。因此,在10亿元的贸易盈余当中,7亿元成了资本回报,3亿元成了劳动回报。

在长期风险利率不高于9%的情况下,加工企业每年1亿元的资本回报可以吸引7亿元以上资本投入(10年折旧),基础设施领域每年1亿元的资本回报可以吸引11亿元以上资本投入(30年折旧)。因此,这家企业的经营活动所创造的7亿元资本回报,足以吸引70亿元以上的资本投入,即这家企业的进出口业务带动的投资(即对GDP增长的贡献)可能高达70亿元以上。这一分析的计算结果,要远远高于按国民经济核算体系计算出来的10亿元贸易盈余。

但这还只是静态分析。如果考虑到1994年以来中国外贸部门年均24%的真实增长速度、流动性充裕及实际利率降低等实际情况,进出口推动国内投资规模增长的倍率可能更高。

依据上述分析,加工贸易在"变相出口劳动力"的同时,也带动了其他生产要素的出口。改革开放以来,国内丰富而廉价的劳动力供给吸引了加工产业持续向中国转移,并带动了国内加工企业对资本品的需求。另外,加工贸易部门增长形成了对国内能源、运输和配套原材料的需求，又促进了对能源、交通、港口和矿山等资本密集型产业的投资。所以，加工贸易不仅促进了国内劳动密集型产业的发展，也促进了资本密集型产业的发展。

可见，加工贸易带来了各种生产要素投入的增长，并通过多个渠道促进了国内经济增长。特别值得注意的是，加工贸易促进国内投资的贡献要远远大于促进净出口。以往国民经济账户核算中“三驾马车”的分类，忽略了加工贸易的贡献，因此严重低估了对外贸易对中国经济增长的贡献。

三、贸易通过提高生产率促进中国经济增长

一些贸易与内生增长模型指出，贸易通过改变干中学效应以及技术扩散效应等能够促进一国的生产率水平。如 Young(1991)、Matsuyama(1991)、Redding(1999)和 Galor 和 Mountford(2006)从贸易与干中学效应的视角，指出贸易开放会强化落后经济体原有的比较优势，使之专业化生产低技术含量的产品。当一个国家分工生产干中学效应低的行业(通常是低技术行业)而另一个国家分工干中学效应高的行业(通常是高技术行业)时，两国的技术差距会扩大，因而带来不同的动态效应。落后国家国际贸易的静态收益可能是以动态中的损失为代价，而后者则获得静态收益和动态收益的双重好处。其次，从贸易与技术扩散效应视角，Coe 和 Helpman(1995)认为来自高技术国家的进口越多，技术的溢出越大。但 Acemoglu 和 Zilibotti(2001)认为由于发达国家和发展中国家技术水平差距很大，发展中国家进口高技术产品对其比较优势产业生产率提高的意义不大。可见，贸易能否给技术落后国家带来技术扩散的好处并不明确。最后，就贸易与模仿-创新效应的关系，虽然一般认为贸易会促使发展中国家通过模仿促进创新与技术进步，但 Grossman 和 Helpman(1991)的模仿-创新模型表明发达国家与发展中国家之间技术差距的缺口始终存在。

中国对外贸易的增长效应已为众多研究所证实。研究表明，20 世纪 90 年代之后，中国出口每增长 10% 能推动 GDP 增长 1%。那么，这种增长效应是否与生产效率提高有关呢？

首先，对外贸易能够促进技术进步和提高生产效率。出口的学习效应有助

于中国提高生产率，而进口除了给中国的经济发展提供必需的资本品和技术外，还能够给企业形成强大的竞争压力，从而有利于市场中的优胜劣汰和效率竞赛。研究表明，对外贸易显著促进了中国生产率的提高，且这种作用主要是通过全要素生产率和人力资本而不是物质资本实现的。其次，对外贸易有利于资本积累。中国虽然人口众多，但在发展初期由于人均购买力不高，内部市场规模有限。在这种情况下发展对外贸易（尤其是出口）可以克服需求的局限，最大限度地实现规模经济。中国正是通过"小步快走"的形式进行要素积累，从而快速提升了自身的禀赋结构。再次，对外贸易能够加快结构变化。在对外贸易的拉动下，农村剩余劳动力逐步转移到制造业，制造业内部也在进行结构转换和升级，这促进了整体生产效率的提高。研究发现，出口能够促进中国制造业的快速增长，特别是那些依赖外需的产业。最后，对外贸易能够促进制度演进和经济转型。通过对外贸易，中国不断接触外部世界的新知识、新理念与新技术，并将其不断转化为改变自我的强大动力。中国参与国际分工的过程就是逐渐摒弃传统的计划经济和赶超战略，转而采取市场导向经济和遵循比较优势的贸易发展战略。

斯蒂格利茨（2006）指出出口之所以对中国和其他许多国家的增长有着重要作用，主要可以从四个方面来认识。第一，出口提供了改进技术的基础。事实上，发展中国家与发达国家的差异不仅仅是资源上的差异，更为重要的是在技术和观念上的差异，目前对于中国来说，最重要的就是如何缩短这种技术上的差异，这就是为什么中国在高等教育上投入了非常多的人力和物力的原因。第二，出口导向型增长帮助中国吸收了西方的标准、创造了自己的标准。第三，出口导向型的增长促进了竞争。竞争在市场上起着非常重要的作用，竞争能够提高效率，使得出口导向型增长行之有效。第四，生产能力的扩张超过国内消费水平的增长。虽然中国与西方在技术方面的差距仍然存在，但中国已经学会了如何学习，并为这种创新型增长创立了基础。中国已经创造了一种活跃竞争的环境，但事实上，中国要想继续发展下去的话，就必须执行一些对竞争更为有利的法律，因为中国的一些强有力者获得了垄断和寡头的地位，他们的压力都会存在。

本章小结

经济扭曲通过压低要素投入放大了中国出口产品的比较优势，推动了出口的极度扩张。出口扩张通过增加就业、引致投资、提高生产效率推动了经济增长。这是经济扭曲的“创造性”效应之一。

第五章

扭曲“创造”了高投资与高增长

在基于成本转嫁及其增长模型中，成本转嫁率越高，企业的就业和产出规模越可能扩张，必然伴随着相应的资本投入，引致投资扩张。这与中国的体制性扭曲促进了中央和地方过度投资，进而导致中国的投资驱动型经济增长模式这一经验现实是一致的。本章从经济扭曲引致过度投资、进而驱动经济增长的视角，研究经济扭曲的“创造性”效应。

第一节　高投资与后发国家的经济增长

在研究经济扭曲对中国的投资及经济增长之前，先来看看东亚经济体的高投资与高增长之间的机制。

一、投资对经济增长的促进作用

一般而言，投资通过三个途径促进经济增长：一是通过资金投入带动经济增长；二是通过投资带动经济结构的调整来推动经济增长；三是通过投资促使知识存量的增加和技术进步带动经济增长。其中，从资金投入的角度看，投资对经济增长的作用表现在两个方面：一是投资需求对经济增长的拉动作用；二是投资供给对经济增长的推动作用。

(一)投资需求的拉动作用

投资需求指投资活动引起的对社会产品和劳务的需求。扩大投资需求,将对经济增长产生拉动作用;缩小投资需求,则会抑制经济的增长。

凯恩斯的投资乘数理论最早对投资需求与经济增长的关系做出了系统研究。投资乘数理论有两个基本假设,一是假定消费支出在一年之内无穷多次地传递,从而形成无穷多次的收入,构成几何级数;二是储蓄生成无穷多次,并且每次形成之后都绝对静止不动。在上述假设条件下,增加一笔投资会带来大于这笔投资额数倍的国民收入的增加,即国民收入的增长额会大于投资本身的增加额。投资增加额带来的国民收入增加额的倍数就是投资乘数。

投资需求的可控程度较高,因此投资需求是国家对宏观经济进行调控的主要内容。中国的经济发展历程表明,一旦投资需求失去控制,国民经济就会产生剧烈的上下波动,就会出现通货膨胀等现象。投资需求与经济具有同步性。

(二)投资供给的推动作用

投资供给主要是指交付使用的固定资产,包括生产性固定资产和非生产性固定资产。生产性固定资产的交付使用直接为社会再生产过程投入新的生产要素,增加生产资料供给,为扩大再生产提供物质条件,直接促进国民生产总值的增长。非生产性固定资产则主要通过为劳动者提供各种服务和福利设施,间接促进经济增长。

早在亚当·斯密的《国富论》中,投资供给对经济增长的推动作用就得到了肯定。斯密指出决定国民财富增长的主要因素,一是分工引起的劳动生产率的提高,二是依存于资本总额的生产劳动数量的增加。可用于积累的资本额越大,用于生产的劳动数量越多,国民财富增长得越快。在19世纪40年代,哈罗德-多马增长模型研究了扩大再生产过程中收入增长率、储蓄率和资本产量比率这三个变量的关系,其结论是在资本产量比率一定的条件下,收入增长率主要取决于储蓄率(也即积累)。哈罗德-多马模型把投资供给作为推动经济增长的唯一因素,虽然具有很大的假设性,但它从一个侧面反映了投资供给对经济增长的推动作用。

(三)投资结构的引导作用

新古典经济理论认为在竞争均衡的假设下,经济增长是资本积累、劳动力增加和技术变化长期作用的结果。所谓竞争均衡是指经济制度具有足够的灵活性,以维持均衡价格,从而无论从生产者,还是从消费者的角度,资源到达到了长期的有效配置,即帕累托最优。这意味着,所有部门的劳动力和资本的转移不可能增加总产出,即不存在任何结构效应。

而结构主义认为,经济增长受投资结构变动的影响,在预期不足和要素市场分割及调整滞后的条件下,投资结构变动极可能在非均衡的条件下发生。因此,劳动力和资本从生产力低的部门向生产力高的部门转移,能够加速经济增长。因而,经济增长不仅是总量增长过程,同时也是结构变动的过程,总量增长与结构变动是经济发展过程中的两大基本要素。

事实也证明了不论是市场机制还是计划机制,都不可能实现完全的均衡调整。因此,不同部门中要素的收益是有差异的。这样,投资结构调整便会加速经济增长。库兹涅茨和钱纳里等人通过大量的统计分析得出结论:结构转变是现代经济增长和发展的重要特征,结构效应已成为增长的主要源泉之一;随着经济发展,工业对经济增长的贡献越来越大,农业的作用则逐渐下降;经济水平发展到一定阶段,即后工业化时代,服务业将成为增长的核心,在一定条件下,投资结构的转换率越高,经济总量的增长就越迅速。另一方面,新兴工业国的发展经验也表明,投资结构的调整升级是加快经济增长的一个本质要求。

所以说,虽然投资通过需求效应和供给效应对消费和进出口有拉动和推动作用,但要想充分发挥投资对经济增长的拉动效应除了应该有一定的投资总量,还应该有合理的投资结构。有序的投资结构变动是提高经济增长绩效的一个重要动力,或者说投资结构转变的滞后是造成一个地区经济增长低绩效的一个重要原因。因而利用投资结构的优化引导产业结构的升级,可以带动一国家经济稳步增长。

二、政府干预与东亚经济体的高投资率

国际经验和历史经验的研究结果普遍支持国民收入高储蓄倾向和高投资比率对于长期经济增长的积极作用。尤其是在后发国家,由高投资比率驱动的大规模资本积累与快速技术进步是其赶超战略的核心部分。比如,日本和韩国

先后在20世纪70年代和90年代完成对欧美发达国家的经济赶超,而在经济赶超时期,投资率基本维持在30%以上。

(一)东亚经济体的政府干预

战后东亚各国(地区)虽然都选择了市场经济体制的资本主义的发展道路,但它们又都强调国家对经济的统制、干预和政府的保护。只不过东亚各国(地区)情况千差万别,政府干预经济的程度、范围、手段、措施也各不相同。

日本政府对经济的干预主要体现在经济计划和产业政策的制订与推行上。日本的产业政策在资本主义国家属首创,但本质上与当时许多欧美各国实行的国有化运动是一样的,都是反映了国家对经济发展的干预。日本政府通过产业政策来弥补市场机制的不足,通过调节供给来达到实现宏观经济目标与微观经济目标相互协调,从而有效地实现资源的最佳配置。但是产业政策的制订既有积极作用,也有消极作用,日本政府干预的成功就在于巧妙地最大限度地发挥了其积极作用。必须明确的是,无论是日本经济计划还是产业政策的制定,最终还是由日本企业决定的,并不完全被政府所操纵。因为日本存在着一套独特的“官民协调”体制,经济计划和产业政策必须顺应企业家的要求,通过与企业界反复协商后才制定出来的,没有这一体制,日本的政府干预就不可能获得如此大的成功。韩国被公认为典型的威权主义政府,韩国的朴正熙把他上台后的经济体制称作“指导的资本主义”。在这种体制下,政府不仅直接控制和管理着大量的公营企业,还使私营企业受到政府的各种长期发展计划、短期管理政策和措施的影响。与韩国相比,台湾当局对经济干预程度没那么强烈,但台湾当局也十分重视对经济的干预和凋节作用。台湾当局主要是以制订经济建设计划为主,辅之财税政策、金融和外汇政策、农业政策、人力发展政策、科技发展政策等,来实现对台湾经济生活和私人企业大范围内的干预。新加坡政府对国民经济的宏观管理在经济发展中起着极其重要的作用,主要体现在以下几个方面:首先是制订和实行中长期社会经济发展计划。其次是通过金融管理局、货币局和投资局来控制货币的供应量和调节物价水平,防止通货膨胀的发生和物价的大幅上涨。第三是制订一系列相关法规、法令和政策。第四是政府参与投资,发展国家资本主义,直接投资于企业、基础设施工程,大力发展住房建设等。第五是强制实行公积金制度。公积金的缴交率由政府决定,可高可低,这是新加坡政府加强国家干预、保持社会总供给和总需求相互平衡的重要手段之一。东盟四国政府干预经济的形式多种多样,归纳起来主要有两个方面:(1)像英法那样建立国有企业。由于东盟各国(泰国除外)在独立之前都受过殖民统治,独立后,各国政府对殖民资本企业通过没收、接管、收购、参股等方式收归国有,并在此基础上通过巨额财政投资和外援、外贷建立了一大批国有企业。80年代以来,东盟各国程度不一地实行了私有化改革,逐渐减少国有经济在国民经济中的比例,大力扶植私营企业的发展。(2)制订经济发展计划。四国中泰国的计划制订最为详细,数量最多,效果也较好。除此以外,它们还充分利用价格、税收、信贷等经济杠杆对经济加以宏观调控。从总体来看,印尼和菲律宾政府对经济的干预程度较强,但干预效果不很理想,泰国和马来西亚政府对经济的干预程度较弱,然而效果却较好。80年代中期以后,东盟各国纷纷推行经济自由化,各国政府对经济干预程度和范围都趋于减弱和缩小。

东亚各国(地区)经济获得高速增长的一个很重要条件就是这些国家都具备较高的储蓄水平和投资水平,这完全是政府强力干预的结果。东亚各国(地区)政府普遍采用各种鼓励和促进措施将国民手中的资金集中到正规的金融机构手中以增加国民储蓄,有的甚至采取强制措施,如新加坡的公积金制度。同时通过各种刺激手段诱导私人资本和外国资本的投资。其中最为关键的是储蓄转化为投资机制,这一机制主要是通过金融体系来实现的,东亚高速增长的实现离不开其金融体系对储蓄的动员和分配。

在高速增长时期,以日本为代表的许多东亚国家的金融体系具有一些显著不同于英美国家的特点,比如企业更依赖于金融机构贷款而不是证券市场融资;企业的负债-资本比率更高;政府对信贷的分配进行指导和控制,而不是主要进行金融机构监管,并且有时保护和补贴银行等金融机构;银行与借款企业之间的关系更密切,如日本的"主银行"结构;公司之间交叉持股的情况比较普遍,比如韩国财阀内部企业之间还相互对借款提供担保。

在可用储蓄较多(因为居民储蓄倾向较高或积极利用国外储蓄)、政府以快速经济增长为目标的情况下,上述体制的主要优点在于"刺激投资"。

上述体制在扭曲市场资源配置的同时也造成了制度性扭曲。如政府制定脱离实际的产业政策,直接促使所控制的银行为服从于产业政策的企业提供贷款,带来大量的银行不良资产;银行与企业有密切关系,一些效益差、负债高、亏损严重的企业能不断得到银行的贷款,这些企业倒闭时拖累与之关系密切的银行陷入困境;一些政府官员因为可以对银行贷款施加影响而获得了为个人寻租的机会,等等。更深层次的问题是,政府对银行的负债提供实际上的担保。比如日本长期坚持“金融机构不破产”的政策,印尼银行的所有者与政府官员有密切关系,泰国的金融公司负债实际上受政府担保,韩国在银行遇到困难时把银行债务视为国家债务。这些担保虽然降低了金融机构债权人的风险,却提高了金融机构作为债务人的“道德风险”。结果导致金融机构的大量负债和大量投资,并且其短期负债与长期资产之间的不“匹配”导致投资过剩,以及高风险的房地产、金融资产市场上的泡沫。股市暴跌、金融机构和企业大量倒闭,作为对上述一系列现象的矫正,是有其必然性的。

一些东亚国家地区的经历实际上表明,一个良好的发展中国家的金融体系一方面应该能最大限度的动员国内外储蓄的数量,并把这些储蓄转化为投资,另一方面也能保证投资的质量,从而在促进投资增加和保证投资质量之间取得平衡。如果投资质量高而投资数量不够大,会影响经济增长的速度;如果投资数量增加很多而许多投资质量不高,经济增长将难以持续。

(二)高储蓄率与高投资率

上述机制促进东亚经济体的储蓄率和投资率不断提高。

1950年日本的总储蓄率仅22.9%,1960年上升为29.5%,1970年便高达37.7%。以后虽开始下降,1988年仍达到33.5%,比同期的西方主要发达国家的总储蓄率(15%~20%)都高出许多。显然,日本的储蓄率并不是一开始就很高,而是随着人均收入的增加逐步上升的。也就是说在经济增长的过程中,储蓄率不断上升,促进了投资率上升,导致了日本的高投资率。日本总投资率1950年为14.9%,1960年为22.3%,1970年为32.2%,1980年为29.0%,1988年为31.0%。战后到80年代以前日本的投资以每年平均9.2%的高比率增长。高储蓄率和高投资率加速了日本经济增长,带来了远远高于其他国家的经济增长率。①

---

① (日)南亮进:《日本的经济发展》,经济管理出版社,1992:130。

表 5-1　日本高速增长时期的储蓄率

年份	总储蓄率	净储蓄率	个人储蓄率
1940	25.3	12.7	16.8
1950	22.9	17.9	-
1960	29.5	25.6	14.8
1970	37.7	27.9	17.9
1980	31.2	21.1	18.6
1987	32.7	21.8	15.0
国际比较(1988 年)			
日本	33.5	22.5	14.7
泰国	26.6	20.2	12.9
菲律宾	18.0	9.4	7.7
德国	24.6	14.0	12.6
英国	16.9	6.0	0.4
美国	15.2	3.4	6.6

注:总储蓄率为国民储蓄总额/GNP;净国民储蓄为国民储蓄总额中扣除资本损耗基本的储蓄,包括家庭储蓄、法人储蓄和政府储蓄,净储蓄率为净国民储蓄额/NNP;个人储蓄率为个人储蓄初一个人可支配收入。

资料来源:(日)南亮进:《日本的经济发展》,经济管理出版社,1992。

亚洲“四小”和东盟四国在60年代初期的储蓄率也不高,除马来西亚储蓄率达27%外,其余均在16%以下,新加坡的储蓄率还为负值。但70年代各经济体的储蓄率则超过日本,达31%以上,最低的泰国也达23%的水平,使得东亚经济体成为世界上储蓄水平最高的地区。由此,“亚洲四小龙”和东盟各国的投资率也在不断提高,1960年分别平均为11.7%和12%,1970年增加到27.2%和15%~20%。

三、高投资推动东亚经济增长

后发经济体在经济发展的初期阶段一般都是主要依靠资金投入和劳动力的投入带来经济增长的。

二战前,日本国内固定资本形成总额的年均增长率为5.4%(1889年~

1938 年),战后高速增长时期(1955 年~1970 年)的平均增速为 14.7%,低速增长时期(1971 年~1988 年)为 4.2%,均远远超过经济增长率。如表 5-2,无论是高速增长的前期还是后期,无论是民间还是政府的固定资本形成总额的增长率都远远高于其他年份,也远远高于消费的增长率。

表 5-2　日本实际 GNE 的各项增长率

时期	个人消费支出	政府经常支出	固定资本形成总额		库存投资	出口及海外收入	进口及海外支出
			民间	政府			
战前平均	2.53	4.68	4.61	7.58		7.96	6.68
1955-1960	8.02	2.85	16.82	13.97	14.01	11.98	14.83
1961-1970	8.90	6.29	14.27	12.85	12.05	15.04	14.16
1971-1980	4.74	4.87	3.24	4.77	-8.09	9.96	4.83
1981-1988	3.57	2.68	6.62	0.05	8.73	6.75	5.36
战后平均	6.27	4.41	9.68	7.66	5.69	11.05	9.76

资料来源:(日)南亮进:《日本的经济发展》,经济管理出版社,1992。

从国民总支出的构成上来看,虽然个人消费支出始终是经济增长的主要拉动因素,但固定资本形成,尤其是民间固定资本形成的占比在高速增长时期明显上升,现实了资本需求对经济增长的劳动作用。

表 5-2　日本 GNE 的构成

年份	个人消费支出	政府经常支出	固定资本		库存投资	出口及海外收入	进口及海外支出
			形成	其中:民间			
1954	67.0	18.7	14.9	9.9	1.2	4.2	6.0
1960	65.8	13.7	22.3	15.5	1.6	5.1	8.5
1970	60.5	9.9	32.3	23.1	1.9	8.1	12.6
1980	60.9	10.0	29.3	20.1	0.5	13.3	14.0
1988	58.4	9.0	31.0	24.3	0.7	16.2	15.3

资料来源:(日)南亮进:《日本的经济发展》,经济管理出版社,1992。

如表 5-3,台湾地区在上世纪 80 年代中期以前的经济高速增长主要是通过劳动和资本投入的迅速增加获得的,即所谓外延增长。70 年代 9.0% 的增长中有一大半来自于要素投入与配置的贡献,其中 4.9% 来自于生产要素的投入、1.6% 来自于要素投入结构变动。在生产要素的投入中,主要还是劳动力投入的贡献最大。到了 80 年代上半期,经济增长率有所下降,可以看到,这是因为劳动投入带来的增长率明显下降了,要素配置与技术进步的贡献也有多下降,只有资本投入的贡献是上升的。资本投入的带动作用继续表现于 80 后半期和 90 年代前期,在这一时期,劳动的作用继续下降,技术进步的贡献明显增强。

表 5-3　台湾地区经济增长的来源构成(%)

	经济增长率	生产要素投入	劳动投入	资本投入	要素配置变动	劳动变动	资本变动	纯技术进步
增长百分点								
70 年代	9.0	4.9	3.4	1.5	1.6	1.1	0.5	2.5
1981-1985	7.0	4.2	2.6	1.6	0.4	0.3	0.1	2.4
1986-1994	8.3	3.9	2.1	1.8	0.6	0.5	0.1	3.8
1971-1994	8.3	4.4	2.8	1.6	1.0	0.7	0.3	2.9
贡献百分比								
70 年代	100.0	54.5	37.8	16.7	17.7	12.2	5.5	27.8
1981-1985	100.0	60.0	37.1	22.9	5.7	4.3	1.4	34.3
1986-1994	100.0	47.0	25.3	21.7	7.2	6.0	1.2	45.8
1971-1994	100.0	53.0	33.7	19.3	12.0	8.4	3.6	35.0

资料来源:张温波:《总体经济调整与成长来源变化之探讨》,载台湾《自由中国之工业》,1995 年 12 月。

1979 年韩国开发研究院分析了韩国 1964 年~1976 年高速经济增长的过程。韩国在 60 年代高速增长时期,劳动投入对经济增长的贡献度是 37.4%,资金投入的贡献度是 23.8%,两者合计的要素投入对经济增长的贡献度是 61.2%。与之相对,中国在 1978 年~1989 年要素投入对经济增长的贡献度比日本五六十年代要高 26.5 个百分点,比韩国高 10.1 个百分点。中国资本投入的贡献度比韩国高 37.8 个百分点,比日本高 38.6 个百分点。中国劳动投入的贡献度比韩国低 27.7 个百分点,比日本低 11.3 个百分点。显然,中国的经济增长比日本和韩国更加依赖资金的投入。

其实,不仅发展中国家,发达国家在其经济起飞阶段也同样经历生产要素投入促进经济增长的过程。阿布拉莫维次(1993)分析了美国产业革命时期经济增长要因,发现当初美国也有过靠高投入来实现高增长的时期。

第二节　体制性扭曲与中国的“高投资”

中国各种体制性扭曲滋生了中央和各地方的过度投资行为。

一、中国投资主体的多元结构

（一）投资主体的经济类型逐步多元化

从投资主体的经济类型来看，国有经济投资的占比逐步下降，其他投资主体的投资比重呈现上升趋势。在改革开放前的计划经济体制下，国有经济在国民经济中一直占据主导地位，国有经济的投资在社会总投资中也相应地占绝对比重。在由计划经济向市场经济转型过程中，国有经济的比重在逐步下降，但国有经济的控制地位没有动摇，国有经济的投资无论在绝对量上还是在相对量上依然相当大。在20世纪90年代中期以前，国有经济固定资产投资支出仍占全社会固定资产投资支出的半数以上，但其份额却呈逐年下降趋势。进入21世纪之后，国有经济的投资逐步降到30%左右。与其相对，集体经济、个体经济及其他类型经济投资份额快速增大，2001年首次超过一半，达到52.7%。2006年上升为70%，此后一直维持在70%上下。

投资主体的多元化意味着原有的投资需求模式发生了变化，非国有投资主体开始对利率、汇率等价格信号做出反应，并构成了投资领域市场化的微观基础。市场经济体制的建立则促进了民营经济的快速发展。根据第二次全国基本单位普查资料，私有产权的经济已经和正在逐步地取代国有经济，2001年国有企业的资本比重不到全部企业的30%，港台和外商企业的资本比重也大约不到30%，私营企业资本约10%多些，其余的为股份企业和集体企业，非国有企业的资本已经开始超过国有性质的资本。

从不同投资主体进入的产业来看，20世纪80年代以来，以乡镇企业为代表的民间投资集中进入了门槛较低的中、下游竞争性行业。国有经济则从中下游行业逐步退出，集中在了进入门槛较高的上游行业。

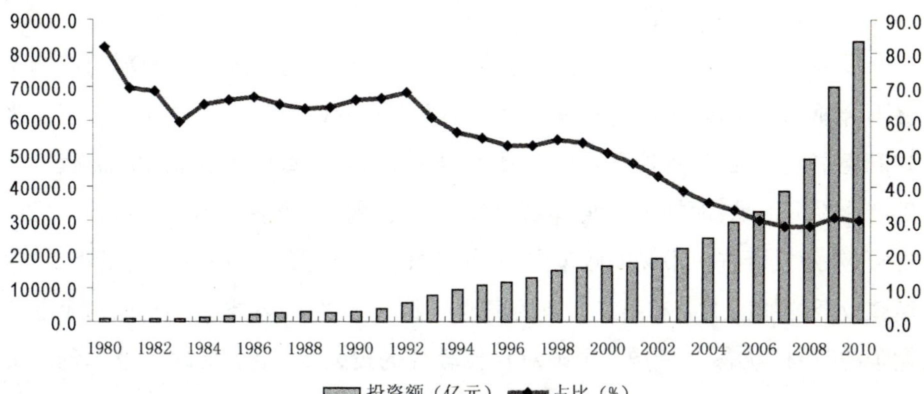

图 5-1　国有经济全社会固定资产投资额及占比(1980 ~ 2010)

资料来源:各年度《中国统计年鉴》。

(二)投资资金供给主体的多元化

政府直接控制的预算内投资资金在投资资金总额中所占的比重大大降低,意味着投资资金供给主体也逐步多元化。如图 5-2 所示,1985 年国家预算内资金的占比降到 20% 以下,1988 年有降到 10% 以下,之后一直维持在 5% 上下。但是,在实际的投资运作过程中,政府仍然用各种方式控制着投资资金供给的很大部分。比如,用股票、债券等手段从社会公众手中募集的投资资金不管是总量还是使用方向到目前为止还是政府以行政指令的方式直接控制的。政府对银行贷款投向也保持着很强的影响力,同时由于银行的国有及其非真正的商业性质,其贷款的决策人还是更愿意将贷款投向公有部门。

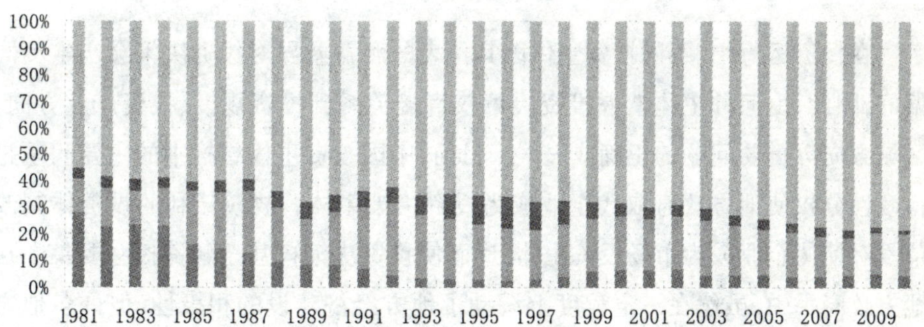

图 5-2　全社会固定资产的资金来源结构(1981 ~ 2010)

资料来源:各年度《中国统计年鉴 2011》。

（三）投资的部门结构

投资的部门结构决定产业结构的形成及转变。而中国投资的部门结构不够不合理，直接阻碍了产业结构的优化，降低了宏观经济的结构效益。多年来政府集中包揽投资、各地方盲目上项目、重复建设，导致中国农业、基础建设、基础产业投资不足，而加工工业、轻纺工业投资过剩，生产能力闲置。由于对民间投资、外商投资进入市场的政策限制，使这部分投资主要集中在投资量小、价值增殖较低的加工工业和第二产业的房地产业等，其分布基本处于与国内企业相竞争的“替代状态”。另外，中国对科技教育的投入少，企业又缺乏技术创新的激励机制，使产业结构的演进缺乏重要的推动力量。

2000 年以来对第三产业的投资已超过投资总额的 50%，2010 年对第三产业的投资比重为 54.5%。2009 年和 2010 年对第一、第三产业的投资增长率已超过第二产业，但是第三产业投资中的大量资金用于交通通讯等基础设施，投资于服务业、尤其是现代服务业的比重仍然偏低。按照世界银行数据，近年来，世界上高收入国家服务业比重为 72.5%，中等收入国家服务业比重为 53%，低收入国家服务业比重为 46.1%。尽管已经进入上中等收入国家，但是 2009 年中国第三产业占国内生产总值的比重仅为 43.4%，低于低收入国家第三产业的平均水平。

二、地方政府控制投资决策权

在投资运行中，不同投资主体因其代表的利益差异对投资决策会产生不同偏好，因此，由何种主体掌握投资决策权直接关系到投资规模、投资产业方向、区域方向等重要问题的正确或失误。目前，中国投资主体结构中的主要问题是行政性分权使地方政府取代企业成为投资决策主体。放权让利的投资体制改革没有使使企业成为市场投资主体，反而使投资决策权甚至融资权主要集中在地方政府手中，虽然在一定程度上调动了地方经济建设的积极性，但许多地方政府在政绩利益驱动下盲目投资、低水平重复建设，助长了国有企业的投资冲动，形成了“大干快上”式的数量型经济扩张和粗放型经济增长，加剧了企业组织、市场结构的不合理。

计划经济时期,为了摆脱贫穷落后的面貌,缩小与发达国家的差距,中国选择了重工业优先发展战略,采取了前苏联式的集中财政体制。财政体制的“大锅饭”性质无法有效激励地方政府去增加财政收入,导致财政收入水平逐年下降。改革开放以来,中国的经济体制改革基本上是沿着分权让利的思路,以权力和财力的下放来调动地方政府当家理财、因地制宜发展经济的积极性,地方政府在改革进程中逐渐获得了更多财权和投资权。

改革初期中央推广江苏省的财政“比例包干”做法,在全国省市试行“划分收支、分支包干”的地方财政收支制度,也即通常称谓的财政“分灶吃饭”,凡财政收入大于支出的地方,多余部分按一定比例上交。这极大调动了地方政府发展本地经济的主动性,也使地方政府获得了极大的财政分配利益,主要体现为所有财政收入由地方政府征收,并且总收入按一事先约定的比例在中央和地方之间分配,本年财政收入超出上年的部分按有利于地方政府的比例进行分配。这在保持地方政府积极性的前提下,稳定了中央政府的收入。其后,财政包干制又出现了一些新的形式。1985 年中央政府决定以收入税来代替国有企业上交的利润,将“分灶吃饭”体制修改为“划分税种,核定收支,分级包干”,主要以税种作为划分各级财政收入的依据,并推广到全国除广东、福建和西藏外的其他省份。1988 年进一步推广了财政承包制的新模式,按各地上几年的收入增长情况,确定不同的包干指标。财政体制分权式改革的主要目的是改变财政负担收入中的中央财政收入水平下降趋势,其结果却大大提高了地方财政收入的比例。在财力分配上,中央财政收入和地方财政收入占总财政收入的比重分别为,1981 年~1985 年中央 34. 89%,地方为 65. 11%;1986 年~1999 年中央为 33. 42%,地方为 66. 58%;2001 年中央为 52. 4%,地方为 47. 6%。在预算外资金收入分配上,地方预算外资金所占的比重均在 50% 以上。

为了解决财政包干制的弊端,在建设社会主义市场经济体制的框架下,中央政府于 1994 年开始实施分税制改革,确定了中央税、地方税和中央与地方共享税。此次财政体制改革的目的是提高两个比重:财政收入占 GDP 的比重和中央财政收入占总财政收入的比重。总体来看,地方政府在改革进程中随财权扩大的同时也拥有了更大的投资决策权,从而对宏观产业投资结构和地区投资结构产生了重要影响。1994 年以前,投资规模 1000 万元以上的项目要报备省计委批准,3000 万元以上的报国家计委批准,地方政府拥有产业发展的项目建设权力得到扩大,但同时助长了地方发展小规模项目的建设。在全社会投资总额中,中央政府控制的份额远低于地方政府控制的份额,国家投资占投资总额的比重,从 1981 年的 28.1% 逐步下降到 2001 年的 6.7%,受控于地方政府的自筹资金等投资占投资总额的比重,从 1987 年的 55.4% 上升到了 2001 年的 69.6%。

在成熟的市场经济条件下,政府的主要作用将不是代替市场去配置资源,而是弥补市场经济的失灵、提供公共产品和服务以及充当好“守夜人”的角色,中央政府和地方政府追求的应是社会利益的最大化。而在中国的经济转轨过程中,政府充当“经济人”的色彩十分浓厚,特别是地方政府的行为。中央政府作为国家利益的代表,并不像其他投资主体那样具有简单明确的利润指向,而更多地注重于全社会利益的最大化以及非经济因素的考虑。相对于中央政府,地方政府更像一个微观投资主体,对于企业来说,地方政府是行政机构,而对于其他地区来说,地方政府便起着“经济人”的作用,其投资目标和动机是追求地方利益,实现政府绩效。地方政府作为经济人是由自身的财政利益决定的,所追求的是地方经济利益最大化,因此,地方政府在投资决策时的出发点是地方而不是全国,是经济利益而不是社会利益。在经济体制转轨过程中,地方政府是不完全的计划和不完全的市场的衔接点(洪银兴,1996)。作为渐进性的改革,地方政府的职能和行为不可能由中央政府派生而只有在市场发育不足的现实中自发形成。地方政府追求地方经济利益最大化,可以大大节省地区内部企业间的外部交易成本,保障本地企业的利润最大化。地方政府在承担为当地提供公共产品的义务的同时,还要为社区民众提供福利,为市场化改革提供必要的保障,这些费用的基本来源是地方政府的财政收入,在分税制的制度安排下,地方政府的可支配财力又取决于本地区的经济发展水平,地方政府的“经济人”行为有助于制度创新,但同时也会保护落后,限制竞争,形成地区市场分割和产业的重复投资问题。中国资本市场形成格局的演变呈现出非国有经济投资规模扩张与市场性资本形成的制度空缺相对应的不对称的特殊局面,而各地方政府的资本形成竞争与努力虽然具有市场化与行政化的双重倾向,但由于资本形成渠道的市场化制度空缺约束,很大一部分往往更直接地体现在国有部门的投资上，因此由政府竞争导致的资本形成依然遵循了政策性的周期，并从总体上继续表现为资本行政性形成过度与市场性形成不足。地方政府与国有企业共同投资，延续了资本形成的“倒逼机制”，国有投资的扩张与收缩是经济周期波动的直接原因。

总之，中国经济转型的过程是一个中央制度和地方政府财政分权的过程，也是地方政府为了利益最大化而相互竞争的过程。地方政府为了彰显政绩，竞相招商引资，以图在短时间内获得尽可能大的 GDP 增长。增加一个地区 GDP 的方法，要么靠增加投资要么靠吸引消费，消费因受到人均收入和社会福利保障体系等因素的制约而难以短时期内取得成效，相较而言，扩大投资是最为可行的办法。

三、政府主导型的投资热

改革开放以来，政府主导型的投资经历了几次高潮。

（一）第一次投资高潮（1978 年～1980 年）

1978 年中国拉开了改革开放的序幕，当年 2 月中共中央转发了国家计委的《关于经济计划的汇报重点》，提出在 1980 年以前基本实现工业机械化的目标。为此，仅 1978 年一年就引进了大量国外成套技术设备，国内配套加大投资力度，全年投资额高达 760 多亿元，比上年增长 21.96%，刺激了经济的飞速发展。当年实现国内生产总值 3264.1 亿元，年增长率也达到了 11.7%，成为了第一个经济周期的高峰。

以“洋跃进”为特征的投资膨胀使 1978 年外汇储备下降到 1.67 亿美元，出于这种压力，1979 年 3 月国务院出台了“调整、改革、整顿、提高”的八字方针，以抑制投资热度。但由于依然维持扩张的货币政策，1979 和 1980 两年的投资增长率仍然维持较高水平，经济过热现象并没有得到有效抑制，通货膨胀日趋严重，1980 年全年通货膨胀率达到 7.5%。1980 年 11 月相关部门联合发出了企业投资“拨款改贷款”的通知，进一步抑制经济扩张。由于“拨改贷”是企业资金使用制度的根本性变革，对企业投资形成硬约束，故而 1981 年投资增长率大幅下降，年增长率仅为 5.5%（表 5-4）。由此，1981 年的经济运行出现急刹车，经济增长率降到7.6%，进入了经济周期的低谷。

表5-4 全社会固定资产投资与现价GDP的增长率(%)

年份	投资增速	GDP增长率	年份	投资增速	GDP增长率
1981	5.5	7.6	1996	14.8	17.1
1982	28.0	8.8	1997	8.6	11.0
1983	16.3	12.0	1998	13.9	6.9
1984	28.2	20.9	1999	5.1	6.2
1985	38.7	25.1	2000	10.3	10.6
1986	22.7	14.0	2001	13.0	10.5
1987	21.5	17.4	2002	16.9	9.7
1988	25.4	24.7	2003	27.7	12.9
1989	-7.2	13.0	2004	26.8	17.7
1990	2.4	9.9	2005	26.0	15.7
1991	23.6	16.7	2006	23.9	17.0
1992	44.7	23.6	2007	24.8	22.9
1993	61.8	31.2	2008	25.9	18.1
1994	30.4	36.4	2009	30.0	8.6
1995	17.5	26.1	2010	23.8	17.7

资料来源：各年度《中国统计年鉴》。

(二)上世纪80年代的两次投资热

如图5-3，1982年～1985年是中国改革开放启动之后的首次投资过热期。1982年，受经济“翻两番”的宏伟目标驱使，各地方普遍出现了不顾条件、急于求成，进行大规模固定资产投资的现象。

根据1982年党的十二大提出的到20世纪末使国民生产总值翻两番的目标，1983年～1984年，政府实施了积极的财政政策，加大了固定资产的投资，两年间政府固定资产投资年增长率达到了20%以上，在全社会固定资产总投资所占比重高达23%，带动了全国投资形势的好转。如图5-1，1982年到1985年四年间，投资增长率分别为28.0%、16.3%、28.2%和38.7%，年均增长率达到了27.8%。GDP增长率也相应逐年提高，分别达到8.8%、12.0%、20.9%、25.1%，大大增强了国民经济实力。

截至1985年年底，城市人均可支配收入达到651.2元，比改革初期翻了一

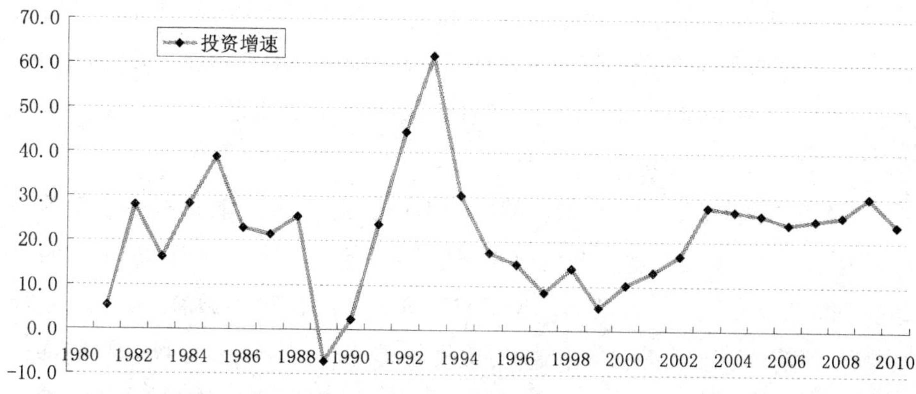

图 5-3　全社会固定资产投资增长速度(%)(1981-2010)

番,农村人均纯收入达到 397.6 元,是 1979 年 133.6 元/人的三倍。但高速的投资与经济增长的同时,也带来了较高的通货膨胀。1985 年的通货膨胀高达 9.3%,高通货膨胀率扰乱了正常的经济、社会秩序。1986 年,国务院先后发出《关于加强预算外资金管理的通知》和《关于控制固定资产投资规模的若干规定》,明确指出根据不同情况对全社会固定资产投资实行指令性计划和指导性计划,以控制固定资产的规模。1986 年投资规模略有回收,增长率从 1985 年的 38.8% 下降到 22.7%。

1987 年 3 月底,国务院发出《关于放宽固定资产投资审批权限和简化审批手续的通知》,意在进一步刺激投资,1987 和 1988 年投资增长率达到了 21.5% 和 25.4%,带动 GDP 增长率分别达到 17.4% 和 24.7%。由于通货膨胀和"抢购风"危及正常的经济秩序,政府在 1989 年再次出台一系列严厉的紧缩性经济政策压缩投资。1989 年经济急刹车,当年投资总额实现了自 1978 年改革开放以来的第一次负增长,增长率为-7.2%。投资的大幅下跌直接导致 1989 年、1990 年两年的经济增长幅度持续下滑。

(三)90 年代的投资热(1992 年～1994 年)

1992 年,受邓小平南巡讲话精神鼓舞,举国上下再次掀起改革、开放的新浪潮,投资规模迅速膨胀,国民经济飞速发展。1992 年～1994 年三年的投资增长率分别为 44.7%、61.8% 和 30.4%,年均投资增长率达到 45.5%,促进经济急速扩张。1994 年年国内生产总值达到了 46759.4 亿元,几乎是 1990 年的三倍。但是,经济的飞速增长不可避免带来了居高不下的通货膨胀率,1993 年～1995

年通货膨胀率分别高达 13.0%、21.7% 和 14.8%。1996 年,政府开始压缩银根,控制货币发行,清理固定资产在建项目,以降低投资增长速度,1995 年、1996 年的投资增长率分别降到 17.5% 和 17.1%,经济增长速度相应放缓,中国经济成功“软着陆”。

1996 年“软着陆”成功以后,经济运行本该步入上升通道,形成一个新的经济周期,但由于东南亚金融危机的爆发,严重的恶化了国际经济环境,中国的出口受到重挫,外商投资持续低迷。为了使经济早日走出低谷,政府出台了一系列旨在刺激经济的财政政策和货币政策,但收效甚微。1998 年和 1999 年投资增长率仅为 6.9% 和 6.2%,经济增长率也将为 1991 年投资拉动以来的最低点。在货币政策效果不明显的情况下,政府又采取了积极的财政政策。政府发行国债筹集资金,对农田水利、交通、通讯、城市基础设施、城乡电网改造、国家储备粮库、经济适用房建设等领域进行投资,以拉动总投资的增长。1998 年~2002 年间,政府投资飞速增长,年均增长率达到了 37.1%。但社会总投资规模并没有大幅上扬,投资增长率始终徘徊在 10%~15% 左右,相应的经济增长速度也在放缓。

(四)2002 年以来的投资热

2002 年之后,中国进入新一轮经济增长期,增长动力主要来自于“高投入、高消耗、高污染和低效率”的投资马车。由于固定资产投资在 2003 年~2005 年持续以超过 20% 的速度增长,投资占国内生产总值的比重高达 40% 多,而消费率却一路下降至,较世界平均水平低 20 多个百分点。在固定资产投资猛增的背景下,2003 年下半年中国的钢铁、水泥、电解铝、房地产等部分行业出现了过热,导致煤电油运紧张,生产资料价格过快上涨。

2008 年肇始于美国的金融危机席卷世界,引致世界性经济危机。各国经济下滑导致需求萎缩,中国对外出口急剧滑坡,引发国内经济低迷。为抵御国际经济环境对中国的不利影响,中央及时实行了积极的财政政策和适度宽松的货币政策。其中,国务院出台了 4 万亿元规模的经济刺激计划。4 万亿投资的近一半将用于铁路、公路、机场和城乡电网建设,总额 1.8 万亿元。另外用于地震重灾区的恢复重建投资 1 万亿元;用于农村民生工程和农村基础设施 3700 亿元;生态环境 3500 亿元,保障性安居工程 2800 亿元,自主创新结构调整 1600 亿元,医疗卫生和文化教育事业 400 亿元。预计 4 万亿经济刺激每年将拉动经济增长约 1 个百分点。

4 万亿的投机计划掀起了新一轮的投资高潮,2009 年投资增长率高 30%,2010 年依然维持在 23.8%。

第三节　高投资与中国经济增长

高投资是驱动中国经济增长的两驾马车之一。

一、投资与中国 GDP 的变动趋势

如图 5-4 所示,自上世纪 80 年代以来,用全社会固定资产投资总额来看的投资增速与 GDP 增速的变动趋势基本一致。分别在 80 年代中期、90 年代上半期、21 世纪前 10 年的上下半期经历了投资高达 20% 以上的快速扩张。图中明显可以看到,GDP 增速与投资扩张的趋势基本一致,也分别在 80 年代中期、90 年代前期以及 2002 年以后表现出较高的增长率。

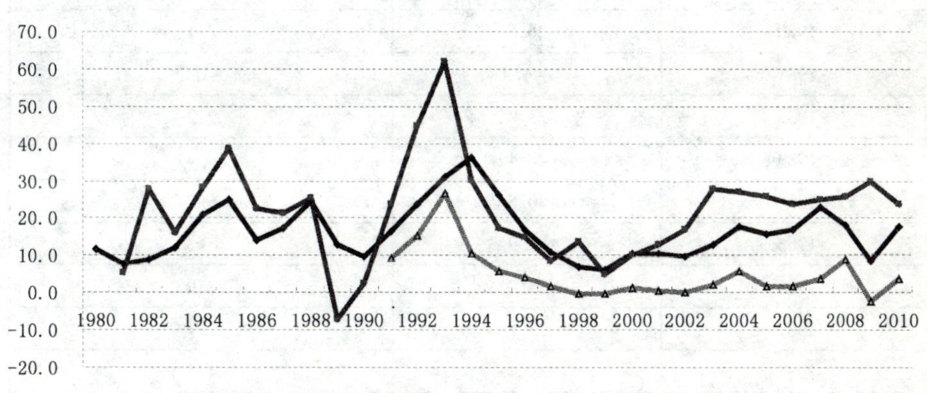

图 5-4　投资与 GDP 变动趋势(资料来源:《中国统计年鉴 2011》)。

另一方面,图 5-4 中开可以看到,投资的扩展还伴随着固定资产价格的上涨。因而,几个阶段的投资扩张都具有投资过热的特点。

下面分别从投资需求和投资供给两个视角分析投资对中国经济增长的贡献。

二、投资需求对中国经济的贡献

投资需求体现在支出法的国内生产总值中。支出法国内生产总值的三大构成项目分别是最终消费支出、资本形成总额、货物和服务净出口。表5-5列示了1992年之前投资需求的贡献率和拉动作用。投资需求的贡献率指资本形成总额增量与支出法国内生产总值增量之比，投资需求的拉动作用指国内生产总值增长速度与投资需求贡献率的乘积。从贡献率来看，其特征与几次投资热的趋势一致。在1978年的“洋跃进”中，投资需求的贡献率占2/3强，成为经济增长的最主要拉动力。在1982年之后的投资热中，投资需求的贡献率达到40%之上，1985年一度高达80.9%。1988年再次达到近40%。总体来看，这一时期的投资需求的平均贡献率为30.1%。

表5-5 资本需求对GDP的贡献率与拉动(1978-1992)

年份	贡献率(%)	拉动(百分点)
1978	66.0	7.7
1979	15.4	1.2
1980	26.5	2.1
1981	-4.3	-0.2
1982	23.8	2.2
1983	40.4	4.4
1984	40.5	6.2
1985	80.9	10.9
1986	23.2	2.0
1987	23.5	2.7
1988	39.4	4.5
1989	16.4	0.7
1990	1.8	0.1
1991	24.3	2.2
1992	34.2	4.9
平均	30.1	3.4

资料来源：各年度《中国统计年鉴》。

根据表5-6，从1992年之后的投资热潮，一直到国际金融危机出现之前，投资需求的贡献率平均高达43.4%，表明投资对经济增长的拉动作用比上世纪80年代更为明显。

表5-6　资本需求对GDP的贡献率与拉动(1993-2007)

年份	贡献率(%)	拉动(百分点)
1993	78.6	11.0
1994	43.8	5.7
1995	55.0	6.0
1996	34.3	3.4
1997	-7.4	-0.7
1998	29.3	2.3
1999	52.8	4.0
2000	21.7	1.8
2001	50.1	4.2
2002	48.8	4.4
2003	63.7	6.4
2004	55.3	5.6
2005	38.1	3.9
2006	43.9	5.6
2007	42.7	6.1
平均	43.4	4.6

资料来源：各年度《中国统计年鉴》。

2008年世界性金融危机、经济危机爆发以后，中国政府为了扩大内需采取的刺激政策进一步提高了投资需求的贡献度。由于外需拉动因素的负向作用，投资需求对经济增长的贡献度在2009年达到了91.3%的极高水平。

表5-7　资本需求对GDP的贡献率与拉动(2008-2010)

年份	贡献率(%)	拉动(百分点)
2008	47.5	4.6
2009	91.3	8.4
2010	54.0	5.6
平均	64.3	6.2

资料来源：各年度《中国统计年鉴》。

三、投资供给对中国经济增长的贡献

从要素投入的视角看，资本投入对中国经济增长的贡献也是居主导地位。如表5-8，在1978年~1990年GDP年均9.3%的增长中，资本的贡献是5.4%，超过了一半以上。在1991年~1997年间，劳动的推动作用在下降，资本和生产率的推动作用趋于上升。在1998年~2002年间，投资驱动的作用更为明显，7.6%的年均GDP增长中，有4.5%是资本投入做出的贡献。足见投资贡献是中国经济增长的主要推动因素。

表5-8 资本、劳动及生产率对中国经济增长的贡献（%）

年份	1978~1990	1991~1997	1998~2002
GDP增长率	9.3	11.2	7.6
资本贡献	5.4	6.6	4.5
劳动贡献	1.6	0.5	0.3
生产率提高贡献	2.3	4.1	2.8

来源：王彦卿：《中国投资与经济增长关系的实证研究》，天津财经学院，硕士研究生学位论文，2004。

华盛顿智库彼得森国际经济研究所Daniel H. Rosen的研究发现，1978年~1993年中国年均9.7%的GDP增长中2.5%是就业扩张带来的，资本劳动比的贡献是3.2%，另有3.7%来自于全要素生产率的提高。而在1993年~2004年间，年均增长低于前一阶段，但资本劳动比的贡献却更高为5.1%，超过GDP增长率的一半。

表5-9 劳动与投资的贡献

	1978~1993	1993~2004
GDP增长	9.7	9.0
总就业增长	2.5	1.1
城镇就业增长	5.2	2.7
劳动生产率增长	7.0	7.8
来自全要素生产率提高	3.7	2.7
来自资本劳动比提高	3.2	5.1

续表

	1978 ~ 1993	1993 ~ 2004
投资/GDP 比率	30.2	36.8
农业就业比重	56.4	48.4

资料来源:华盛顿智库彼得森国际经济研究所 Daniel H. Rosen 的报告。

随着中国在经济发展模式转型方面的努力,投资驱动经济增长的结构将有所改变。世界银行与中国国务院发展研究中心合作完成了题为《中国 2030》的报告,以五年增量的形式,对中国到 2030 年的增长作出了预测。表 5-10 是假设中国稳步改革、且不存在巨大冲击前提下的预测结果。

表 5-10　中国经济增长结构的预测

项目	1995 ~ 2010	2011 ~ 2015	2016 ~ 2020	2021 ~ 2025	2026 ~ 2030
GDP 增长率	9.9	8.6	7.0	5.9	5.0
劳动增长	0.9	0.3	-0.2	-0.2	-0.4
劳动生产率增长	8.9	8.3	7.1	6.2	5.5
经济结构(期末)					
投资/GDP 比率	46.4	42.0	38.0	36.0	34.0
服务/GDP 比率	48.6	56.0	60.0	63.0	66.0
农业就业比重	46.9	43.8	41.0	38.0	34.6
服务业就业比重	43.0	47.6	51.6	56.1	61.1

资料来源:世界银行和中国国务院发展研究中心:《中国 2030》。

报告预计到 2011 年 ~ 2015 年 GDP 年均增长率为 8.6%,之后 5 年为 7%。这些数据高于其他的一些增长估算模型的数据,但是差距并不大。这意味着到 2020 年中国将会以平均每年 6.5% 的速度增长。到 2020 年中国的 GDP 规模将会达到 21.5 万亿美元(假设人民币每年升值 3%,以彼时美元汇率计算)。从当下约 7.5 万亿美元看来,未来 9 年的 GDP 增量非常惊人。该预测估计投资率将从 2010 年的 46.4% 逐步下降,到 2020 年为 38%,2030 年为 34%。表明中国将会转向以国内消费拉动的经济增长。目前中国的消费额约为 3.5 万亿美元,到 2020 年将会达到 13 万亿美元。10 万亿美元的国内消费的边际增量,几乎是今天整个美国的消费总量。

本章小结

各种政策性和体制性扭曲促进了中国数轮的投资热潮，从投资需求和投资供给两个方面都刺激了中国经济增长。但是致力于GDP数量扩张的投资驱动型增长模式不仅埋下了资源配置扭曲的隐患，还因为过于倾向于高能耗、低技术、低附加值的行业与项目，而对经济长期可持续发展造成了阻力。高投资带来的这些“破坏性”将在第三篇详细研究。

第六章

扭曲“创造”了非创新型技术进步

在基于成本转嫁的增长模型中,经济扭曲激励企业选择雇佣和培训低成本的劳动力,提升模仿效率。根据 $\partial \Pi / \partial \eta > 0$, $\partial \Pi / \partial \varepsilon > 0$,可知企业通过提高企业的模仿能力 η 和新雇员劳动力的经验积累能力 ε 可以获得更大利润。通过对前沿技术的更好模仿,企业的劳动生产率得以提高,进而提升了国家的技术水平。这一结论与中国在开放经济中加工和生产效率不断提高,出口产品的技术水平有所上升的经验现实是一致的。本章从经济扭曲激励非创新型技术进步的视角,研究经济扭曲的“创造性”效应。

第一节　后发优势与后发国家的技术进步

一、技术进步及其途径

狭义上的技术进步主要是指生产工艺、中间投入品以及制造技能等方面的革新和改进。具体表现为对旧设备的改造和采用新设备改进旧工艺,采用新工艺,使用新的原材料和能源,对原有产品进行改进,研究开发新产品,提高工人的劳动技能等。从广义上讲,技术进步指技术所涵盖的各种形式知识的积累与改进,其实就是生产效率的提高。一国的技术进步一般有如下途径:研发、学习与模仿、技术和设备进口、技术扩散以及人力资本的投资。

(一)研究与开发

研究与开发投入是获得新知识、新技术和新产品的最主要途径。目前,发达国家研究与开发的投入一般占到国内生产总值的2%到3%,如美国1985年的研发支出为1160亿美元,1996年增长到1847亿美元,增长了59%,占到国内生产总值的2.6%。发达国家的研发支出占世界研发总支出的96%,通过研发获得的技术进步对经济增长的贡献已达到60%~80%。

(二)学习和模仿

学习和模仿是技术进步的一个捷径。随着科技的不断进步,产品的知识和技术含量越来越高。新技术、新产品的创造与发明需要投入的研发经费越来越多,风险也越险高。相形之下,学习和模仿的成本要小的多,成功的机会也更大。日本是最注重技术学习和模仿的国家之一。在汽车、录像机、复印机、计算机等几十项世界近代的重大科技发明中,没有一项是日本发明的。但是日本通过进口关键技术、设备、配件和信息资料,并在此基础上对最先进的产品进行模仿和改进,不仅很快掌握这些产品的生产技术,而且大量生产和出口。

(三)技术和设备进口

技术和设备进口是获得较新技术的有效手段。根据产品周期理论,一个产品周期分为3个阶段:新产品阶段、成熟产品阶段和标准化阶段。同其他国家相比,像美国这样的国家具有很高的人均收入、单位劳动成本以及发达的潜在需求市场和供给市场信息,有开发新产品的比较优势。因此在产品周期的第一阶段,新产品的开发和生产往往发生在美国等发达国家。当产品变得成熟、达到一定的标准化生产程度,许多厂商生产相似的产品且市场趋于竞争,这时生产成本变得比较重要。在此阶段,美国的生产商决定将生产转移到其他发达国家甚至某些发展中国家。在产品周期的第三阶段,产品已进入标准化生产,厂商在决定生产地点时,生产成本成为最重要的因素。此时产品适合转移到发展中国家生产,而生产的转移必然伴随着技术的传递。上世纪80年代,发达国家家用电器行业的生产技术已进入标准化阶段,中国大规模地引进国外先进技术、设备和生产线,利用劳动力成本较低的比较优势,中国电视机、洗衣机、电冰箱等家电行业迅速成长起来。到90年代,中国家电行业不仅完成了进口替代阶段,还大量出口到世界许多国家,并形成了一定的竞争实力。因此进口先进技术和设备可以更快地缩短中国与发达国家之间的技术差距。

(四)技术扩散与外溢

技术进步除了可以通过主动地引进、学习和模仿、发明创造获得以外,还可以由技术扩散和外溢得到。无论什么样的技术都会发生外溢。技术可以从一个企业外溢到另一企业,从一个行业外溢到另一行业,从一个国家外溢到另一国家。由于发展中国家与发达国家之间的技术差距大,国际技术外溢的效应会更大。落后国家由技术传递从先进国家获得科学技术被称为落后国家经济增长的重要源泉。

(五)人力资本投资

人力资本是指蕴含于人自身的各种生产知识和技能的总和。它具体包括三方面的内容,一是体能素质,二是智能或科学文化素质,三是道德素质。这三个方面的素质越高,人力资本的含量就越大,所具有的生产能力也就越大,反之亦然。人力资本投资是指形成人力资本所投入的教育、技能、健康以及创造性思维等方面的支出。人力资本投资有多种形式,包括正规教育、自学和成人教育,在职、离职培训和再培训,以及对健康设施的支出等。研究和实证分析表明,人力资本投资能够显著地提高劳动生产率,加速经济增长的集约化。实际上,技术进步就是人力资本投资的物化。尤其是在知识经济时代,最重要的战略性资源已经不是物资资本,而是掌握现代科学技术知识和信息技术的人。一个国家能否充分有效地开发人力资本、科学合理地利用人力资源,将直接关系到竞争的成败和国势的兴衰。

二、后发国家的后发优势

Gerschenkron(1962)较早提出,远离世界前沿的国家具有一种“后发优势”,因为后进国家可以简单地吸收发达国家已经研发出来的技术,促进经济的快速增长。

(一)如何认识后发优势

林毅夫等(1999)指出开发尖端新技术的投入很大而失败的概率很高,95%的科研投资没有任何成果,而在取得成果的技术中也仅有一小部分具有商业价值。相对而言,模仿和购买技术所需成本要低得多。发达国家由于处于技术的最前沿,因此必须通过自己从事研究和开发新的尖端高新技术才能实现技术进步,因而这些国家实现技术进步的成本高,总体进步慢。发展中国家可通过模仿和购买的方式取得技术进步,许多研究证明,就是用购买专利这种成本较高的方式,其成本也只是原来开发成本的三分之一左右,而且,购买的技术一定是已经证明成功的、具有商业价值的技术,无形中节省了许多“沉淀成本”。樊纲(2002)用“落后优势”表述后发优势的概念并将其扩展到制度的层面,他认为“落后优势”主要包括技术和制度两方面的内容,指落后国家可以通过学习、模仿、观察,以较低的代价掌握先进国家经过反复试错和花费较大代价而获得的知识、经验,包括那些已经不再是“先进科技”,但过去曾是“先进科技”的知识与技术,同时,落后国家可以从先进国家的发展过程和制度变迁中,吸取经验和教训,少走弯路。这就是“知识外溢”给发展中国家带来的好处。郭熙保(2002)指出所谓后发优势,是指在先进国家和地区与后进国家和地区并存的情况下,后进国家和地区所具有的内在的、客观的有利条件。至少体现在报酬递减方面的后发优势、科学技术方面的后发优势、制度和管理方面的后发优势以及结构转变方面的后发优势。谷源洋(1997)用“后发效应”概念表达了同样的意思:经济落后国家利用先进国家的科学技术和经验发展经济,获取更佳的经济效益和更高的经济增长速度,实现与先进国家经济趋同化,甚至超越先进国家。后发效应包括两层含义:一是指落后国家赶上发达国家,“趋同化”是指经济发展水平接近,并非指追赶方式。二是指落后国家超越先进国家。

总体来说,后发优势就是后发展国家在技术进步方式上具有后发的优势,即通过技术引进替代先发国家通过研究开发取得技术进步,从而可减少成本、缩短发展进程。具体而言,可以从两个维度上理解发展中国家的后发优势。

(二)“落后的优势”

在时间维度上、从横向比较发展的程度来看,“后发”表示落后、欠发达、人均收入较低,“后发优势”是指“落后优势”。通过比较同期的先进国家,后进国家的要素禀赋处于劣势,但在生产要素转化为产出的过程中,具有某种有利的形势。在劳动、资本、技术和制度方面都可能存在这种落后的优势。

在劳动投入方面的落后优势包括三个层面。其一,由于劳动重新配置而引致的低成本经济增长的优势，可视为结构调整的优势；其二，由于人均收入低而具有劳动力成本低的优势，从本质上来看，"劳动力成本低"的"后发优势"也就是"劳动力丰裕"的"比较优势"。在这里，"后发优势"与"比较优势"是相通的，因而落后国家的"比较优势"是低层次的"后发优势"；其三，由于人力资本存量少而具有人力资本投资边际报酬高的优势。人力资本投资的优势是由于存在边际报酬递减规律，也可将其视为一种资本型后发优势，但由于人力资本投资是为了提高劳动者素质，因而将其归入劳动型后发优势。

在资本投入方面的落后优势也包括三个层面。一是通过合理配置可提高资金使用效率；二是后发国家资本投资的边际效率更高；三是无论从先进国家吸收直接投资还是向先进国家投资，落后国家可获得"知识外溢"效应。

在技术上的落后优势表现为由于自身技术存量较少，而拥有更多可供选择模仿的技术存量。在制度上的落后优势是制度的完善对落后国家具有更高的经济增长效应。

（三）"后发展的优势"

在时间维度上、从纵向比较发展的途径来看，"后发"即为后发展、迟发展、未发展，"后发优势"指的是"后发展的优势"。这种优势体现在，比较后发展国家某阶段与先发展国家相应阶段的生产方式，对照先发展的范本，后发展国家具有路径选择的有利形势。具体也表现在生产要素、技术和制度等方面。

在自然资源型增长方面的后发展优势是，有可能在发展初期就引入"可持续发展"模式，从而避免重复先发展国家"先污染、后治理"的老路。或者由于能够比先发展国家在相应发展阶段拥有更先进的技术，从而提高自然资源的开发利用效率。在劳动投入上的后发展优势主要表现为相比先发国家发展初期，具有劳动生产率更高的优势。在资本投入上的后发展优势表现为相比先发国家发展初期，资本利用效率提高。

在技术上的后发展优势表现为后发展国家的技术进步通过选择性引进或创新，具有跨越式发展的优势。

在制度上的后发展优势表现为两个方面。其一，后发展国家可通过制度模仿、移植等方式直接构建有效的制度，因而拥有制度捷径；其二，从制度与技术的相互作用来看，先发展国家通常随着技术发展才推动了制度变革，而后发展国家则可以首先通过制度变革,加快技术进步进程,从本质上说,后进国家制度先行的优势是由于拥有制度捷径。

三、后发优势、国际技术扩散与技术进步

由于外汇的限制、或发达国家技术封锁,在直接购买前沿技术不可行的情况下,后发国家可以通过充分发挥国际技术扩散效应,提高自己的技术水平。

国际技术扩散的途径有国际贸易、FDI 和直接交流(科学文献、国际会议等)三种形式。对于后发国家而言,国际贸易和 FDI 流入是最主要的途径(Xu and Wang,1999;Keller,2001)。

(一)进口贸易与国际技术扩散

发达国家的创新活动产生的新技术往往物化在其中间产品、最终产品和资本品中。通过国际贸易,进口国至少可以获得两方面的好处。一是将体现了先进技术的中间产品和资本品投入到生产中,即直接应用了先进技术。二是进口国通过学习和模仿先进技术,提升了本国的技术水平。通过进口贸易,外国技术对进口国的生产效率产生了“推拉效应(the push and pull effect)”(Comin and Hobijn,2004;Melitz,2003)。

Coe 和 Helpman(1997)认为创新活动和 R&D 支出高度集中在少数发达国家,如果一国的贸易伙伴国主要是高 R&D 存量的国家,那么该国从进口贸易中获得的技术溢出效应就越大。Eaton 和 Kortum(2001)注意到,与资本品进口相关的费用(运输、关税和非关税贸易壁垒等)在各国是不同的,因此各国进口资本品的成本也不尽相同,具有高进口成本的国家会抑制对资本品的进口。在德国、日本、英国和美国这四个主要资本品生产国里,资本品最便宜。相反,埃及、伊朗、津巴布韦等发展中国家的进口资本品价格要高出许多,大约是前者资本品价格的 3.5 倍。资本品的巨大价差能够解释发达国家和发展中国家生产效率差异的 25%,其中,贸易壁垒是价格出现巨大差异的主要原因。来自行业和企业层面的实证研究同样证明了资本品贸易是国际技术扩散的主要途径。Acharya 和 Keller(2009)发现 1973 年 ~2002 年 17 个主要 OECD 国家的制造业所有部门的资本品存量包含四种不同来源地的技术(本国同行业的 R&D 存量、

本国其他行业的 R&D 存量、外国同行业的 R&D 存量、外国其他行业的 R&D 存量），这些变量都对某一特定部门的 TFP 产生显著的积极影响；其中外国 R&D 存量对生产效率的影响超过了国内 R&D 存量，而进口贸易是其主要渠道。

Holmes 和 Schmitz(2001)的模型描述了进口贸易的"拉动效应"。当贸易壁垒较高时，行业中处在"领导地位"的企业通常不仅不会积极推进技术创新，还会投入一定资源阻碍其他企业的创新活动。在贸易壁垒解除后，国外低成本和高质量的产品涌入加剧了国内市场的竞争，从而激励企业从保护垄断地位转向推进模仿和创新活动。Amiti 和 Konings(2007)对 1991 年 ~2001 年的印度尼西亚贸易自由化进程的研究证实了上述观点。在印度尼西亚同时降低了最终产品和中间投入品的进口关税率之后，国内最终产品价格下降提高了国内市场的竞争程度，激发企业积极采纳新技术性。

（二）出口贸易与国际技术扩散

一般认为出口导向的发展战略能够提高一国或企业的技术水平。Bernard 和 Jensen(1999)指出出口商在生产满足外国需求的产品的过程中，能够在产品设计、生产工艺改良等方面获得技术支持同时，外国企业也会主动将隐性技术知识或者专利技术直接传授给出口供应商(Utar，2009)。然而，许多经济学家对出口和出口企业更富有效率之间的因果关系提出了质疑：究竟是因为有效率的企业才选择了出口；还是因为出口，企业才变得更有效率(Clerides、Lach 和 Tybout，1998)？前一种情形被称为自选择效应，后一种情形是所谓的出口中学效应。

Clerides、Lach 和 Tybout(1998)对哥伦比亚、墨西哥和摩洛哥三国制造业企业的研究发现：与非出口企业比，出口企业一般具有相对较低的可变成本，但进入外国市场之后，企业的成本和生产效率并没有发生明显变化。表明是效率高的企业更倾向于出口，而不是出口带来了效率的改善，出口的技术溢出效应并不存在。Bernard 和 Jensen(1999)的经验分析结论是，出口企业在进入外国市场几年以前就已经表现出高速成长、就业规模扩大和劳动者平均工资上涨等特征；成为出口企业后，企业规模不断扩大但是生产效率并未得到明显改善。成为出口企业最大的好处是生存概率的提高。随着出口企业规模不断扩张，资源不断地向高效率的出口部门进行重新配置，整个经济随之增长。

(三)FDI流入与技术扩散

一般认为FDI可能通过三种机制对东道国企业产生技术扩散效应:(1)示范效应。东道国本土企业通过观察和模仿外资企业的产品和生产管理活动,收获技术溢出效应;(2)竞争效应。面对来自外资企业强大的竞争压力,本土企业在更有效率地利用现有技术的同时加快模仿和采用新技术的速度;(3)劳动力流动效应。曾经就职于外资企业的劳动者加入本土企业或创办新企业后,沉淀在这些劳动者身上的新技术也随之扩散。

1. FDI的水平溢出效应与技术扩散

FDI水平溢出效应是指外资企业对东道国同行业本土企业生产效率的影响。一般来说,在发达国家,FDI对当地企业存在着正向的水平溢出效应。但是在发展中国家,FDI对当地企业的水平溢出效应却没有实证支持。Haddad和Harrison(1993)采用摩洛哥国的企业层面的数据观察其制造业行业中是否存在FDI的水平溢出效应:尽管在外资份额比重大的行业中,各个企业之间的生产效率的差距相对更小些,但是并没有足够的证据表明外资会提高本土企业的生产效率。Aitken和Harrison(2006)对委内瑞拉超过4000家企业的面板数据的研究表明,外资的参与与合资企业本身的生产效率之间的正向关系仅限于雇员在50人以下的小型企业,FDI对本土企业的整体生产效率存在负面的溢出效应。Konings(2001)对20世纪90年代的保加利亚、罗马尼亚和波兰的研究表明,只有波兰的外资企业比本土企业运行得更好。

2. FDI的垂直溢出效应与技术扩散

FDI的垂直效应指外资企业对同一产业链上的东道国企业的生产效率的影响。在同一条产业链上,外资企业与本土企业有前向联系和后向联系两种方式。前向联系是指外资企业将其生产的中间投入品售卖给东道国本土企业。后向联系是指外资企业向东道国企业买进中间投入品的过程。在东道国从事生产活动的跨国企业会有意识地将技术转移给当地的中间品供应商,主动帮助他们改善生产技术、培训技术工人及传授先进管理经验等。这样做的好处是跨国企业能够以更低的价格获得更高质量的中间产品。Javorcik(2004)认为,跨国企业有可能采取各种措施阻断技术向同行其他企业扩散,但是不会阻碍技术向其上游部门的供应商扩散。在这个过程中,本土供应商不仅获得先进技术和管理经验，而且其生产规模随着跨国企业对其产品需求的增长而扩大，进而收获规模经济；此外，跨国企业也为下游部门提供较高技术含量的中间产品和售后服务，促进下游本土企业变得更有效率。来自 1988 年 ~ 1996 年印度尼西亚国家的制造业数据进一步验证了 FDI 的垂直溢出效应（Blalock and Gertler, 2008）：为了避免受到单个供应商的制约，跨国企业分支机构通常会将新技术广泛传递给多家供应商；而掌握了先进技术的供应商之间的竞争使得位于供给市场下游的包括跨国企业分支机构在内的所有企业都获得了质优价廉的投入品。

3. 劳动力流动与 FDI 的技术扩散效应

跨国企业通常比本土企业花费更多的资源去培训劳动者，特别是在发展中国家，跨国企业是培训活动的重要提供者（Javorcik 和 Spaatareanu，2009）。如果那些接受了培训并积累经验的劳动者离开跨国企业，转而受雇于本土企业或自己产业开办新企业，跨国企业的技术知识就能够外溢给其他劳动者和企业。

Strobl 和 Walsh（2002）发现，在加纳为外资企业工作并接受过其培训的劳动者的工资通常比只接受本土企业培训的劳动者的工资上涨更快。这意味着外资企业为劳动者提供的培训更富有生产效率。从长期来看，FDI 流入提高了该国所有企业的工资水平。这一发现为 FDI 通过劳动流动渠道实现技术溢出提供了间接的证据。Poole（2009）对巴西 1996 年 ~ 2001 年的劳动力市场的研究显示：本土企业雇佣的具有跨国企业工作经历的劳动者比重越大，该企业劳动者的平均工资增长也就越快；劳动者在跨国企业和本土企业之间的流动带来效率的扩散，提高了劳动者的平均生产效率。

第二节 制度、政策与后发国家的技术进步

通过充分发挥后发优势，实现技术进步的方式转型是东亚经济体快速发展的一条成功验。在这经验的背后政府的作用是不容忽视的。

一、日本通过后发优势实现技术进步的经验

日本主要采取国际贸易和国际技术转让引进先进技术，而不是通过引进外

商直接投资。因为日本的保守倾向使之认为外商直接投资会控制本国技术的发展,造成本国技术对外国技术的依赖,所以对外国直接投资进行了限制。

据统计,从1955年至1970年4月间,日本向国外购买了约13,589件许可证和专利权,技术引进费及推广费加在一起共花费了约60亿美元。① 十几年的时间便引进了全世界运用了半个世纪开发的、几乎全部的先进技术和科技成果,据估计产生这些先进技术和科技成果的研究及实验费用累计约为1800亿~2000亿美元。日本通过技术引进,充分发挥后发优势,大约节省了2/3的时间和9/10以上的技术研究费用,实现了经济的高速发展,用10年~15年的时间,走完了美欧各国大约半个世纪的技术发展历程。

日本在引进技术的同时,十分注重对引进技术的消化吸收与适应性改造,并将其作为技术后发优势实现的重心,日本的口号就是“一号机引进,二号机国产”。据日本工业技术院调查,在1963年,日本的企业研究开发经费中有26%是专门用来研究引进的外国技术的。在1957年~1961年,日本钢铁工业从国外每花一美元引进新技术,在国内就要用两三美元的经费进行消化研究。可见,日本对吸收改进的重视远超过了技术引进本身。

以钢铁产业的技术引进与技术升级为例。战后20多年,日本从国外共引进钢铁技术2000多项,其中包括对日本钢铁工业起到了重大变革作用的六大关健技术。日本钢铁企业在引进的基础上努力学习,博采众长,对引进技术和设备进行大量的反求解剖和仿制。结果,在钢铁工业的投资中,进口设备的比率逐年下降,1951年~1955年间为18%,1956年~1960年下降为10%,到1966年以后下降为1%以下。比如进口比率最大的轧钢设备,50年代初期,日本主要从美国进口轧钢成套设备,1956年~1960年间则开始做到引进主要部件,电机部分转为国产,1961年~1965年除某些关键设备外,机械设备已基本转为国产,到1966年~1970年,虽然尚有机械厂家与外国进行技术协作的情况,但钢铁机械设备几乎全部实现了国产化。正是这样成功的仿制,奠定了日本钢铁产业自主发展的基础。

日本钢铁企业对引进技术和装备不仅是简单的复制和仿制,还在此基础上

① 孔凡静:《日本经济发展战略》,中国社会科学出版社,1983:71。

进行了大量改进。例如,1957 年从奥地利引进氧气顶吹转炉技术,当时这一技术落后美国五六年。日本引进技术后,在操作技术和辅助设备等方面做了很多改进和发展,使得转炉的性能和效率大大提高,创造了转炉连续冶炼 5000 次以上的最高记录。6 年后,日本转炉炼钢率即跃居世界第一。从 1974 年起,日本从钢铁技术进口国转变为出口国。①

日本汽车产业的发展更是与技术引进和学习有关。日本先后从美国、英国以及意大利等国家引进 405 项先进技术,并同样在这些引进技术基础上进行了大量改进。如 1971 年丰田公司从西德引进了发动机技术,在此基础上研制出 260 马力的 ED100 型和 280 马力的 EF100 型柴油发动机。此后,又在 EF100 型上加装增压器,使功率提高到 350 马力,可用于十三轴汽车上,这远远超过了引进前的功率。正是各种各样的模仿创新,使日本的汽车工业无论在生产工艺和汽车性能方面均得到了迅速的提高。1948 年日本每辆小客车的重量平均为 1214. 7 千克,最高车速平均为每小时 72. 51 千米,到 1969 年,平均车重降到 690 千克,最高车速提高到每小时 136 千米。1955 年,每生产一辆小客车的直接劳动时间为 136. 9 小时,1960 年降到 65. 9 小时,到 1970 年又一举降到 14. 1 小时。到 1975 年,一个日本工人生产价值 1000 英镑的汽车需要 9 天,同样的工作在英国则需 47 天。1976 年在欧洲各汽车制造厂(菲亚特、雷诺、大众等)一个工人的年产量将近 20 辆,而日本日产为 42 辆,丰田为 49 辆。②

总体来说,日本企业技术发展的过程通常是对多种技术、多国技术的消化、改良和协调过程,日本往往同时从不同国家引进生产技术、经营技术和机械制造技术,然后再将这些来自各国、条件各异、互不协调的新技术整合为一个有机的高效新技术体系。

除了引进技术之后,日本还派遣技术人员考察学习与雇佣国外研发人员。日本企业经常派遣技术人员出国考察,学习国外企业的技术。日本还在美国设立大量的研究开发机构,雇佣大批经验丰富的美国研究开发人员为其工作。

对于难以直接引进前沿技术的新型产业,日本政府则采取联合主要企业进行共同研发。比如在半导体和电子产业发展之初的 70 年代,日本虽然可以从

① 施培公:《后发优势:模仿创新的理论与实证研究》,清华大学出版社,1999。
② 同上。

美国引进半导体技术，但是国内没有哪一家企业有足够的实力研发半导体产品的通用技术。为此，政府将当时的六大电子企业的研发力量联合起来，共同研发通用技术，然后六大企业共享，即利用通用技术在分别研制面向市场的产品。

二、亚洲四小龙的经验

在这四个不同创新阶段的攀升过程中，东亚四小龙的经济增长方式明显的转化为创新驱动方式，经济增长要素的投入结构发生明显的变化，劳动生产率和禀赋结构（资本劳动比）不断提高，全要素生产率（TFP）对经济增长的贡献率不断提高。在由技术吸收转变为产品创新阶段后，新加坡、韩国、台湾地区的TFP对GDP增长的贡献率超过40%，TFP水平达到美国的40%~50%。

在这四个不同创新阶段的攀升过程中，东亚四小龙的经济增长方式明显的转化为创新驱动方式，经济增长要素的投入结构发生明显的变化，劳动生产率和禀赋结构（资本劳动比）不断提高，全要素生产率（TFP）对经济增长的贡献率不断提高。在由技术吸收转变为产品创新阶段后，新加坡、韩国、台湾地区的TFP对GDP增长的贡献率超过40%，TFP水平达到美国的40%~50%。

表 6-1　东亚经济增长方式的转变

	年份	劳动生产率	资本劳动比	TFP
中国香港	1970	30.6	25.5	49.4
	1980	45.5	34.5	66.0
	1990	68.2	59.5	81.8
韩国	1970	14.2	5.9	38.3
	1980	18.2	12.9	37.2
	1990	29.9	24.3	49.0
新加坡	1970	25.6	16.7	48.0
	1980	35.3	34.6	51.2
	1990	45.0	55.6	55.2
中国台湾	1970	17.3	7.1	43.8
	1980	26.9	16.8	50.2
	1990	43.2	29.5	66.2

资料来源：Jong-il Kim，2002，*Total Factor Productivity Growth in East Asia：Implications for the Future.* Asian Economic Papers，1(2)：50-70.

台湾地区在20世纪80年代中期前的外延增长主要是得益于后发优势。后发优势使台湾借助于从发达国家引进的技术和资金,并通过从低生产力部门向高生产率部门转移的大量廉价劳动力,使台湾经济在基数较低的情况下,进入了经济的持续高速增长。在技术进步方面,由于这一时期台湾发展的主导产业是技术层次较低的劳力密集型产业,因此技术进步仍然是有限的。80年代后,当台湾地区收入水平和经济规模达到一定水平,一则从传统产业部门的劳动力移出大大减缓,再则劳动力成本大幅上扬,使资本投入的增长速度连带受到影响,过去的外延式扩张遇到瓶颈,高速增长的空间也就越来越小。台湾当局通过大幅度的经济结构调整,通过淘汰传统产业、发展资本技术密集型产业,促使技术进步增长率加快,并逐渐成为推动经济增长的主动力,使台湾经济增长方式转入内涵式增长,但增长速度也随之转入中度增长。80年代中期以后台湾产业结构进入一个新变化,但主要表现为经济资源由工业部门向服务业部门的相对转移,要素配置变动对经济增长的贡献率略有提高,这一时期服务业部门生产力尽管高于工业部门,但两者的差距要大大小于农业部门与工业部门的差距,使得结构变动对经济增长的贡献率。

第三节　贸易、FDI与中国的技术进步

一、中国的进出口与技术进步

(一)中国的出口结构不断升级

从表6-2可以看到,中国出口商品结构实现了持续快速的高度化。初级产品比重不断减少,工业制成品比重直线上升,2005年,工业制成品已经占整个出口商品的93.56%。但是通过细分制成品却发现,低技术制成品和劳动密集型制成品却占了很大比例。

中国高技术产品的出口规模不断扩张,如表6-3。2004年高新技术产品出口占到出口总值的27.9%,之后一直呈现出上升之势。2010年达到31.2%。在工业制成品出口中的比重也是1/3左右。

表 6-2 中国主要年份出口商品结构:1980 ~ 2010(亿美元,%)

年份	总金额	初级产品		工业制成品	
		金额	比重	金额	比重
1980	181.19	91.14	50.30	90.05	49.70
1985	273.50	138.30	50.57	135.22	49.44
1990	620.91	158.90	25.59	462.05	74.41
1991	719.10	161.50	22.46	556.98	77.46
1992	849.40	170.00	20.01	679.36	79.98
1993	917.44	166.70	18.17	750.78	81.83
1994	1210.06	197.10	16.29	1013.00	83.71
1995	1487.80	214.90	14.44	1273.00	85.56
1996	1510.48	219.30	14.52	1291.20	85.48
1997	1827.92	239.50	13.10	1588.40	86.90
1998	1837.09	204.90	11.15	1632.20	88.85
1999	1949.31	199.40	10.23	1749.90	89.77
2000	2492.03	254.60	10.22	2237.40	89.78
2001	2660.98	263.40	9.90	2397.60	90.10
2002	3255.96	285.40	8.77	2970.60	91.24
2003	4382.28	348.10	7.94	4034.20	92.06
2004	5933.26	405.50	6.83	5527.80	93.17
2005	7619.53	490.40	6.44	7129.20	93.56
2006	9689.36	529.20	5.46	9160.20	94.54
2007	12177.80	615.10	5.05	11563.00	94.95
2008	14306.90	779.60	5.45	13527.00	94.55
2009	12016.10	631.10	5.25	11385.00	94.75
2010	15777.54	816.86	5.18	14960.69	94.82

数据来源:《中国商业年鉴》(2010),《中国贸易外经统计年鉴》(2011)。

表 6-3 中国高新技术产品的出口即占比(亿美元,%)

年份	出口额	总出口中占比	工业制成品出口中占比
2004	1655.4	27.9	29.9
2005	2182.4	28.6	30.6
2006	2814.9	29.0	30.7

续表

年份	出口额	总出口中占比	工业制成品出口中占比
2007	3478.3	28.5	30.1
2008	4156.1	29.0	30.7
2009	3769.1	31.4	33.1
2010	4924.1	31.2	32.9

资料来源：根据统计局：历年《中国统计年鉴》。

从这个结构上看，与发达国家高新技术产品出口的比重已经很相近了。但这是否意味着中国的出口结构已经向发达国家收敛了呢？由于中国对外贸易多以加工贸易的形式，出口的高科技最终产品中有相当大成分的进口零部件，所以，中国出口品的技术含量到底怎么样？还需要做更为细致的分析。

（二）中国的进口贸易结构

在中国进口商品中，如图 6-2 所示，初级产品和制成品都呈现出长期扩张的趋势。初级产品的比重在 1980 年为 34.8%，之后有所下降，1985 年一度降为 12.5%，1990 年为 18.5%。由于资源与能源进口规模扩张，2004 年之后，初级产品的进口比重保持在 30% 以上，2008 年一度达到 32%。而制成品出口比重维持在 70% ~80%。

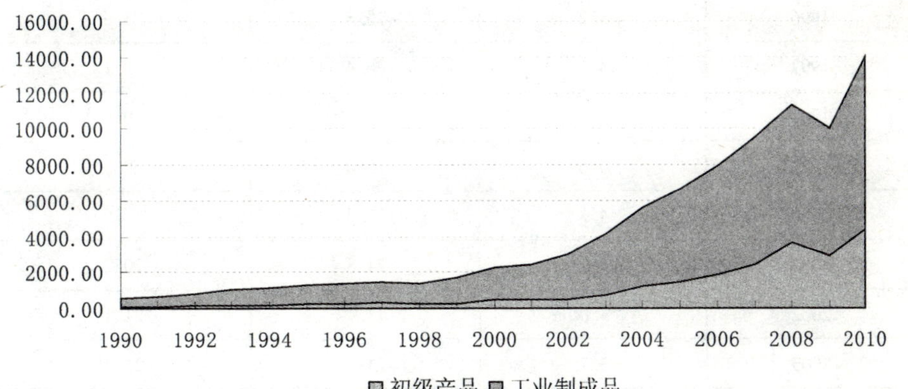

图 6-2　中国进口商品结构

数据来源：国家统计局：各年度《中国统计年鉴》。

从进口品是消费品还是资本品的视角来看，交通、通信、能源等基础产业、基础设施进口和企业技术改造进口关键设备明显增加，小汽车及家电等消费品、国内可以生产的一般加工设备的进口有大幅下降,不必要的重复引进和盲目进口得到了有效控制。如表6-4,20世纪90年代以来,中国进口商品中用于生产其他产品的中间产品占中国进口总额的比重一直维持七成左右,且呈上升趋势。2004年中国进口中间产品4168.6亿美元,比1992年提高了3.9个百分点。资本货品的进口比重一直比较稳定,基本保持在20%左右。2004年,中国进口资本货品首次突破千亿美元大关,达1191.2亿美元,比1992年增长5.7倍,占中国进口总额的21.2%。除中间产品和资本货品外,中国进口的消费品所占比重较低,2004年进口额为191.2亿美元,占中国进口总额的3.4%,这一比重比1992年下降了2个百分点。随着中国工业化向纵深发展,进口贸易中引进先进技术、关键设备所占的比重逐步提高。

表6-4 进口商品的消费品、中间品和资本品结构(%)

年份	消费品	中间产品	资本货品
1992	5.4	70.4	22.2
1993	5.0	64.9	27.7
1994	4.8	63.4	30.1
1995	5.0	68.5	25.4
1996	5.2	70.5	23.9
1997	4.2	76.4	19.1
1998	4.3	75.3	19.5
1999	4.6	75.0	19.3
2000	4.3	77.3	17.6
2001	4.2	74.8	20.2
2002	4.0	73.9	21.1
2003	3.7	73.5	21.7
2004	3.4	74.3	21.2

数据来源:引自《中国海关》2005年第5期。

进口中,高新技术产品的进口比重也处于上升之势,尤其是在工业制成品进口中,高新技术产品的进口达40%以上,2008年一度达到44.4%。

表 6-5　中国高新产品进口及占比(亿美元,%)

年份	高新产品进口	总进口的占比	制成品进口的占比
2004	1614.1	28.8	36.4
2005	1977.1	30.0	38.6
2006	2473	31.2	40.9
2007	2869.9	30.0	40.3
2008	3419.4	30.2	44.4
2009	3098.4	30.8	43.3
2010	4126.7	29.6	42.9

数据来源:国家统计局:各年度《中国统计年鉴》。

(三)中国进出口与技术进步的经验研究

杨全发(1998)利用 Feder(1982)的两部门模型,对中国 29 个省、市自治区 1985 年~1994 年数据进行了实证研究,发现部门间要素生产率差别和外部经济效应没有通过显著性水平为 5% 的条件检验,从而得出中国各地区的出口扩大不是通过刺激技术进步促进经济增长的结论。赖明勇、阳小晓(2002)重点考察出口贸易的技术溢出效应。

研究表明中国出口部门并未通过自身相对要素生产率的提高来促进中国经济的增长,而主要是通过对非出口部门 TFP 的外部效应,即出口部门对非出口部门的技术外溢作用,提高非出口部门的技术水平来促进经济的增长。但由于出口部门未能提高自身相对生产率,因此将阻碍出口部门对国内生产部门的外部效应,即国内非出口部门的技术水平与出口部门之间存在着收敛效应。许和连、栾永玉(2005)则将经济系统分为非出口部门、初级产品出口部门和工业制成品出口部门,构建了三部门的出口贸易技术外溢效应模型,对中国“八五”及“九五”期间的各地区截面数据进行了实证分析。结果表明,在所选样本期间内,中国出口贸易对国内非出口部门的技术外溢效应主要集中在工业制成品出口部门,且工业制成品出口通过提高或有效利用本部门的要素投入和对非出口部门的技术外溢而促进经济增长。而出口部门,包括初级产品出口部门与工业制成品出口部门,与非出口部门之间的要素(劳动和资本)投入生产率差距存在收敛趋势。

姜鸿(2003)粗略分析了中国进口贸易对技术进步的作用机制以及阻碍这

种作用发挥的因素,认为进口对中国的技术进步做出了巨大贡献,但是技术引进结构、消化吸收能力和自主创新投入等因素影响着这种促进作用的发挥。李小平、朱钟棣(2004)利用中国各地区的面板数据,分析了国际贸易技术扩散的门槛效应,认为国际贸易对中国技术进步的促进作用中存在两种“门槛效应”——出口的“正门槛效应”和进口的“负门槛效应”,前一种“门槛效应”是指当地区经济发展到一定水平之后出口对经济增长的促进作用才会显著为正,而后一种“门槛效应”是指当地区经济发展到一定水平之后进口对经济增长的促进作用反而减弱。同时,他们的结论也指出中国的技术进步更多决定于国内的市场化改革和人力资本投资,而不是国际贸易、FDI 等对外联系。方希桦、包勇、赖明勇(2004)研究了以进口贸易为传导机制的国际技术扩散对中国技术进步(全要素生产率)的促进作用,协整检验的结果表明通过进口贸易传导机制,贸易伙伴国 R&D 投入、国内科技投入对中国全要素生产率(TFP)的提高具有显著的促进效应,并进一步利用误差修正模型得出以上促进作用具有一定的滞后效应的结论。仇怡、方齐云(2005)在进口贸易的技术扩散测度模型中加入了实际进口渗透率变量,并采用中国的相关数据,对中国基于进口贸易的技术扩散效应进行测度,认为通过进口贸易的传导机制,贸易伙伴国的先进技术、R&D 成果对于中国技术水平的提高具有显著的促进作用,但中国国内的研发投入比外国研发投入对中国 TFP 的影响更为突出。喻美辞、喻春娇(2006)和赵伟、汪全立(2006)利用 Lichtenberg 和 Potterie(1996)的方法构建国外 R&D 资本存量,并将人力资本要素考虑在内建立计量模型对中国的进口贸易技术扩散进行考察,也得到了类似的结论。

二、FDI 的技术溢出效应

中国在改革开放、尤其是 90 年代之后取得的飞速发展,很大程度上得益于对境外资本的充分利用。从现象看来,FDI 似乎不仅推动了中国持续增长,而且改变着中国经济增长方式,提高了中国经济增长质量。

利用外资情况可以从总体情况、来源国、行业、地区几个方面进行描述。从总体情况看,中国利用外商直接投资大体呈上升趋势,进入新千年后尽管波动较大,但增长也较快。截止到 2011 年,外商直接投资实际利用外资金额达到了 1160.1 亿美元,占到实际利用外资金额的 98.56%;外商直接投资签定利用外资协议项目达到 27,712 个,占到所有签定利用外资协议项目的 100%,说明外资在中国的实现形式多为直接投资。全社会固定资产投资总额中,利用外资的比例先升后降,在 1996 年达到了 11.88% 的最高值。而即便在 2011 年达到一个较低点,外资在全社会固定资产投资中也占到了 1.64%,在中国这样一个"投资大国"来看是不容小视的。

中国的 FDI 主要来源于港、澳、台、欧、美、日等发达地区与国家,这些 FDI 进入中国大多数投资于生产性企业,尤其是第二产业中的制造业。从这种格局可以看出,在上世纪 90 年代到本世纪初,发达地区与国家的 FDI 进入中国一个重要原因是中国低廉的劳动力成本和外资企业享受的部分超国民待遇,同时中国广阔的市场也占据了部分原因。FDI 对中国廉价劳动力的利用意味着 FDI 在中国的生产投入通常是附加值较低、较为低端的领域,本身并没有多少技术可言,更不用说技术溢出、生产率溢出了。而在较为高端的电子及通讯设备制造业、医药制造业、化学制品制造业等中高技术密集型产业,FDI 则能够凭借先进技术、高效管理和良好的战略眼光占据中国巨大的市场份额,挤压内资企业的生存空间。目前在感光胶卷、电梯、网络设备、计算机处理器等行业,跨国公司占据绝对垄断地位。

秦晓钟(1998)利用 1995 年工业普查数据对采掘业、电力煤气等 39 个行业进行检验,发现 FDI 的行业内溢出效应明显存在。沈坤荣(2000)利用 29 个省市的 FDI 总量与各省全要素生产率作横截面相关分析,得到的结论是 FDI 占 GDP 比重每增加一单位,全要素生产率可提高 0.37 个单位。潘文卿(2003)发现中国西部地区经济发展水平还未跨过外商投资起积极作用的门槛,而东部地区内资工业部门技术水平的提升已经使得外商投资的正向效应变小,中部地区当前外商投资的正向溢出效应相对较大。何洁(2003)对中国工业部门的实证研究发现 FDI 溢出效应的发挥受到当地经济发展水平门槛的限制。在企业层面上,姚洋等(1997)采用 39 个行业 37,769 家企业的数据,得到非港澳台外资企业效率比国有企业高、港澳台企业效率则没有显著高于国有企业的结论。陈涛涛等(2003,2004,2005)利用制造业企业数据,把企业规模差距、资本密集度差距和技术差距也放进解释变量,发现当内外资企业的能力差距比较小时,溢出效应就比较容易发生。

三、加工贸易的技术扩散效应

中国高新技术产品出口主要是由外资企业从事的加工贸易。中国高新技术产品出口中,以加工贸易方式出口的比重由1993年的70.2%上升到2004年的89.6%,同期一般贸易所占的比重则由27.6%下降到7.4%。从图6-3可以看出,高新技术产品的进出口基本上呈现出相同的变动趋势,出口总是稍高于进口,与加工贸易大进大出的特征是相符的。这种高技术产品加工贸易无疑也给中国带来了一定的技术溢出效应。

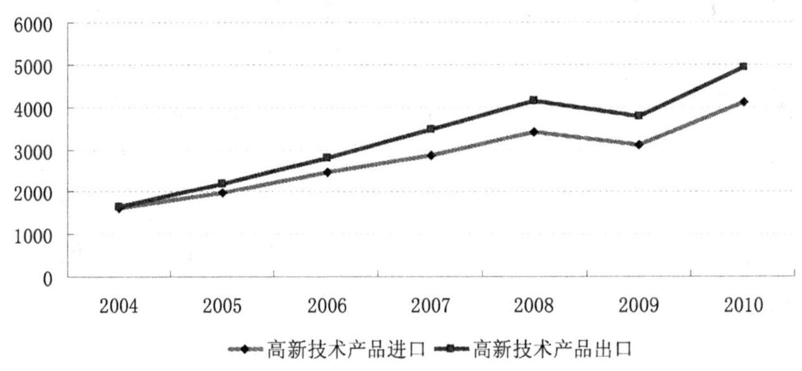

图6-3 中国高新技术产品及出口趋势(亿美元)

数据来源:国家统计局:各年度《中国统计年鉴》。

中国的加工贸易在上世纪90年代逐渐由服装鞋帽转向计算机及软件、通讯、微电子及基础元器件、新一代视听产品、机电一体化、重点轻工和家电技术密集型和资金密集型产品。一大批国际知名跨国公司在国内兴建高新技术企业,如世界500强IBM、飞利浦、杜邦、惠普、三星、施乐、康柏等跨国公司相继在珠三角设立独资或合资企业,同时带来了先进的技术。高技术产品的加工贸易从三个方面带来技术溢出。

第一,高技术产品加工贸易具有技术模仿效应。珠三角生产规模较大的本地企业中相当一部分是在加工贸易的技术、管理等方面示范效应下,通过学习、模仿和竞争，逐渐发展壮大起来的。其中，美的、科龙、格力就是跟踪跨国公司的技术，经过模仿和创新，不断提高家电业技术水平的典型代表。

第二，高技术产品的配套生产具有技术溢出效应。发展配套产业是珠三角外向型经济实现技术外溢的直接渠道。随着加工贸易的发展，珠三角地区加工贸易企业的生产料件已经完全改变了初期以进口为主的格局，产品本地化水平逐步提高。以电子信息产品为例，珠三角地区集聚了5万多家电子信息企业，其中打印机配套率达91%、PC机达80%、激光视盘机达64%、稳压电源达53%、计算机主板及功能板达41%。珠江三角洲已成为世界级的IT业制造基地。配套加工零配件的本地企业在加工配套过程中逐步积累了原始资本，掌握了生产技术以及市场营销网络，生产效率不断提高。

第三，人才流动的溢出效应。加工贸易企业聘用了大量国内的管理人员、技术人员以及普通的员工，这些员工在加工贸易企业的生产与管理过程中积累了先进技术、管理经验和市场资源，成为他们自身创业或流动到其他企业寻求发展的重要资本。在通常情况下，加工贸易企业的技术与管理人员当地化比例越高，流动性越强，向内资企业流动越多，技术外溢效果越好。

小结：

东亚经济体通过政策支持下的后发优势成功地提升了技术水平，实现了向发达国家的经济收敛。中国“超比较优势战略”下的出口扩张在一定程度上通过加工贸易的溢出效应提升了技术水平，但是远没有中国出口产品结构的高级化所对应的那么高。更有甚者，中国通过加工、模仿提升技术升级的发展模式可能将中国锁定在干中学的技术进步方式上，而难以形成自主技术创新的机制，这种“破坏性”也将在下一篇中详细分析。

第三篇 03

经济扭曲的“破坏性”效应

由“成本转嫁”模型可以看出,企业通过转嫁成本增强成本优势、扩大产出和就业的同时,转嫁给社会的成本造成了损失;基于成本转嫁的内生增长模型表明,经济扭曲激励企业选择干中学的技术升级决策,在技术水平及其低下的阶段,确实激励技术进步沿着最优路径增长,但是当技术水平升级到某一个水平(通过模仿已经难以继续提高生产率)时,技术升级将不再沿着最优增长路径演进,而落入非收敛的增长陷阱中。

图 3-8 所示的“非收敛陷阱”是与高成本转嫁水平联系在一起的。高水平的成本转嫁意味着要素价格的严重扭曲,导致劳动力收入长期维持低水平,形成简单劳动力的贫困化,加剧了中国的收入不平等现象和内需不足的状况;其他生产要素,如资本和自然资源的价格扭曲又会导致生产要素的过度投入和资源与环境的悲剧化;而技术进步被锁定在经验积累模式上使得中国的创新机制

难以形成，技术进步缓慢。这几个方面是“超比较优势战略”的带给中国的“破坏性”。本篇将从中国的“贫困化增长”、资源与环境的悲剧化以及创新机制的“贫困化”三个方面进一步研究这种“破坏性”效应在中国的机制。

首先，“破坏性”效应体现在中国经济增长的收益性上。第四章的创造性效应指出“超比较优势战略”下的成本转嫁通过降低出口企业的私人成本，增强了中国的事前比较优势，得以扩大生产和出口。但是这一结果加剧了中国贸易条件恶化的效应，使国际分工收益趋于恶化。这种恶化不仅体现在国家贸易利润越来越薄和整体收益的下降，还体现在出口行业密集使用的要素——劳动力实际收益的下降。

其次，“破坏性”效应体现在通过投资扩张促进经济增长的模式中（见第五章）。无论是投资推进工业化进程，还是出口引致投资而更深地融入全球化的进程中，经济扭曲、过度投资、高资源投入和高消耗的增长模式导致了资源的过度使用和环境的高度污染，形成了阻碍经济持续发展的资源与环境的“悲剧化”结果。

最后，“破坏性”效应同样表现在技术进步上。关于技术进步的“创造性”效应（第六章）表明中国“超比较优势战略”下的出口、FDI和产业扩张通过经验积累和技术模仿提升了自己的技术水平，但是体制扭曲下的经济收敛模型表明，在“超比较优势战略”下，经验积累和模仿的技术升级机制抑制了创新型的技术升级。这种对创新机制的“破坏性”体现在对教育和科研体制的扭曲；抑制了人力资本的积累；抑制了企业的创新动力和能力。

总体而言，扭曲的“破坏性”虽然完成了基本的资本积累和技术积累，实现了部分区域、部分行业和一部分人率先富裕起来了，但同时也使“先富”的中国面临着多重结构性问题——中国谋求经济进一步增长与发展的空间越来越小。

第七章

经济扭曲加剧中国的“贫困化增长”

在广义上,“贫困化增长”指的是经济在增长,但是国家收益和福利却没有相应的增长、甚而下降的情形。成本转嫁模型表明,企业虽然通过将私人成本转嫁给社会而获得更大的扩张,但是转嫁给社会的成本无疑恶化了社会福利,降低了经济扩张带来的总收益。这正是“超比较优势战略”对中国的“破坏性”。

本章从中国参与国际分工收益的视角分析“贫困化”增长效应。成本转嫁通过降低出口企业的私人成本,增强了中国的事前比较优势,得以扩大生产和出口。这一结果加剧了贸易条件恶化的效应,无疑会进一步恶化中国的国际分工收益。这种恶化不仅体现在国家贸易利润越来越薄和整体收益的下降,还体现在出口行业密集使用要素——劳动力——的实际收益下降。

第一节 经济扭曲加剧了贸易条件恶化效应

贸易条件(Terms of Trade)即进出口商品比价。一般是一国出口商品价格指数与进口商品价格指数的比率。发展中国家贸易收益不高的重要原因之一就是贸易条件趋于恶化,即相对于进口价格,发展中国家的出口价格不断下降。“超比较优势战略”增强生产要素的成本优势的结果,就是进一步压低了出口价格。因而,出口规模的急速上升并不意味着出口收入的同比增长。

一、贸易条件的测量

贸易条件的最初含义就是价格贸易条件(Net Barter Terms of Trade, NBTT),也称净贸易条件或净易货贸易条件,即进出口商品比价。为了从不同角度考察进出口价格对一国贸易收益的影响,还存在贸易条件的其他测量形式,如收入贸易条件、单要素贸易条件和双要素贸易条件。

(一)价格贸易条件

价格贸易条件也就是通常所说的贸易条件(TOT),是一国出口商品价格指数与进口商品价格指数的比率。用 P_x 表示一国出口商品的价格指数,用 P_m 表示一国进口商品的价格指数,价格贸易条件的计算公式为:

$$NBTT = \frac{P_x}{P_m} \tag{7-1}$$

(二)收入贸易条件(income terms of trade)

收入贸易条件是价格贸易条件与出口数量指数的乘积。用 TOT_Y 表示一国的收入贸易条件, Q_x 表示一国的出口数量,则收入贸易条件的计算公式为:

$$TOT_Y = \frac{P_x}{P_m} \times Q_x \tag{7-2}$$

收入贸易条件也可以用出口总收入与进口价格的比值来反映,如下式。

$$TOT_Y = \frac{P_x \times Q_x}{P_m} \tag{7-3}$$

上式表明收入贸易条件不仅体现出口与进口之间的价格关系,还体现了一国的进口能力。收入贸易条件上升,意味着一国的出口可以换回更多的进口品。如果发展中国家试图通过进口资本、技术密集型产品来提升本国的技术水平和生产能力,收入贸易条件的改善有着积极意义。

收入贸易条件与价格贸易条件未必始终同方向变化。如果出口数量变动的方向与出口品相对价格变动的方向相反且幅度更大,则二者变动的方向就会相反。

（三）单要素贸易条件（single factoral terms of trade）

单要素贸易条件是价格贸易条件与出口行业的劳动生产率指数的乘积，反映了在出口品的生产中，每一单位的劳动投入所能获得的进口品数量。用 TOT_{SF} 表示一国的单要素贸易条件，O_x 表示一国出口行业的劳动生产率，则单要素贸易条件的计算公式为：

$$TOT_{SF} = \frac{P_x}{P_m} \times O_x \tag{7-4}$$

单要素贸易条件改善，意味着出口行业中既定数量的劳动投入可以换回更多的进口品。

（四）双要素贸易条件（double factoral terms-of-trade ratio）

用一国的价格贸易条件乘以该国与其贸易伙伴国出口行业的相对劳动生产率比率，就得到了双要素贸易条件，即用单要素贸易条件除以贸易伙伴国出口行业的劳动生产率指数。用 TOT_{DF} 表示一国的双要素贸易条件，O_m 表示贸易伙伴国出口行业（本国的进口行业）的劳动生产率，则双要素贸易条件的计算公式为：

$$TOT_{DF} = \frac{P_x}{P_m} \times \frac{O_x}{O_m} \tag{7-5}$$

双要素贸易条件反映了在出口品的生产中，每一单位的劳动投入所能“换取”（要素提供的生产力的交换）的贸易伙伴国出口行业中投入的要素数量。双要素贸易条件改善，意味着本国可以“换取”更多的贸易伙伴国的要素投入，对本国是有利的。

二、发展中国家贸易条件恶化的理论解释

（一）贸易条件长期恶化论

上世纪中期，根据发展中国家主要出口农产品和初级产品、而发达国家主要出口是工业制成品的事实，阿根廷经济学家普雷维什（Prebisch，1949）指出整个世界是由处于体系中心的发达国家和处在外围的发展中国家构成的，中心国家是技术创新国，外围国家是技术模仿和接受国，这就是所谓国际分工的“中心-外围”体系。在这种体系下发展中国家处于不平等地位，因为在发展中国家

出口初级产品为主的贸易模式下,发展中国家贸易条件存在长期趋于恶化的趋势。尽管发展中国家出口商品结构中工业制成品比重不断扩大,辛格(Singer,1951)进一步指出发展中国家出口劳动密集型制成品替代出口初级产品,其结果只是转换了贸易条件恶化的内容,并没有改变发展中国家贸易条件长期恶化的趋势。因此,"贸易条件恶化论"也被称为"普雷维什-辛格假说"(P-S hypothesis)。

沙卡和辛格(Sarkar and Singer,1991)对29个国家和地区在1965年至1985年期间发展中国家出口制成品的贸易条件变化情况进行了统计分析,结果表明这29个国家出口制成品的价格指数年均下降0.65%。空间发展中国家越来越多地出口制成品的事实并没有发展中国家贸易条件不断恶化的趋势。

根据普雷维什和辛格的解释,发展中国家贸易条件长期恶化是由以下几方面原因造成的:第一,对初级产品的需求不断下降。发达国家的技术进步会增加人们的收入,从而增加对商品的需求,但由于初级产品的收入需求弹性很低,对初级产品的需求只会增加很小一部分。但如果技术进步减少了对原材料的需求,对初级产品的需求会进一步降低。第二,技术进步的利益不能平均分配。在发展中国家,由于劳动力供给的高弹性,使得工资水平仅能维持最低生存费用,另外,因为大部分初级产品都面临着竞争性的市场,所以初级产品部门技术进步的结果往往表现为更低的产品价格。相反,在发达国家,由于工会的强大势力以及产品市场垄断的存在,技术进步的结果会带来工资和利润的提高,而产品价格却不一定下降甚至有可能提高。第三,经济周期的非对称影响。当经济高涨时,初级产品和制成品的价格都会上涨,但当经济衰退时,由于制成品市场具有垄断性质,其价格下降的幅度就小于初级产品价格下降的幅度。此外,发达国家的工人有健全的工会组织,经济高涨时可以迫使雇主增加工资,经济衰退时可以迫使雇主不降低工资或降低的幅度小。而发展中国家由于工会组织不健全,结果经济高涨时工资增幅相对小,经济衰退时工资降幅相对大。而工资计入产品成本,于是经济周期波动使制成品价格相对上涨,初级产品价格相对下降。

(二)"贸易条件决定论"

"贸易条件决定论"是由美国经济学家诺贝尔经济学奖获得者刘易斯(Lewis)提出的。他认为发展中国家在国际贸易中的贸易条件决定了其工业化的道路及在国际经济秩序中的地位。发展中国家大部分初级产品的贸易条件处于不利地位或不断恶化，其根本原因是发展中国家与发达国家劳动生产率的差异。也就是说发展中国家较低的劳动生产率阻碍了其贸易条件的改善。因此，发展中国家若要实现经济发展，最根本的途径是要提高农业劳动生产率，以改善出口产品的贸易条件。

(三)依附论

依附学派代表人物主要是法国经济学家伊曼纽尔(A. Emmanuel)和埃及经济学家阿明(S. Amin)。伊曼纽尔认为发展中国家贸易条件的不断恶化是由于发达国家与发展中国家工资水平的差异造成的而与发展中国家出口商品的具体类型没有联系。伊曼纽尔批判了李嘉图以来的资产阶级经济学家的自由贸易论与比较成本论。他指出，比较成本论是以资本不流动为理论前提的，但是现实世界中，资本可以自由流动，劳动力难以流动。资本的国际流动导致了利润率的国际平均化，形成了世界市场统一的生产价格，劳动力的不可流动导致了工资水平的巨大差异，中心国的工资远高于外围国。当不同工资的中心国与外围国使用相同的技术，生产同样的产品在国际上出售时，由于国际利润率平均化，剩余价值的一部分由低工资的穷国转移到了高工资的富国，这就是国际剥削的根源所在，实现这种利润转移的媒介就是贸易条件。发达国家工资高，其出口给发展中国家的产品价格高，而发展中国家出口给发达国家的产品价格低，最终必然造成发展中国家贸易条件的恶化。阿明进一步指出不发达国家贸易条件恶化的根本原因是垄断资本作用的结果，市场结构可以影响到贸易条件，发展中国家产品处于近似完全竞争状态，而发达国家含有技术创新的产品在国际市场上处于垄断地位，这种不对称导致了国与国之间的不平等。阿明认为，由于不平等的交换和不对称的发展导致外围国家对中心国家的依附，在现有的国际经济秩序下，发达国家与发展中国家很难相互依赖，共同发展。

三、影响贸易条件的经济和制度因素

(一)经济增长偏向

对于贸易小国而言，经济增长带来的产出和需求变化不会影响贸易条件。

而对于贸易大国,经济增长带来的产出和消费变化可能影响其贸易条件。不同类型的经济增长对一国均衡产出和消费的影响是不同的。雷布津斯基(Rybczynski)定理指出当一国的经济增长是要素投入增加带来的时候,密集使用该要素的行业的均衡产量会扩张。具体而言,对于劳动充裕的发展中国家而言,如果经济增长是靠劳动数量增加带来的,则劳动密集型产业的产出会扩张,资本密集型产业的产出会减少,意味着其出口品的供给增加,进口替代品的国内供给下降。进而压低出口品的国际价格,提升了进口品的国际价格,导致贸易条件恶化。发展中国家的出口行业出现技术进步也会有类似的效应。总之,当一国的经济增长偏向提高出口行业的生产时,会使贸易条件恶化。当一国的经济增长偏向提高进口替代行业的生产时,会使贸易条件改善。如果是世界其他国家出现出口偏向型增长,可使本国贸易条件改善,而世界其他国家出现进口偏向型增长,会使本国贸易条件恶化。如果经济增长对进出口行业的影响差不多经济增长对贸易条件的影响是不确定的,也有可能没有影响。

(二)政策性扭曲

为了保护国内的进口替代产业,一国通常的做法是对进口品征收关税。征收进口关税将抬高进口商品的国内价格,造成进口需求减少。如果征收进口关税的国家是贸易大国,其进口量足以影响国际市场价格,而进口需求的下降将压低进口商品的国际价格。在其他条件不变的情况下,将改善该国的贸易条件。但是发展中国家如果仅为了改善贸易条件而征收进口关税,可能是不可取的,因为关税的生产和消费扭曲效应会带来福利损失。

汇率政策通过影响进出口商品价格也将改变一国的贸易条件。汇率变动对贸易条件的影响取决于进出口的供求弹性。汇率对于贸易条件产生的影响可以分为短期和长期影响,短期内,本币贬值将绝对地增加以本币表示的进口商品价格,而以本币表示的出口价格将不会发生变化。因此,该国的价格贸易条件将会恶化,如果价格贸易条件的恶化程度与汇率贬值的程度完全一致,这种情况就称为完全的转嫁。事实上,完全的汇率转嫁一般很少发生,因为在长期内,当进出口价格变化后,供给和需求都会发生相应变化,变化的程度取决于进出口国的出口供给弹性和进口需求弹性。

宋国青(2004)的研究表明,1993 年~1997 年中国的通货膨胀率高于美国,国内商品价格水平相对于美国是上升的，这一阶段中国的贸易条件是改善的；1997 年以后，中国出现通货紧缩，价格相对于美国下降，中国的出口商品价格下降而进口商品价格上升，贸易条件转向恶化；因而指出中国 1997 年以后贸易条件的恶化是汇率扭曲和通货膨胀水平相对较低造成的。罗忠洲(2005)提出汇率对于贸易条件的影响应取决于进出口供给和需求弹性、进出口价格的转嫁率以及贸易条件和汇率的原有基础。他关于日本的贸易条件和日元兑美元汇率之间关系的实证研究表明，在日元升值期间(1971 年 1 月至 1995 年 4 月)，日元的升值导致贸易条件改善，而在日元汇率平稳期(1995 年 4 月至 2003 年 12 月)，汇率波动对于贸易条件的影响不大。

(三)体制性扭曲

第三章的成本转嫁模型表明，企业进行成本转嫁后，出口规模的扩张降低了出口品的国际价格。对于转嫁后的国际价格 $P_1=\frac{a}{b+N_1d\phi+N_2d}$，有

$$\frac{\partial P_1}{\partial\phi}=\frac{-aN_1d}{(b+N_2d+N_1d\phi)^2}<0$$

表明出口品的国际价格与转嫁水平负相关。转嫁率越高，出口品的国际价格被压得越低。假定转嫁国进口品的价格不变，其出口品价格下降使贸易条件陷于恶化。这一结果，使发展中国家的贸易条件在普雷维什-辛格假说的基础上进一步恶化。

中国出口橘子罐头利用劳动力成本低的竞争优势，获得世界贸易量 60% 以上的份额，比如 2001 年出口 17.6 万吨，创汇 1.2 亿美元，但出口价格却连年下滑。2002 年前 11 个月，中国橘子罐头出口数量增长 22.4%，出口额仅增长 1%，单价下降 17.5%。①

第二节　中国出口“增量不增利”效应

贸易条件恶化使得出口扩张不能带来相应的贸易收益扩张，当贸易条件恶

① 原外经贸部“出口低价竞销”课题组:《兼治源头与末端——我国出口低价竞销问题成因及治理》,《国际贸易》,2003 年第 2 期。

化的程度相当大时,就可能出现“增量不增利”的局面。

一、中国的贸易条件效应

(一)价格贸易条件效应

为了反映进出口数量变动在价格指数构成中的作用,人们通常采用帕氏公式(Paasche Aggregative Formula)计算价格贸易条件指数。具体公式为:

$$P_{xt} = \frac{\sum p_{it} q_{it}}{\sum p_{i0} q_{it}} \qquad (i = 1, 2, \cdots, n) \tag{7-6}$$

$$P_{mt} = \frac{\sum p_{jt} q_{jt}}{\sum p_{j0} q_{jt}} \qquad (j = 1, 2, \cdots, n) \tag{7-7}$$

其中,P_{xt} 和 P_{mt} 分别表示第 t 期的出口价格指数和进口价格指数;p_{i0} 和 p_{j0} 分别表示基期第 i 种商品的平均出口价格和第 j 种商品的平均进口价格;p_{it} 和 p_{jt} 分别表示 t 期第 i 种商品的平均出口价格和第 j 种商品的平均进口价格;q_{it} 和 q_{jt} 分别表示 t 期第 i 种商品的出口数量和第 j 种商品的进口数量。表 7-1 的第 2 列显示了中国的价格贸易条件指数,其中基期是 1983 年。

表 7-1　中国贸易条件指数(以 1983 年为 100)

年份	价格贸易条件指数	初级产品贸易条件指数	工业制成品贸易条件指数
1984	113.22	142.12	68.37
1985	118.20	155.33	67.11
1986	83.91	119.74	59.87
1987	87.05	101.80	80.60
1988	76.55	96.55	57.61
1989	78.32	96.54	61.46
1990	82.28	102.48	65.58
1991	85.41	102.85	70.70
1992	79.35	92.64	67.57
1993	89.78	106.23	69.43
1994	81.46	93.09	71.76
1995	83.78	87.31	90.03

续表

年份	价格贸易条件指数	初级产品贸易条件指数	工业制成品贸易条件指数
1996	76.35	89.19	72.29
1997	81.32	89.64	76.21
1998	76.48	78.23	81.79
1999	75.73	78.38	79.00
2000	68.17	75.08	66.45
2001	72.39	78.00	72.69
2002	72.87	79.20	71.16
2003	69.53	77.85	66.78
2004	67.01	76.35	67.71
2005	59.62	72.86	62.43
2006	61.73	73.39	64.29

资料来源:《中国统计年鉴》各年度。

依据联合国《国际贸易商品标准分类》(SITC),初级产品具体包括以下五类:食品及活动物、饮料及烟类、非食用原料、矿物燃料及有关原料、动植物油脂、燃料。从上表可以看出,初级产品的贸易条件出现过三次波峰,分别是1985年的155.33、1993年的106.23和2002年的79.20。初级产品的出口价格指数和进口价格指数都在波动中上升,但是进口价格指数的上升幅度明显大于出口价格指数。尤其是对中国经济发展至关重要的能源、工业原料的进口价格节节攀升。例如,1996年原油的进口量为2262万吨,单位价格为150.60万美元;2006年原油的进口量为14518万吨,单位价格达到457.4万美元,是1996年价格的三倍。铁矿砂在1994年的每万吨价格为27.46万美元,2006年上涨到了64.12万美元。正是因为进口价格指数的大幅攀升,导致初级产品贸易条件指数在1993年之后一直恶化。

依据联合国《国际贸易商品标准分类》(SITC),工业制成品具体分类包括:劳动资源密集型(皮革/纺织/服装/鞋类、玩具/运动器材、木材/纸制品、非金属矿产品),低技术/低资本密集型(钢铁、运输设备和船舶、卫生/水暖设备),中等技术产品(电气机械、橡胶/塑料、非电气机械、道路机动车),高技术型(半导体/通讯设备、飞机、精密仪器/手表/照相器材、化工品/药品)。

与基期相比,中国工业制成品的出口价格指数在波动中下降,到2002年出现反弹,由80.67上升为105.23。工业制成品的进口价格指数在二十年间出现多次波动,尤其是在2002年以后,指数开始大幅反弹。工业制成品的贸易条件指数在波动中不断下降,这主要是由于进口价格指数增长幅度大于出口价格指数。例如:工业制成品当中的皮鞋类商品,1994年1万双出口价格为5.53万美元,2005年单位价格仅上涨到了5.92万美元。而中国从国外进口的金属加工机床,单位价格由1996年的2.01万美元上升到2006年的6.67万美元。因此,工业制成品的进口价格指数相对于出口指数的上升,导致中国工业制成品贸易条件的恶化。并且,工业制成品的贸易条件恶化程度大于初级产品的贸易条件。

随着中国贸易条件的不断恶化,中国在国际分工中所获得的贸易利益是否越来越朝着有利于经济的方向发展?或者说,中国对外贸易的发展是否存在收益低下的情况?

二、收入贸易条件指数

如表7-3所示,可以看到中国收入贸易条件指数的变化情况,由于出口数量指数在1995年~1996年间接近于1,故此期间收入贸易条件指数与价格贸易条件指数的变化趋势大致相同。1995年~2001年间,出口贸易量持续不断增加,使收入贸易条件不断上升,2002年~2005年出口量大幅增长,使得收入贸易条件明显改善,比2001年增长了20%左右。

表7-3　中国收入贸易条件指数(1995~2005)

年份	价格贸易条件指数	出口数量指数	收入贸易条件指数
1995	0.84	1.05	0.88
1996	0.93	0.99	0.92
1997	0.70	1.20	0.83
1998	0.71	1.25	0.88
1999	0.77	1.35	1.04
2000	0.66	1.66	1.07

续表

年份	价格贸易条件指数	出口数量指数	收入贸易条件指数
2001	0.63	1.68	1.04
2002	0.63	1.98	1.23
2003	0.62	1.98	1.21
2004	0.64	1.99	1.25
2005	0.65	2.01	1.26

资料来源:《中国对外经济贸易年鉴》(1995~2003)、《中国商务年鉴》(2004~2005)、《中国海关统计年鉴》(1995~2005)、《商品名称及编码协调制度》等资料整理计算。转引自崔津渡、李诚邦:《中国对外贸易条件:1995~2005年状况分析》,《国际经济合作》2006年第4期。

中国收入贸易条件的改善主要在于加工贸易发展迅猛和政府鼓励出口政策。一方面,出口数量增长的一个重要推动力量是中国大规模的加工贸易产业,中国加工贸易已占进出口贸易的半壁江山。另一方面,出口数量的扩大,得益于中国的外贸和外汇体制改革和不同形式的鼓励出口措施。从1993年起,中国开始改革高度集中的对外贸易体制,外贸经营权进一步放开,同时逐步放宽了限制出口的措施,使受限产品的范围大大缩小,还将许可证的审批权力大部分下放;鼓励出口的措施有出口补贴、出口退税等财政鼓励措施,出口信贷、出口信用保险等金融鼓励措施,还有设立保税区和出口加工贸易区等等,这些鼓励措施大大促进了出口增长。

为什么会出现价格贸易条件恶化和收入贸易条件改善并存的现象呢?在价格贸易条件恶化的情况下,对于以初级产品出口为主和以制成品出口为主的发展中国家来说,收入贸易条件的变动是有差异的,对于前者来说,初级产品较低的需求弹性使得价格的下降无法带来出口量的显著上升,而对于制成品出口国来说,出口价格的下降往往能带来收入贸易条件的改善。中国收入贸易条件的改善是源于价格的下降所带来的出口数量的增加,但是一方面有可能是劳动生产率的提高带来的价格下降,这是好的方面;另一方面是过度竞争和出口企业低价竞销所导致的价格下降,这种必然在收入贸易条件改善的背后是福利的损失,这也是本文所关注的问题。在后面的分析中可以看到,由于中国出口产品的劳动生产率提高并不是很明显和要素贸易条件的恶化,因此可以认为中国收入贸易条件的改善更多来源于过度竞争和企业的低价竞销。过度竞争和低价竞销所带来的收入贸易条件改善是不可持续的，面临恶化的危险。再加上中国出口以低技术劳动密集型产品为主，产品需求弹性较小，市场需求容易趋于疲软，中国又是一个贸易大国，中国出口贸易的进一步扩张必将导致出口价格的下降，从而导致价格贸易条件的恶化，同时以低技术劳动密集型产品为主的出口结构会面临来自其他发展中国家的激烈竞争。中国出口数量的扩张对收入贸易条件改善的作用会越来越小。

在中国当前的出口状况下和价格贸易条件恶化的情况下，收入贸易条件的改善对社会福利的带动很有限，表现在：

第一，外资企业在中国贸易利益分配中所得份额偏高。外资在中国出口贸易中的比例一直呈上升趋势，2005 外资企业出口额占全国出口总额的 58.3%。由于外资拥有资本、技术、品牌，处于微笑曲线的两端，分享高额的利润，外资在中国贸易利润分配中占了很大的份额。尤其在加工贸易中，由于缺乏技术和品牌等深层次竞争资源，国内企业仅承担了加工装配的角色，在贸易利益分配中，中方政府、企业、职工所占比重很低。如果不计政府源自于加工贸易的税收以及加工贸易所带来的技术外溢效应和就业效应，仅就加工贸易中方的收入而言，我们只有 1% ~2% 的利润分成，而目前中国加工贸易额占总出口额 50% 以上。因此，出口增长，收入贸易条件改善对中国贸易利益的带动十分有限。李慧中、黄平(2006)通过对中国 FDI 净流入与贸易条件恶化的分析，得出结论，中国传统的引资模式使外资主要流入劳动力密集型的出口部门，而资本、技术密集型部门不仅没有因为大量外资的流入而不断扩张，反而进一步相对收缩。这种出口部门偏向增长导致的超额供给和对资本、技术密集型产品的超额需求，进一步加剧了贸易条件的恶化趋势。中国 FDI 主要流向劳动力密集型出口部门是造成中国贸易条件不断恶化的重要原因。

第二，政府源自于贸易的税收流失严重。跨国公司利用价格转移策略进行避税，这种高价进口低价出口的内部采购策略，一方面加剧了中国对外贸易条件的恶化，同时也使政府蒙受了巨大的税收损失。据商务部统计，截至 2004 年 8 月底，累计批准设立外商投资企业 494,025 家，全国累计实际用外资金额 54,502 亿美元，外企总数达 49 万家，但所有外企中有一半以上是亏损状态，相当部分的跨国公司是为了避税而制造人为亏损，在华跨国公司每年避税给中国造成的税收损失在300亿元以上。出口骗税是对外贸易税收流失的另一种方式。自1985年开始,中国对出口产品实行出口退税制度,即国家对报关离境的出口货物退还其在国内各生产环节和流转环节按税法规定缴纳的增值税和消费税。由于管理机制、体制等方面的原因,出口骗税问题十分严重,干扰了国家利用出口退税政策宏观调控经济秩序职能的发挥,造成国家财产的流失。这些行为扭曲了贸易条件造成了国民福利的损失。

第三,劳动者收益与出口增长不协调。统计资料显示,1990年~2003年GDP年均增长9.3%,城镇居民可支配收入增长7.7%,农民人均现金收入增长4.3%。经济增长速度分别高于城镇居民收入和农村居民收入1.6和5个百分点,居民收入长期低于经济增长速度。中国出口价格的下降和出口数量的增加,有相当部分是建立在出口企业浪费资源、恶化环境和牺牲劳动者福利基础上的。中国劳动力平均工资较低,一些出口企业为进一步降低生产成本,经常加班,减少必要的劳动保护和环保设施,工作环境较差,致使劳动者的生命安全缺乏保证。

第四,环境损害和贸易利益损害并存。中国收入贸易条件的改善得益于出口量的急剧增长。但是以工业制成品为主的出口结构、粗放式的增长模式,使支持出口增长的环境代价偏高。贸易条件恶化,即意味着这种环境代价换来的是贸易利益的负增长。所以,中国贸易条件恶化而收入贸易条件改善的后果是使我们蒙受环境和贸易利益的双重损害,并且有些损害甚至是无法度量和弥补的。

从上面的分析看出,收入贸易条件的改善对国民福利的提高作用有限,如果收入贸易条件改善所带来的福利增加不能弥补价格贸易条件恶化所导致的福利损失,即使收入贸易条件有所改善,还是会面临“贫困化增长”陷阱。

三、中国陷入“贫困化”增长?

(一)贫困化增长(immiserizing growth)

贸易条件的恶化自然会影响到发展中国家的贸易收益。巴格瓦蒂(Bhagwati,1958)讨论贸易条件与发展中国家经济增长效应的关系时指出,由于技术进步或要素累积增加带来的实际产出增加可能使得贸易大国的贸易条件恶化,如果贸易条件恶化所造成的损失超出产出增加所带来的收益,就会一国的福利低于经济增长之前。即在一定情况下,发展中国家经济增长带来的利益可能会被贸易条件的不断恶化所抵消,出现"贫困化增长"。这时,经济增长的结果非但没有使该国福利改善,反而使福利恶化。比如可可出口大国科特迪瓦的可可生产和出口居世界第一位,出口收入占国家出口总额的50%以上,但由于出口价格逐年下降,其出口收入不断下降,国家愈发贫穷。自然资源等初级品的出口国长期内经济增长和发展比自然资源稀缺的国家更慢。尤其是在矿产资源和能源充裕的国家,其资源充裕与经济增长之间呈现出反向单调关系。这种现象被称为"资源诅咒"(Auty,1993)。Gylfason(2001)发现欧佩克国家的人均国民生产总值1965年至1998年间平均下降了1.3%,而同期其他发展中国家平均增长2.2%。出现"资源诅咒"的主要原因是"荷兰病"。在自然资源充裕的国家,技术含量低的资源类产业不断扩张的结果造成了制造业的萎缩,而且生产要素集中到低技术含量部门后对教育和人力资源造成了挤出,因此经济发展滞缓。

约翰逊(Johnson,1967)认为贫困化增长的实质是经济增长后价格贸易条件、收入贸易条件及要素贸易条件全面恶化,从而造成了福利水平的下降。贫困化的根本原因在于各种内生的和政策性的经济扭曲的存在。即使是不能影响贸易条件的小国,在关税保护条件下进口部门的扩张同样可能导致贫困化增长。原因有两方面:第一,关税导致资源分配的不合理,造成生产的低效率;第二,贸易量的减少损失了部分贸易利益,两者之和如果大于经济增长效果,则使得净福利水平下降。

贸易条件的改善是否一定会改善贸易利益、进而有利于经济增长,也是不确定。一种观点认为贸易条件长期趋势的变化和经济增长之间呈正相关关系,贸易条件改善一方面通过影响投资水平对经济增长产生影响,另一方面,通过提高购买力,增加了那些有助于生产率提高的中间产品和技术设备的进口,从而对经济增长产生积极影响。但是也有观点认为贸易条件长期趋势的变化和经济增长之间呈负相关关系。例如Hadass和Williamson(2003)发现从1870年到一战期间初级产品出口国贸易条件的变化虽然是有利的,但是它们的增长依然是下降的。

（二）国际贸易收益

利用贸易条件变动对经济增长的影响公式来衡量中国对外贸易中获取的国际贸易利益情况，具体公式如下：

$$T_t = \frac{NBTT_t - NBTT_{t-1}}{NBTT_t} \cdot \frac{M_t}{GDP_{t-1}} \times 100 \tag{7-8}$$

上式中，T_t 是国际贸易利益变动指数，表示贸易条件变动对经济增长的影响，等式右边括号内表示相对于上期的贸易条件变动比率，M_t 表示 t 期的进口额，GDP_{t-1} 表示上期的国内生产总值。这一公式反映了本期贸易条件与上期相比，其变化导致的损益占上期 GDP 总量的比率。当这一损失超过了 GDP 本期相对于上期的增长率，则产生了巴格瓦蒂所称的“贫困化增长”。根据该公式计算结果如表 7-4，GDP^* 为 GDP 增长率。

表 7-4　中国贸易利益变动指数与 GDP 增长率

年份	GDP*（%）	T_t（%）	年份	GDP*（%）	T_t（%）
1983	12.01	-0.19	1995	25.06	0.63
1984	20.89	0.26	1996	16.09	-1.85
1985	25.08	-1.52	1997	9.69	1.01
1986	13.81	0.35	1998	5.21	-0.93
1987	17.25	0.72	1999	6.25	0.16
1988	24.79	-1.58	2000	10.64	-2.31
1989	13.27	0.33	2001	10.52	1.18
1990	9.70	0.42	2002	9.74	0.15
1991	16.55	0.57	2003	12.87	-1.37
1992	23.22	-1.56	2004	16.60	-1.29
1993	30.10	2.58	2005	15.01	-4.21
1994	35.01	-2.88	2006	14.67	1.18

数据来源：《中国统计年鉴》各年度。

由以上计算结果，可以看出，1983 年以来，贸易条件变化对经济增长既有正面的效应也产生了负面效应。贸易条件下降幅度越大，其对经济增长的负面效应愈大。1996 年以来，由于贸易条件与 1984 年相比出现大幅度的下降，其对经济增长一直产生负面效应，但总体而言，中国经济的高增长率减弱了贸易条件变动对经济增长的负面效应,从而未出现"贫困化增长"。

一般来说,贫困化增长的出现需要以下几个必要条件:第一,经济增长偏向出口部门;第二,增长国是大国;第三,增长国进口边际倾向较高且出口需求价格弹性低的产品。第四,该国经济严重依赖对外贸易,贸易条件的大幅度恶化才有可能导致整个社会福利的绝对下降。目前,中国出口工业制成品中,劳动密集型产品占主导地位,而这些产品的需求价格弹性都是比较低的且在市场容量有限情况下还面临着其他发展中国家同类产品竞争;对外贸易在中国经济增长中扮演着愈来愈重要的角色,中国符合贸易大国的特征;随着中国工业化进程加快,对资本技术密集型产品需求增加,导致进口边际倾向较高。2006年,中国的出口依存度达到36.8%,而美国、日本分别为7.8%、12.74%,基本上是它们的三倍。与同样是发展中的大国巴西、印度相比,中国的出口依存度也远远高于它们,2006年巴西的出口依存度为10.12%,印度为12.17%。因此,在目前的贸易模式下,中国对外贸易发展满足"贫困化增长"的条件,如果不改变当前的状况,中国存在"贫困化增长"的可能。

第三节 劳动力的贫困化与内需不足

降低劳工标准和工资福利有助于增强中国的比较优势,这无疑是体制性扭曲所要达到的效果。根据斯托帕-萨缪尔森定理,出口行业密集使用要素的实际收入会呈现出上升之势。但在"超比较优势战略"下,中国出口行业密集使用的生产要素——劳动力名义工资上涨极其缓慢,使得实际收入及福利水平处于不断恶化的状况。劳动力的贫困化必然抑制内需的扩张,从而抑制了经济增长的拉动力量,尤其是在世界经济危机导致外需遭遇滑坡的时期,内需不足极大限制了经济的进一步增长。

一、劳动力工资与实际收入恶化效应

在一个自由流动的劳动力市场上,如图7-2所示,劳动力供求曲线决定的均

衡工资水平和就业量分别为 w_0 和 L_0。而一些旨在降低成本增强竞争力的制度、政策因素抑制了出口行业劳动力的价格。1978 年到 2004 年,中国经济高速增长了将近 30 年,工资却只有美国的 4%。在制造业,中国的劳动力价格甚至比 90 年代才开始快速增长的印度还要低 10%;在改革开放的发源地珠江三角洲地区,民工的工资竟然 10 年没有上涨,国家统计局局长李德水援引一份珠江三角洲地区务工者收入的调查资料时发表感慨,该地区民工的月均工资"只够一天吃四碗炸酱面"。①

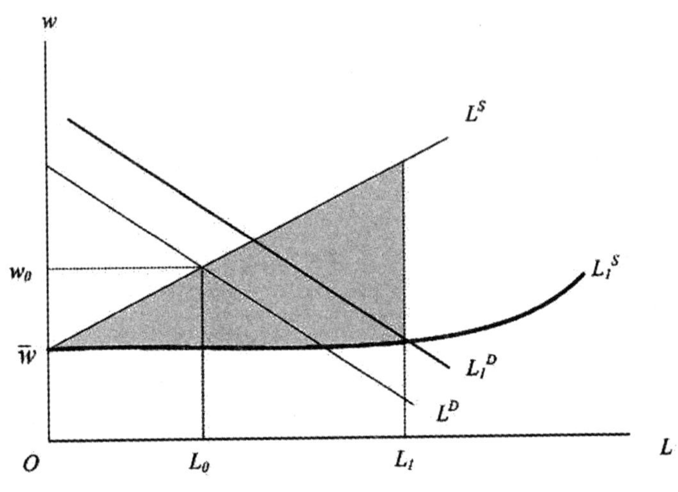

图 7-1　要素市场内扭曲与低工资

由于制度障碍(如户籍制度)的原因,从农村转移出来的价格相对较低的劳动力基本上没有机会进入到城市国有企业部门,尤其是垄断行业部门。所以,在城市的垄断行业之外,农村土地改革释放的大量剩余劳动力和城市国有企业下岗职工,形成了几乎接近于无限供给的状态。如图 7-1 中的近乎水平的劳动力供给曲线 L_1^S。另一方面,各地方竞相制定极低的最低工资标准,而且非国有经济部门漠视就业人员的住房补贴、物价补贴等福利支出,提供粗糙恶劣的工作环境、超负荷的加班等在珠三角的出口行业也是普遍现象。不用全额支付劳动力成本加大了对劳动力的需求,图 7-1 中劳动力求需求右移至 L_1^D,与 L_1^S 的交

① 梁福之:《"劳动力成本优势"是对中国人力资源的粗暴掠夺》,http://guancha.gmw.cn,2006 年 8 月 23 日。

点决定了劳动力就业数量扩大到 L_1，劳动力价格降到保留价格水平 $\bar{w}$。

在珠三角，一个公开的秘密是，为节省人工成本，绝大多数工厂都按照最低工资水平线来确定工人的底薪。① 按照国际惯例，最低工资标准应为上年度社会平均工资的40%至60%，但珠三角城市这一比例却只能达到20%至30%。2004年农民工月均收入539元，而同期城镇工人是1335元。雇用农民工每人每月可以节省796元，一年平均雇用一个农民工的成本节约是9552元，以全国1.2亿农民工计算，2004年全国因雇用农民工而节省的开支高达11462亿元，相当于当年GDP（普查前）的8.5%，几乎等于中国当年经济增长的速度，这还不包括福利、保险的节省。②

施炳展和冼国明（2012）指出从不同所有制企业看，劳动价格负向扭曲程度从高到低依次是集体企业、私营企业、外资企业、港澳台资企业、国有企业。集体企业和私营企业的工资最低，反映了部分集体和私营企业劳动条件差、强度高、保障水平低的情况。图7-1中阴影面积就是劳动力市场扭曲带来的社会福利损失。

类似于发展中国家之间的竞争，如果一国各个地区也为了扩大贸易收入和就业业绩，而竞相激励本地区出口企业降低成本，比如制定偏低的最低工资标准、福利标准和安全标准等，就会造成整个国家的劳工标准向下竞争，即所谓的劳工标准竞次。

利用一个简单的博弈模型可以分析劳工标准是如何向下竞争的。在简单劳动上具有比较优势的国家参与国家分工后，主要的竞争力就是低廉的劳动力价格，在这种国际压力下，劳动密集型产业的企业会竞相压低工资和各项成本，以维持商品的低价格。在这种情况下，企业没有动力遵守劳工标准。假定有企业Ⅰ和企业Ⅱ，都希望以低廉的商品价格打入国家市场，如果遵守劳工标准，就会加大成本，弱化价格竞争力；不遵守劳工标准，则可能降低成本，获取优势。假定按照最低工资标准的单位劳动成本为20单位，如果遵守劳工标准，工资成本上升到40单位。如果两个企业都遵守劳工标准，二者的成本和价格都上升，因国际竞争力下降，只能获得10单位的单位利润。如果企业Ⅰ遵守劳工标准、

① 《珠三角农民工生存状况的调查》，《中国青年报》2005年1月1日。

② 邓聿文：《劳动力价格低廉与“竞次”策略》，《经理日报》，2005年12月29日，第A03版。

企业Ⅱ不遵守，企业Ⅰ的单位成本为40，企业Ⅱ的成本只有20，企业Ⅱ的产品具有价格优势而占领出口市场，获得较高利润，假定为100；而Ⅰ被挤出市场，效用为-40单位。如果Ⅰ不遵守标准，而Ⅱ遵守，二者的收益正相反。如果两个企业都不遵守标准，则它们共同瓜分市场，赚取低廉的单位利润，假设只有10单位。支付矩阵如表7-5。

表7-5 劳动密集型企业的收入矩阵

		企业Ⅱ	
		遵守	不遵守
企业Ⅰ	遵守劳工标准	50，50	-40，100
	不遵守劳工标准	100，-40	10，10

这是一个典型的囚徒困境，其唯一的纳什均衡是双方都不遵守劳工标准，且任何一方都不愿意单方面打破这一均衡，实现帕雷托最优。所有企业都不遵守劳工标准的结果是工资水平越来越低、劳动条件越来越恶化，使劳工标准降低至最底线。

Chan（2003）认为尽管中国的低工资行业在增加，但许多工作在这些企业的工人工资却是不升而降。通过与其他一些国家的比较，Chan（2003）发现中国在用工标准上的“竞次”行为主要由以下几个原因造成。首先，由于城市劳动力市场供大于求。从农村出来的无数廉价农民工涌向城市，使得劳动力市场价格得不到提升；第二，在中国经济改革过程中，由于中央权力的下放和中央对工资数量控制的解除，使得地方政府对工人处境漠不关心；第三，由于中国政府禁止罢工、游行等事件发生，因此工人不能通过工会组织为自己过低的工资待遇抗争；第四，中国的户籍制度也是造成“竞次”现象的一个基本原因。此外，陈佩华还提出应当通过设立一个政府、行业协会和制定一些工人都认同的社会条款，规范发展中国家用工最低标准，否则就会出现国家在降低劳动力价格和剥削工人劳动成果的“竞次”行为中获得经济增长的现象。

可见，成本转嫁虽然使大量闲置的简单劳动力得到就业，却让他们的实际收入始终位于底线，生活质量得不到提高，进而使精神状态陷入崩溃边缘，因而形成了对简单劳动力的福利与生存的极大“破坏”。这种“破坏”使发展中国家的劳动力限于严重的贫困化，并间接破坏了发展中国家收入分配及供求市场的平衡，导致贫富差距过大、内需增长缓慢。

二、体制性扭曲滋生过低的劳工标准

(一)最低工资标准

竞相制定低水平的最低工资标准是各地方不成文的压低工资水平和劳动力成本的做法。也是各地工资水平“竞次”的结果。如深圳市1992年的最低工资标准只有245元，是上一年全市职工月均工资的58.6%。按照国际惯例，最低工资标准应为上年度社会平均工资的40%～60%。深圳1992年的最低工资标准完全满足国际惯例。但是随着深圳经济的发展，全市职工月均工资上涨的速度要大于最低工资标准提高的速度。从1995年期，最低工资标准与上一年度平均工资的比例就降到恶劣40%以下。最低的年份不足20%，2004年，关外最低工资标准只有上一年度月均工资的18.8%。到2011年，深圳的最低工资标准虽然已经提高到1320元，为全国最高，但是依然只有上年度城镇月均工资的31.4%。

表7-6　深圳市最低工资标准与月均工资水平(元)

年份	最低工资标准		全市职工月均工资(3)	(2)/前一年(3)
	关内(1)	关外(2)		
1991	-	-	418	
1992	245	245	494	58.6
1993	286	286	679	57.9
1994	338	300	881	44.2
1995	380	300	1023	34.1
1996	398	310	1209	30.3
1997	420	320	1378	26.5
1998	430	330	1532	23.9
1999	547	419	1726	27.3
2000	547	419	1920	24.3
2001	574	440	2162	22.9
2002	595	460	2352	21.3

续表

年份	最低工资标准		全市职工月均工资(3)	(2)/前一年(3)
	关内(1)	关外(2)		
2003	600	460	2551	19.6
2004	610	480	2661	18.8
2005	690	580	2706	21.8
2006	810	700	2926	25.9
2007	850	750	3233	25.6
2008	1000	900	3621	27.8
2009	1000	900	3894	24.9
2010	1100	4205	28.2	
2011	1320	5453	31.4	

资料来源:深圳市统计局。

深圳的最低工资标准一直居于前列。其他城市的最低工资标准更低,如表7-7,2006年三大直辖市的最低工资标准都不足700元,低于深圳。东部沿海省会南京和杭州将对较高为750元。中部省会城市更低,郑州和武汉都不足600元。除广州、深圳外,珠三角地区其他城市的最低工资标准都在700元以下。

表7-7 省会城市及珠三角城市最低工资标准(2006年)

城市	最低工资	城市	最低工资
北京	640	广州	780
上海	690	深圳	810/700
天津	670	东莞	690
杭州	750	惠州	600
南京	750	珠海	690
郑州	480	佛山	690
武汉	460	中山	600
长沙	660		

资料来源:各省统计局。

各地过低的最低工资标准使得企业按照最低工资标准支付工人、尤其农民工过低工资成为可能。

（二）对农民工社会保障制度的设计缺陷

现行养老保险制度忽视农民工流动性强的特点。农民工就业最大的特点是流动性大。农民工就业流动性大的特点决定了他们所参加的各种社会保险需要在不同地区、城乡之间正常接续、转移。就珠三角地区而言，社会保险的现行政策体制是实行市级统筹。农民工的社会保险关系在跨省、市转移和接续方面存在着制度性障碍。以养老保险为例，农民工在跨省市流动就业时的养老保险关系转移就有不少的限制条件，难以有效转移衔接。

在参加投保的私营企业和“三资”企业中，普遍存在少投、漏投的问题。农民工要么只参加其中一项社会保险，要么只参加其中两项社会保险。只有很少的农民工参加医疗、养老、工伤、生育、失业的每一个社会保险项目。多数中小企业并非为所有在册职工建立社会保障，有的仅为其骨干人员缴纳保险金，或仅为其亲属办理社会保险，还有的企业仅为企业户口所在地的职工投保。企业投保范围窄小使农民工难以享受社会保障带来的好处。

参保率不高，退保现象严重。深圳是国内农民工参保覆盖面最广、参保人数最多、参保比例最高，并最早将农民工纳入社会保险体系的城市。2006 年深圳市参加养老保险的人数为 223. 57 万人，还不到农民工的一半。2007 年深圳共有 493. 97 万人参加了基本养老保险，退保的人数为 83 万人，而成功转保的人数只有 9672 人，也就是说，深圳每 10000 个参保的人中就有 1680 人退保，而每 10000 个参保人中成功转保的只有 19 人，比例仅为退保人数的 1%。统计资料显示，珠三角农民工加入养老保险的情况最好，但参保率也不到 10%，医疗、工伤等其他保险参保率更低未参加任何保险的农民工高达 80%。东莞市 2004 年农民工退保 40 万人次，平均参保时间仅 7 个月。2007 年，东莞有超过 6 万人次办理了退保手续，一天最多时退保现金达 30 多万元。在农民工集中的珠三角，有的地区农民工退保率高达 95% 以上。较低的各种社会保险的参保率和较高的退保率，给农民工当前和未来的工作、生活、社会稳定都留下了较大的隐患。

（三）执法条件差

第一，有法不依。由于司法机关中有很多执法者认为劳资纠纷是企业内部的事情，应该由企业自行解决，所以执法与司法人员的劳动法律意识普遍淡薄。

“行政不作为”和“司法不作为”的现象较为普遍。第二,执法不严。劳动立法主要是行政立法,所以在实际操作中涉及的法部门也多为行政部门,由此导致执法部门的自由裁量权过大,监督检查流于形式,无视法律、以罚代法的情形屡见不鲜。第三,司法机构力不从心。相对数量日益增长的劳动案件而言,司法机的人力、物力、财力还很薄弱,难以构建有力的法律监督和司法体系。第四,劳动争议解决机制单轨制。中国劳动争议解决机制采用的是“调、裁、审”单轨制的做法。依据这种调节机制,劳动争议的案件须经过基层调解、仲裁和诉讼中一审、二审的全过程。这样做的结果,不仅不利于案件的及时了结,形成积案,而且把仲裁作为诉讼前的必经程序还排除了劳动争议当事人对仲裁的选择,这与仲裁的自愿原则不符,既增加了当事人的成本,又限制了当事人的诉权。

三、劳动力的贫困化

由于上述种种原因,国内大多数生产企业的生产条件、劳工待遇一直处于较低的水平,尤其在纺织服装业、制鞋业、玩具业、煤矿业等行业更是如此。以珠三角出口企业为例,产品出口的竞争力最主要集中在劳动力成本的低廉上,而劳动力低廉的内在含义,就是劳动者长期加班加点,但没有加班费和福利,没有医疗保险、养老保险、失业保险,而且工作条件艰苦。因此,中国在劳工权利保护方面仍存在很多问题。具体体现为:(1)工人加班超时严重。《劳动法》第四十一条规定,工人加班时间每日不得超过3小时,且每月不得超过36小时。但是在制衣、皮革、玩具、电子等行业,工人加班超时现象严重。(2)加班工资减额发放。《劳动法》第四十四条规定,加班工人应获得不低于工资150%至300%的工资报酬。2003年7月,最高人民法院出台的司法解释明确:工资总额由基本工资、补贴等一切以货币表现的劳动报酬组成,但绝大多数企业均以劳动合同上显示的基本工资或当地规定的最低工资标准为基数,向工人支付加班工资。(3)工作环境恶劣。《劳动法》第54条规定,用人单位必须为劳动者提供符合国家规定的劳动安全卫生条件和必要的防护用品,对从事有危害作业的劳动者应当定期进行健康检查。这是与SA8000相符的规定,但是,多数企业只注重车间外表的装饰，车间内部的工作环境十分恶劣，工人的健康、安全没有得到必要的保护。(4)工人的健康甚至生命安全无法得到保障。中国每年因安全事故死亡 13 万余人，伤残 70 余万人。一方面，煤矿、建筑等领域伤亡事故多发状况尚未根本扭转；另一方面，非煤矿、非建筑企业的安全事故也呈上升趋势。而且，职业危害严重，中国每年约有 70 余万人患职业病，严重影响职工身心健康。(5)非法使用童工的现象仍然存在。中国的《劳动法》和《未成年人保护法》明确规定任何组织和个人不得招用未满 16 周岁的未成年人。但是，一些小型的纺织、制衣工厂仍在非法使用童工。(6)不当方式处罚工人的现象仍然存在。在工人的经济利益受到侵犯的同时，人格尊严和人身权利也受到践踏。在外企和台商企业工作的工人被辱骂、罚跪、搜身等现象时有发生。(7)许多企业的工会形同虚设。工会是独立于公司之外的服务机构，是保护工人权益不受侵犯，帮助工人获得更高工资、改善工作条件的组织。虽然《中华人民共和国工会法》第十条规定，“企业、事业单位、机关有会员 25 人以上的，应当建立基层工会委员会”，但企业要么囿于组建工会的复杂程序而迟迟没有建立工会，要么由于工会在本质上是从属于企业的，不能充分维护工人的权益，成了企业的装饰品。

(一)劳动力的低工资收益

参见表 7-8，从 2002 年 ~ 2005 年，城镇职工的年均工资一直以 14% 左右的速度稳定增长，而农民工的工资除了 2004 年之外增幅非常低，使得二者之间的差距越来越大。2001 年，农民工的年均工资为城镇职工工资的一半强，到 2005 年只有 1/3 强。

表 7-8　农民工与城镇职工的数量与工资(2001 ~ 2005)　(万人，元)

年份	农民工			城镇职工	
	人数(万人)	年均工资(元)	年增长率(%)	年均工资(元)	年增长率(%)
2001	8961	5502	-	10870	-
2002	9400	5597	1.7	12422	14.3
2003	9820	5279	-0.57	14040	13.0
2004	11823	6471	22.6	16024	14.1
2005	12578	6577	1.6	18405	14.9

资料来源:《中国统计年鉴》、《中国农村年鉴》和《农村政策法规调查与研究 2005》等。

根据上面的数据，2004 年农民工月均收入 539 元，而同期城镇工人是 1335

元。雇用农民工每人每月可以节省 796 元，一年平均雇用一个农民工的成本节约是 9552 元，以全国 1.2 亿农民工计算，2004 年全国因雇用农民工而节省的开支高达 11462 亿元，相当于当年 GDP(普查前)的 8.5%。而且如此低的月均工资是包括了长时间加班的工资在内。不少地方农民工每天工作时间在 11 个小时左右，每月工作时间在 26 天以上。就 2004 年的数据来看，农民工月平均收入不到城镇职工平均工资水平的 60%，而农民工的实际劳动小时工资只相当于城镇职工的 1/4。

“为调高最低工资，广东省劳动和社会保障厅工资处处长到东莞市征求调高最低工资标准的意见。该市劳动局同意调高，但认为调整幅度不能太大，最好不要超过每月 480 元。东莞当时执行的最低工资标准为每月 450 元。但市政府连一分钱的调整都不同意。理由是调高最低工资水平会赶走外来投资者。在珠三角，一个公开的秘密是，为节省人工成本，绝大多数工厂都按照最低工资水平线来确定工人的底薪。”①

《东莞裕元鞋厂——中国三资工厂的调查报告(Nike 和 Adidas 制造在中国)》②中发现，东莞裕元鞋厂工人采取计件工资制，计件的价格由工厂决定。一般的情况下，成型工人一个小时的工资平均在 0.28 美元，扣除各种费用(如食费、医疗费、福利费)后，实际得到的工资是每小时 0.244 美元。一天工作 10 小时实得工资为 2.44 美元。一周工作 6 天实得工资是 14.65 美元，一个月的工资是 62.4 美元。

当时东莞市最低工资标准是 450 元人民币，按 1 美元比 8.2 人民币计算，为 54.8 美元。按每月工作 21 天，明天工作 8 小时，每小时约 33 美分。裕元鞋厂支付的工资虽然达到最低工资标准，但是没有给工人购买任何保险，等于没有支付给工人足够的基本生活费用。如果工人再用其微薄的工资去购买失业、养老保险，其基本生活就会出现问题。同样工龄的工人做同样的工作在其他合资工厂的工资会达到 100 美元，既不加班，也能得到失业医疗保险；在国营工厂，工人的工资可以达到 150 美元以上。如果加班，工资还会超过 180 美元。可见，裕元鞋厂 62.4 美元的工资比中国合法支付工人工资的工厂少两倍以上。

---

① 《珠三角农民工生存状况的调查》,《中国青年报》,2005 年 1 月 1 日。

② 报告覆盖的期间是 1999 年 1 月到 2002 年 6 月。

(二)简单劳动力的生存质量严重恶化

1993 年 11 月 19 日,一条发自葵涌的消息震惊了全世界。当天下午,致丽玩具厂发生特大火灾,87 名打工妹罹难,53 名打工妹被烧伤。从遇难人数看,这是仅次于泰国开达玩具厂的亚洲第二大火灾。

随后,又一篇题为《深圳外来工生存状况恶劣,每年有一万只手臂被机器吞噬》的内参发回北京。调查发现,工伤事故多发生在台资、港资等“三来一补”企业及个体私营企业。原因包括:机器设备陈旧落后;没有或不落实安全防范措施;强令工人加班加点,超负荷工作;工人营养不良,健康状况不好;工人缺少岗前培训。①

从事非技术性工作的工人的教育水平普遍比较低。在 177 名工人中,只有 27 人或者 15% 的工人教育水平超出了中国的九年义务教育。在这 27 人中,只有 2 人是高中以上文化程度,只有 1 人为女性。在所有的工人中,有 49 人或者 27% 没有完成国家规定的九年教育,有 8 人甚至小学没毕业。被调查的工人大部分(57%)为初中毕业,只接受了最基本的九年义务教育。

本报告发现造成工伤最常见的原因是机器故障、缺少培训以及疲劳。尽管工人有时认为是他们自己粗心造成工伤,他们受伤的情况表明如果有必要的安全设施,相关的安全法规得到落实,工人经过适当的培训,或者只是法定工作时间得到遵守,这些事故就不会发生。所以,防止工伤的答案就在于遵循已有的安全法规,遵守工作时间的规定以避免工人疲劳,提供更多的专业技能培训。②

2010 年,富士康“N 连跳”自杀事件折射出中国制造工厂中农民工的困境与悲剧。“富士康员工的困境,其实是整个中国产业工人的困境,企业和城市政府,联手制造了这种困境。”③富士康公司作为典型的外贸加工企业,在国际分工中没有商品定价权,所以不得不通过各种方式挤压成本来实现利润。每天高负荷的劳动、半军事化的管理、工资收入低下及对生活前景堪忧使得员工在生活困顿的同时倍感压抑和焦虑,进而导致一连串的悲剧事件。这一事件,不仅是富士康生产与管理方式的悲剧,还是中国作为世界“制造工厂”的悲剧,是中

---

① 《在世界工厂深处:珠三角农民工生存状况调查》,《中国青年报》,2005 年 1 月 2 日。

② 李强:《珠江三角洲工伤事故调查报告》,中国劳工观察,2005。

③ 《富士康“九连跳”折射中国产业工人整体困境》,《新闻晨报》,2010 年 5 月 19 日。

国长期推行比较优势战略、依靠廉价的劳动力参与国际分工的悲剧，也是中国一段时期以来追求数量增长目标的悲剧。

一项样本为1005人的调查表明，在珠三角地区工作的农民工工作负荷强度较高，闲暇时间较少，有41.03%的农民工每天的工作时间在5小时~10小时，46.10%的农民工每天的工作时间在10小时~12小时，每天工作时间在12小时以上的人占5.71%，只有7.70%的农民工每天工作时间在8小时以下。①

根据1999年6月到2002年5月的实地调研完成的《东莞裕元鞋厂——中国三资工厂的调查报告(Nike和Adidas制造在中国)》指出了东莞裕元鞋厂存在以下事实：耐克的媒体政策，只准工厂安排由耐克同意的媒体进入工厂进行访问；阿迪达斯被外界报告工厂差的条件后，多次要减少工厂的订单；工作的压力是造成十五个女工意外死亡主要原因之一；工厂仅支付工人的工资不到33美分，低于当地最低的工资标准，并且不够工人维持一个家庭的生活工资。一双耐克鞋，完成所有工程，支付工人的工资不到1.5美元，例如“乔丹5型”这样的鞋，在美国买超过120美元。工会代表是由工厂任命，不能代表工人的利益。工人每周工作60个小时，中国法律要求每周工人只工作40个小时，工厂违反中国的法律。工人没有养老保险，失去工作后一无所有。工厂只招18到25岁的女工。工厂使用监视器来监视工人的工作。为了降低成本，工厂有很强的劳动强度，要求工人在规定的时间完成。最长无法回家的工人有超过5年。工厂的管理人员对女性工人性骚扰。工厂使用扣工人工资的方法来进行“人权管理”。工厂仍在一定范围内使用甲苯。工厂歧视女性工人。

(三)加大了收入差距

中国基于要素禀赋比较优势参与国际分工的结果不仅提高了平均工资水平，而且增加了劳动力报酬在国民收入中的份额。但由于中国的二元经济以及以加工贸易为主的贸易形式，加之劳动力在组织上较为分散，缺乏有力的谈判能力，地方政府为了发展经济又往往过于亲善资本所有者，从而导致劳工的收入、福利与保障仍处在较低下的水平。同时扩大了不同类型的劳动力之间的收入差异，特别是技能劳动力与非技能劳动力。除了这两类劳动力在供给弹性上

---

① 曾荣青、张海勇、肖威和廖靖：《珠三角地区农民工参与培训的影响因素》，《中国成人教育》，2011年第22期。

的差异,需求方面的重要原因是中国在技术进步的方式上尚处于学习和模仿阶段,因此对外贸易一般偏向技能劳动力,从而有利于提高他们的劳动报酬,而非技能劳动力则越发处在不利的地位。①

(四)导致社会有效需求不足

根据表7-9,2004年农民工一年创造的GDP为31,223.4亿元,当年全国GDP总量为159,878.3亿元,农民工一年创造的GDP占全国GDP的19.5%。农民工工资收入水平远低于对GDP及其增长的贡献。根据表7-8,2004年农民工外出务工年均收入6471元,则全国农民工的工资收入为7650.7亿元,占其所创造GDP总数的24.5%,不到1/4。一般来说,发达国家的人均工资成本占人均增加值的比重在35%~50%。

表7-9　主要行业农民工就业的人数与创造的产值(2004年)

行业	农民工比率(%)	农民工人数(万人)	农民工产值估算值(亿元/年)
制造业	30.3	3582.4	13115.7
建筑业	22.9	2707.5	5245.8
批发零售餐饮	11.3	1336.0	2884.6
交通运输	3.4	402.0	1041.9
社会服务	10.4	1229.6	2083.8
其他	21.7	2565.6	6851.6
总计	100	11823	31223.4

资料来源:根据《中国统计年鉴2005》、《中国农村年鉴2005》以及《中国经济年鉴2005》数据计算整理。

2004年全国农民工的工资收入占全国GDP总量159,878.3亿元的4.8%。2001至2005年,中国经济保持较快的发展势头,GDP的平均年增长率为9.5%,而农民工工资水平却增速缓慢,其平均年增长率仅为6.3%。如果剔除2004年由于特殊的非市场的原因所引起的22.6%的增长,年平均增长率只有0.9%。如表7-8,2003年农民工工资水平还出现了负增长。

农民工工资水平远远低于他们对GDP及其增长的贡献,一定程度上形成了中国社会总有效需求不足,导致宏观经济失衡。农民工工资水平决定了他们的

① 潘士远:《贸易自由化、有偏的学习效应与发展中国家的工资差异》,《经济研究》,2007年第6期。

消费需求量。极端情况下,假定农民工的消费倾向是100%,2004年农民工的消费需求等于他们的工资收入7650.7亿元,当年全国最终消费总量为75445.5亿元,则农民工的消费需求为全国最终消费总量的10.1%,小于其创造的GDP比重(19.5%)。农民工形成的市场需求远远小于他们所形成的社会商品供给量,形成了农民工有效需求不足的局面。

作为中国产业工人的新生代主力军,农民工占全国就业人口相当大的比例。农民工提供的产品与其由工资形成的社会需求之间的差距,形成了巨大的市场供给和市场需求缺口,成为导致社会总有效需求不足的一个重要因素,从而使中国后续的增长乏力。

小结

“超比较优势战略”的“破坏性”从两个方面将中国经济增长推向了“贫困化”:一是出口在扩张,经济在增长,但是作为外向型经济在国际分工中获取的利润却非常有限;二是推动中国经济增长的最重要最广大的劳动群体——农民工的工资低下、生活贫困,抑制了社会总需求,缩小经济进一步增长的空间。

第八章

经济扭曲形成资源与环境的悲剧化

经济扭曲、过度投资、高资源投入和高消耗的增长模式导致资源的过度使用和环境的高度污染,形成了资源与环境的悲剧化:中国进一步发展的资源瓶颈迅速绷紧,生态环境严重恶化。

第一节　经济扭曲与资源、环境问题

在开放经济体中,在通过工业化和融入全球化推进经济增长的过程,始终存在着资源和环境问题,尤其在工业化的早期和全球化的旺盛时期。

一、成本转嫁的资源与环境损失

第三章的成本转嫁模型可以很好地解释工业化或全球化过程中经济扭曲带来的资源与环境损失。以资源类行业的生产为例,如图 8-1,横坐标为行业的生产规模,纵轴为价格和边际成本。曲线 D 反映资源需求,边际成本曲线 MC 反映资源供给。不存在要素价格扭曲时,均衡价格与产出为 P_0 和 Q_0。若政府为了刺激生产扩张,人为压低生产要素、劳动力、资金的价格,企业实际负担的成本降低,曲线 MC 向下移动到边际私人成本曲线 MPC,有效产出水平 Q_1 大于均衡产出水平 Q_0。这种产出规模的扩张可能是以资源的耗竭性开发、土地的过度利用和劳动者的贫困化为代价,图中阴影面积反映了这些社会损失。生产要素扭曲的程度越大,企业向社会转嫁成本水平越高,社会损失越大。

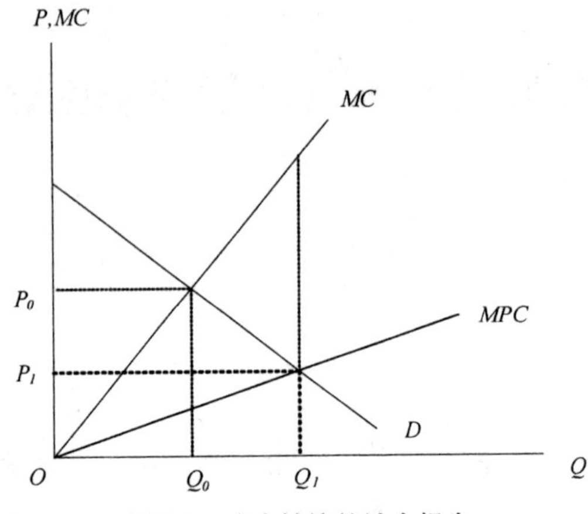

图 8-1 成本转嫁的社会损失

高污染产业的转嫁成本具有类似结果。当地方政府为了增强本地的成本竞争力而放宽环境标准时,高污染产品的生产和出口企业可能通过减少安全生产设施和治污投入,向社会与环境转嫁成本,导致环境污染、生存质量下降的社会损失。

成本转嫁对资源与环境的破坏是对发展中国家未来生产力的破坏,严重损伤了经济可持续发展的潜力。

二、工业化与资源、环境

在后发国家的工业化进程中,经济扭曲的资源与环境问题始终存在。

(一)工业化与资源消耗

包括各种矿藏、石油、煤、丰富的农作物以及水利资源等在内的自然资源是生产中除了劳动和资本之外必不可少的投入要素,所以传统经济理论通常认为自然资源会促进一国的发展。在资源充裕的国家,资源类产业发展本身也是经济扩张的一部分。在一些落后国家,因为本国技术不够发达而难以充分利用开采出来的原材料进行进一步加工生产,或者由于本国市场容量有限而难以大规模扩张资源类产业。但因为通过加工和利用本国廉价原材料生产出来的产品成本在国际市场上具有一定的价格竞争力,通过开采原材料出口也能使国家在短期内轻而易举的积累起大量外汇资本用于经济的发展。因而，对拼经济落后的资源充裕国家而言，其丰富的自然资源无疑是在经济发展初期就赋予其一笔巨大的“启动资金”。

在工业化早期，煤炭、铁矿石、橡胶等资源是支撑大机器工业的重要投入。英国是最早进行工业革命的国家，大不列颠岛上在当时看来储量丰富的煤矿为早期的工业化提供了初级的外部动力，为工业革命的持续进行起到了重要的支持作用。其后，英国遍及世界各地的广阔的殖民地也源源不断地为英国本土的工业企业和贸易商提供了大量的矿石、煤、铁、石油、橡胶以及农产品等自然资源，使其成为世界上首屈一指的工业强国。

在美国的工业化过程中，矿物资源是支持工业化大发展的重要资源。美国幅员广阔，拥有丰富的发展各种工业所需的矿产资源，尤其是随着加利福尼亚金矿的发现，工业开发使整个采矿业开始向广度和深度发展，由此造成了大肆开采。由于当时技术水平所限，开采方法并不科学，造成了大量浪费和自然资源及生态环境的破坏。比如，1852 年开始在加利福尼亚使用的水力开采法下，采掘率仅 50% 左右。因为森林是建筑和烧木炭所需材料的来源，采矿业及工业化的发展也使森林资源遭受大量破坏，由于滥砍滥伐及火灾等，美国的森林资源急剧减少，并导致水土流失严重。

一般认为一国在工业化进程中，随着第二产业不断发展并逐渐取代第一产业成为经济发展的支柱产业，能源强度①将不断上升。当完成工业化、进入后工业化阶段，也就是说，第三产业增加值比重超过第二产业，能源强度将逐渐下降。但是从历史来看，多个国家的第二产业比重峰值和能源强度峰值在时间上并不匹配。如表 8-1，日本和意大利的二产比重与能源强度峰值在发生时间上存在一致性，但英国、美国、法国等先期工业化国家的能源强度出现峰值的时间却与第二产业比重出现峰值的时间相差数十年之多。

主导产业和增加值的分布决定了能源强度的变化趋势。以钢铁为例，随着钢铁产量的快速增加，钢铁产业的能源消费量也随之增加，但需要经过三个增加值的因素才能将影响传导到国家层面的能源强度上，这三个因素分别是钢铁

---

①　能源强度指的是单位产值消耗的能源量。

工业本身的增加值、钢铁产业占第二产业增加值比重以及第二产业增加值占总产值业比重。而在工业化进程中,由于时代背景不同、技术水平不同、可选择的产业发展路径不同,这三个增加值的因素变动非常明显。相比于各产业的能源消费量,产业和产品结构、增加值情况是更重要的影响因素。

表 8-1 主要国家二产占比及能源强度达到峰值的年份

达到顶峰的年份	英国	美国	法国	日本	意大利	韩国	中国
二产增加值占比	1950	1951	1965	1938	1974	1991	1980
二产增加值占比峰值(%)	49	40	49	52	44	42.6	48.2
能源强度	1985	1917	1920	1938	1974	1997	1976
钢产量	1973	1974	1970	1974	1980	尚未	尚未
水泥产量	1973	1980	1973	1972	1981	尚未	尚未
炼油产量	1978	1979	1975	1976	1979	尚未	尚未
造船产量	1976	1975	1955	1974	1974	尚未	尚未

资料来源:符冠云、郁聪、熊华文:《典型国家工业化进程中能源强度的变化与启示》,《中国能源》,2012年第3期。

一般认为,高耗能产品产量的变化与能源消费量的变化具有较好的一致性,高耗能产品产量出现拐点,能源强度则很可能随之出现拐点。但事实上,除了日本等少数几个国家高耗能产品产量拐点与其能源强度拐点基本相一致以外,其他国家均没有任何相关性。甚至,美国1920年到1970年间钢铁、水泥产量都增长了3倍,但是能源强度一直在下降。

具体来说,1870年~1970年全球进入了“钢铁时代”,从钢铁的最终用途来看,前50年,钢铁作为一种较为昂贵的新型材料被用于基础设施建设和军工机械制造,而在钢铁时代的后50年,钢铁的用途向纵深发展,作为再生产的原材料用于制造飞机、汽车等高附加值的工业产品。正是由于产业结构的升级,使得钢铁行业对于经济增长的影响力逐渐减小,所占GDP的比重逐渐降低。

从日本1970年以后各主要工业行业增加值比重也可以看出,1970年和1998年日本钢铁产量基本相同,水泥产量还有所提升,但是钢铁工业和非金属矿业占制造业的比重却一直处于下降,相比之下,运输机械、电器机械等下游产业占比逐渐上升，可见以钢铁、水泥为代表的基础原材料生产业对于 GDP 的影响持续下降，高耗能产品的最终用途发生了转变，工业结构明显升级。同时从三次产业结构层面来看，由于进入了后工业化阶段，日本制造业占三次产业增加值的比重从 1970 年的 36% 降低至 2009 年的 18%，以电子游戏、动漫、电影为代表的高端第三产业成为日本经济的支柱产业。总之，通过第三产业的快速发展，以及工业内部结构的优化，日本实现了在保持高耗能产品产量稳定、平稳推进城市化的进程中降低能源强度的任务。

（二）工业化与环境破坏

最著名的是20 世纪 90 年代初美国经济学家 Grossman 和 Krueger，Shafik 和 Bondyopadhyay 提出的环境库兹涅茨（EKC）概念，环境库兹涅茨曲线是描述经济发展与环境污染水平演替关系的计量模型。它假定，如果没有一定的环境政策干预，一个国家的整体环境质量或污染水平在经济发展的初期随着国民收入的增加而恶化；当该国经济发展到较高水平，环境质量的恶化或污染水平的加剧开始保持平稳；进而随着国民收入的继续增加而逐渐好转，即环境污染变动趋势与经济发展变动趋势间呈现倒"U"型关系。EKC 理论揭示的是人均收入这个指标和环境的关系，而人均收入是衡量工业化发展水平的一个最重要的标准（钱里纳，2000）。因此，EKC 理论在一定程度上揭示了工业化发展水平与环境的关系。

经济增长与环境之间的 EKC 曲线是一个长时间尺度现象，它是一个国家或地区经济在不同阶段的发展轨迹。目前对于 EKC 形成原因的理论解释主要从规模、结构和技术复合效应、消费偏好、市场机制、国际贸易和国家政策这六个方面展开。

经济增长通过经济规模、经济结构和技术三个渠道来影响环境质量（Grossman 和 Krueger，1991；Stokey，1998）。随着产出需求的增加，资源投入也会加大，那么在经济生产和最终消费过程中产生的废弃物也会增多，这一过程不可避免地会对环境造成破坏：这就是规模负效应。随着经济进一步增长，经济结构发生变化，由资源密集型的重工业向知识密集型的服务业转变，那么经济生产过程对环境的污染（破坏）将会减轻，这就是结构正效应。当一个国家或地区财富积累到一定程度，科学研究经费占国家支出的比例就会增大，由此带来的技术创新,将在很大程度上提高资源产出效率,降低污染物排放强度,从而进一步减轻环境破坏程度。EKC 假说认为经济结构和技术的正向效应会抵消甚至超过经济规模带来的负向效应。

消费偏好随着收入增加,人们的生活水平不断提升,消费偏好就会改变,对生活标准的要求也越来越高。在这一过程中,人们越来越注重环境质量。人们对更好环境条件的需求就会促使经济结构转变,促进技术研发,督促政府出台相关政策来处理各种环境问题。

根据“公地悲剧理论”(Hardin,1968),环境恶化的原因主要是市场失灵、信息失灵和政策失灵。所以随着经济不断增长,市场机制会不断健全,自由市场的这种自我调节机制可以通过影响自然资源的供给和需求,改变资源价格,进而迫使“经济人”采取各项措施,引进先进技术,提高资源产出率,减少废弃物排放,从而最终阻止环境恶化。

国际贸易也被认为是用来解释 EKC 假说最重要的因素。工业化进程的加速,一方面迅速增加了本地财富,另一方面也使得本地环境恶化。在自由贸易没有形成时,资源密集型、环境污染型产业转移的前提条件还不具备。随着经济发展,贸易体制逐渐健全,国际贸易活动增加,这为全球范围内的产业转移提供了保障,形成了“在低收入国家生产高污染产品,在高收入国家消费这些产品”的局面(于峰,2006)。某些国家出现 EKC 的原因是通过进口污染工业产品减少了本国污染,向外转移了自己的环境压力。对这些国家来说环境压力是减少了,但是对于整个世界来说环境压力并没有减少,因为这些国家通过贸易把环境压力转嫁给了其他国家。

随着各国政府对环境问题的重视,环境制度逐渐健全,相关环境政策法规也陆续出台,如资源开采与利用权、排污权交易制度。这在一定程度上阻止了环境恶化的趋势,为改善环境质量起到了重要的作用。因此,有些学者认为环境政策的实施和相关制度的建立是 EKC 关系出现的重要原因。

19 世纪的美国经历了工业革命,实现了工业化,建立了煤炭、钢铁、石油等工业生产体系。伴随着重工业的建立和发展,释放出许多有害气体和物质,19 世纪末和 20 世纪初期,美国的西部工业中心城市,如芝加哥、匹兹堡、圣·路易斯、辛辛那提等城市的煤烟污染已相当严重。这样,工业化进程的加快,更加加剧了生态环境恶化。

上世纪50年代中期，日本经济恢复到战前水平。此后在政府持续的推进之下，日本步入了经济高速增长时期。在1955年～1970年间，日本经济持续实现了近10%的增长率，人均收入水平迅速提高，一举进入了先进国家行列。1970年日本人均收入为2000美元，与当时的英国人均收入持平。

在50年中后期，很多发展中国家刚刚独立，主要以出口矿产资源和初级产品换取大量工业化所需的机械设备。日本抓住这个有利条件，进口了大量廉价的资源。仅1955年～1975年间，日本共进口原油13.8亿吨，铁矿石7.8亿吨，有色金属矿石1.2亿吨。源源不断的资源进口弥补了日本国资源不足的状况，成为日本实现产业结构升级的有力支撑。日本国民经济的重心不断地由第一产业偏向第二、三产业，第二产业内部，也逐渐发展起来以重化学工业为中心的产业结构。食品制造业、纤维制品制造业、木制品制造业及造纸业等轻工业的比重呈剧减趋势，从1951年的52.25%降低到1970年的30.31%，而化学制品制造、石油制品制造、煤炭制品制造、钢铁冶金及机械制造业等重化学工业的构成比从1951年的47.75%到1970年的69.69%，呈现剧增趋势。

从日本主导产业的历史演进来看，1970年～1975年主导产业为石油煤炭加工、运输机械化工等行业，1975年～1980年间主导产业变为煤炭加工、一次金属加工和以电气机械运输机械、精密机械为主的机械制造业等行业，到了80年代中后期，以微电子技术为核心的高技术产业、信息产业日益发展壮大而成为主导产业和支柱产业。日本的产业结构在以重化工业为主的高速增长时期，由于“一切都向发展经济让位”的主导思想，并没有过多地关注环境问题，对环境造成极大破坏是不可避免的。随着产业结构向知识密集型的演进，客观上缓解了经济增长带来的环境压力。Kazuki(1995)针对日本历史上大气污染物中的二氧化硫浓度和二氧化氮浓度以及毁林率与人均GDP收入的关系，验证了环境库兹涅茨理论假说。研究结果表明倒U形关系成立，对于二氧化硫、二氧化氮以及毁林率这三个指标，污染或破坏的转折点分别为1970年1295日元、1970年1587日元和1970年446日元。

日本资源与环境问题在60年代中后期逐渐显现出来。尤其经济的高速增长，日本以重工业和化学工业为中心的工业生产力大大增强，私人消费随国民收入提高而不断增加，产业和人口迅速向大城市及其郊区集中。与此同时，一方面，各种污染物的排放量也急剧增长，环境质量严重恶化；另一方面，由于同社会生活相关的公共设施的建设相对落后，适应不了社会生活和环境保护的需要。从60年代后期开始，对生命与健康造成危害的公害、环境破坏及交通事故高发的高速增长负面效应开始逐渐显现。其中一些是很早以前就存在到高速增长结束时期才开始逐渐暴露出来，还有一些是污染或事故越来越多而逐渐显示出危害性。其中，由二氧化硫等空气污染物和重金属污染物所引起的公害病酿成世界上著名的4大公害事件：四日市大气污染公害、熊本县和新泻县水俣病、富山县疼痛病和米糠油事件，日本一时被称为公害列岛。

（三）资源产业的扩张与“资源诅咒”

在资源充裕的国家或地区，资源产业的发展与扩张也会给当地的经济增长带来问题，这就所谓的“荷兰病”和“资源诅咒”。

自然资源的新发现或者自然资源部门的扩张会使一国或一个地区的生产要素向资源产业集中，由此导致制造业的萎缩，这种资源配置效率的下降抑制了产业结构升级和经济发展。这就是所谓的“荷兰病”。Corden 和 Neary（1982）认为“荷兰病”具有三种效应。

第一，支出效应（spending effect）。指的是自然资源出口收入的迅速增加，导致对其他贸易部门和非贸易部门商品的需求增大，但是却不能导致这些部门商品的价格升高，因为在开放经济中，可贸易商品的价格是由国际市场决定的，因此超额需求只能由进口来满足，因而，自然资源的扩张和出口不能对国内生产产生刺激作用。

第二，相对价格效应（relative price effect）。资源出口收入的迅速增加会导致本国货币升值，非贸易部门的工资成本因此上升，产品价格提高，竞争力下降，由此对国内经济增长产生不利影响。

第三，挤出效应（crowed out effect）。资源产业的扩张在一定程度上“挤出”制造业，造成人力资本积累不足。因为初级产品部门的扩张会提高该部门的工资水平和投资回报率，从而物质资本和人力资本就会转移至该部门，制造业部门因此而萎缩。另外，资源产业扩张还会造成人力资本积累不足。这是因为与资源型产业相比，制造业更有利于人力资本积累和干中学（Mstsuyama，1992）。

因此,自然资源部门的扩张会对经济的长期增长造成负面作用,在制造业存在规模报酬递增的条件下,专业化与资源采掘业会损害经济效率,短期的资源收入却削弱了长期增长的动力。

也有学者认为,“荷兰病”产生的根源是“市场失灵”,即市场机制在资源收入增加后并没有将经济导入正确的轨道。

按照比较优势理论,中国西部地区资源丰富,就应该生产并出口(包括境外输出暨国际贸易和区外输出暨区际贸易)该地区丰富的资源型产品,而在经济实践中,这种资源型产品大多为一些初级产品,有些甚至直接出口原材料,加工链条短,附加值低。因此,在贸易交换中,这些产品的交换价格往往要低于制成品,这就会造成从事专业化分工于该类产品的地区的贸易条件恶化。另一方面,由于资源型产品的生产加工链条较短,与其他产业的关联度低,对地区经济的带动作用小,会造成该地区产业结构畸形(比如煤炭资源丰富的山西省工业基础极其落后,而其服务业却异常繁荣——这也是由各种挤出造成的)。几十年来,中国西部地区按照比较利益原则一直强调和奉行自然资源依赖型经济发展模式,其结果非但没有使这一地域的经济走出不发达的困境,反而与东部发达地域的差距越拉越大。

Audy(1993)最早提出“资源诅咒”的概念,指出基于比较优势出口自然资源等初级品的国家,长期内经济增长和发展比自然资源稀缺的国家更慢。尤其是在矿产资源和能源充裕的国家,其资源充裕与经济增长之间呈现出反向单调关系。其后的大量研究,如Auty(1998,2007)、Sachs和Warner(1995,1999,2001)、Gylfason(2001)、Atkinson和Hamilton(2003),发现出现“资源诅咒”的原因可能是其他经济部门竞争力的下降①,全球市场波动带来的资源行业收入的急剧变化,对自然资源出口的依赖导致教育支出低下和人力资本的挤出,以及政府管理不善或管理机构的腐败和低效等。

三、全球化与环境问题

全球化进程对资源与环境的破坏是发展中国家不可绕过的问题。

---

① 可由雷布津斯基定理解释,类似“荷兰病”。

（一）环境标准与比较优势

根据古典的李嘉图理论，两国之间的贸易模式和比较优势是由这两个国家之间进行贸易的商品的相对价格所决定的。该理论同时认为，价格的差异是由技术差异引起的。如果一国实施环境规制，要求被规制产业支付环境成本，那么污染产业所生产的商品的价格就会改变。因此，环境规制的差异会影响劳动的国际分工和生产要素的配置。严格的环境税收和标准将增加污染产业的生产成本并导致两种类型的要素迁移效应（factor-location effects）：一方面，环境规制会影响专业化模式。假设生产要素可以跨部门流动，实施严格环境规制的国家会专业化于清洁产品的生产并出口清洁产品，而环境规制较为宽松的国家将增加污染密集型产品的生产并出口肮脏产品；另一方面，实行严格环境规制的国家的生产能力将迁移到较为宽松的国家。

对环境规制与贸易模式的研究始于20世纪70年代。Pethig（1976）试图解释环境损害的存在是否会扭曲比较优势。他运用李嘉图的贸易模型，同时把环境损害视为生产的副产品。Pethig的研究表明，如果不对环境损害进行规制，那么贸易模式仍由生产的技术差异决定。因此，污染密集度并不是贸易模式的决定因素，但是环境规制会减少污染产品的比较优势。在其他条件不变的情况下，如果实施环境规制，不同国家的环境规制差异就会决定贸易模式。

Siebert（1977）用非贸易资源作为投入构建了两商品的开放经济模型，将污染视为生产的副产品。其结论表明，商品的相对价格不仅取决于产业的边际生产率，还取决于产业污染的趋势、所能承受的社会危害以及单位排污费用。上述这些因素决定了用环境自净力丰富或稀缺程度所衡量的比较优势。在其他变量不变的情况下，如果污染产品的生产效率低于清洁产品，前者与后者的价格比率就是自净能力影子价格的增函数。由于丰富的自净能力意味着更低的影子价格，因此拥有不止一种特定环境资源的国家就具有比较优势，该国就能生产更多的污染密集型产品并将其出口。

Baumol和Oates（1989）也得到了相似的结论。在他们的模型中，两国生产的是相同的可贸易商品，两国的生产过程都产生了污染。在局部均衡条件下，Baumol和Oates认为，如果一国没有实施环境规制而另一国实施了环境规制，那么实施国的污染产业的比较优势就会增大而比较劣势就会下降，该国就会以损害环境为代价专业化于污染产业的生产。

如上所述，在一个只有两个国家的开放经济中，环境规制严格程度的差异会影响贸易模式和被规制企业的竞争力。Sartzetakis 和 Constantos(1994)用一个国际寡头模型分析了两国的规制程度相同而采用不同的政策工具的贸易效应。在这个模型中，假设南方国家和北方国家具有相同的排放量上限但采用的是不同的政策工具来实现其各自目标。北方国家政府采取的是可交易排放许可证体系，而南方国家采用的则是命令和控制的方法。这些污染企业在国际市场上进行古诺竞争。他们的研究表明，在古诺—纳什均衡下，同用命令与控制的方法的企业相比，用排污许可证交易体系的企业拥有较大的市场份额。随着减污技术的更加多样化，基于市场的政策工具的优势变得更加明显，这是因为基于市场的工具体系通过许可证交易降低了平均减污成本。

在对收入与贸易和环境二者关系的研究中，Copeland 和 Taylor(1994)最早建立了一个静态的、收入不同的两个国家的一般均衡模型，将各国收入差别这一影响因素从众多影响国际贸易模式和环境质量的因素中独立出来加以分析。该模型表明，自由贸易引起真实收入增加的同时，还改变了一国产出的构成，从而改变了污染的程度。由于环境质量是一个正常品(normal goods)，即对该物品的需求会随收入的增加而增长，因此收入较高的国家将会采取较严格的污染规制措施。如果贸易引致的专业化分工仅仅是由不同的污染规制政策决定的，即两国之间只存在收入的不同(不同的收入水平决定了不同的污染规制政策)，那么各国收入不同引起的污染政策不同将会创造出比较优势，即高收入国家会在相对清洁的产品(clean goods)上有比较优势，而低收入的国家则在“肮脏产品”(dirty goods)上有比较优势。国际贸易使得污染密集产业向污染规制较松的国家转移，从而全球总的污染水平上升。因此，各国从自给自足转向自由贸易，会使全球的污染增加。

许多经济学家利用跨国或跨地区数据，尝试验证相关假说。实证分析主要有两种类型：第一，考察国际贸易的整体模式。通过把污染产业与其他非污染产业进行比较，分析污染产业在环境规制较宽松的国家是否具有比较优势。Sorsa(1994)分析了七个高环境标准的 OECD 国家环境敏感产品的贸易流量和环保费用。他比较了这些国家 1970 年和 1990 年环境敏感产品的世界贸易份额。他发现每个国家的环境敏感产品在这些国家的出口中所占的份额都是下降的。Sorsa认为这可能是因为清洁产品在世界贸易中的扩张。Busse(2004)运用相对较大的样本容量和两个衡量环境规制严格度的新指标对119个国家的五个高污染产业进行了全面的检验。研究结果发现,环境标准的差异并没有使五个污染产业向发展中国家转移。

第二,考察某个国家进出口的污染密集度。通过把该国污染产业的出口绩效与其他产业相比较,评估环境规制的竞争力效应。大多数这类研究都以美国的多边贸易或与墨、加的双边贸易为研究对象。Kalt(1988)是较早验证污染避难所假说的学者。Kalt发现,1977年美国出口的污染密集程度比进口显著要低,回归结果在整个产业层次上是不显著的,但制造业是显著地负相关。Grossman和Krueger(1995)分析了决定美国从墨西哥进口的因素,以此来检验美国工业污染治理成本的大小是否会影响双边贸易模式。结果表明,减污成本并不是一个有效的解释变量。这说明墨西哥宽松的环境政策在驱动两国贸易与资本流动上并没有发挥显著的作用。

(二)贸易自由化、经济增长与环境污染

一些研究发现发展中国家更多从事“肮脏行业”的生产,①出口也多是污染密集型和资源消耗性产品,而发达国家出口的则多是清洁产品。比如亚马孙地区为满足国际市场需要曾大肆砍伐森林。加纳在贸易自由化过程中也导致了森林等生物资源的减少或灭失。② 甚至韩国也曾一度出现环境恶化。现有理论对这些现象如何解释呢?

污染避难所假说(Pollution Haven Hypothesis,PHH)认为,环境标准较低的国家在污染密集型产业上具有比较优势,贸易自由化会使这些国家专业化生产肮脏产业。由于一国的人均GDP与环境规制严格度具有高度相关性(Hettige等,2000),因此发展中国家会成为“污染避难所”。

Copeland和Taylor(1994)指出在开放经济条件下,自由贸易的结果将导致

---

① Hettige,H.,Lucas,R.,Wheeler,D. 1992,*The Toxic Intensity of Industrial Preduction*, *American Economic Review*. 82(2):464 -468.

② Lopez,R. 1994,*The environment as a factor of Production: the effects of economic growth and trade liberation*,*Journal of Environmental Economics and Management*,27:145-162.

高污染产业不断地从发达国家迁移到发展中国家。因为发达国家通常会实施相对严格的环境管制,所以发达国家污染产业的生产成本比较高。相对而言,环境标准较低国家的生产者就拥有明显的成本优势。这种情况下。发达国家的“肮脏产业”就可能像发展中国家之间,使后者成为前者污染避难所。

傅京燕(2006)的实证分析结论支持了污染避难所假说:(1)从污染密集型行业产出份额的变化情况看,发达国家持续下降,而发展中国家稳步上升。(2)从经济增长阶段看,发展中国家污染密集型产业净出口的快速增长与发达国家用于控制污染的成本增加是同步的。(3)由于污染密集型产品的收入弹性效应以及环境标准差异性等一系列因素,使发达国家的污染水平低于发展中国家。贸易自由化有加剧发展中国家成为“污染避难所”的倾向。因此现阶段的困难是,如何使环境政策与贸易政策相互协调。①

一些观点认为,短期内贸易的环境后果可能是消极的,但长期内,贸易自由化对环境的影响可能是积极的。贸易自由化对环境的影响可能来自三方面,分别是代表经济活动规模变化的规模效应(Scale Effect)、显示生产出来的物品变化的构成效应(Composition Effect),代表生产技术改变的技术效应(Technique Effect)。一般认为,规模效应会加重环境恶化,但当生产构成从“肮脏物品”向更清洁的产品转换或采用清洁生产技术时,环境可能会变好。Bhagwati(1993)、Grossman 和 Krueger(1995)等发现当一国的人均收入达到某一个水平后,构成效应和技术效应之和会超过规模效应,因而长期内,贸易自由化有益于环境改善。这是因为环境质量具有较高的需求收入弹性,经济增长与环境质量需求之间存在正相关性,收入水平的提高将使产业结构转向对环境友善的生产活动。

Grossman 和 Krueger(1993)对 50 个发达国家和 120 个发展中国家的城市空气质量与人均 GDP 之间的关系进行了考察。他们发现,空气中的二氧化硫随人均 GDP 的增加而上升,到人均 GDP 为 4000 ~ 5000 美元左右转而开始下降,形成倒 U 字型轨迹,他们称之为“环境库兹涅茨曲线”(EKC)。当收入水平较低时,环境损害随着收入的增加而增大,达到最高点后,将随着收入的增加而减

① 傅京燕:《环境规制对贸易模式的影响及其政策协调》,暨南大学,博士学位论文,2006。

少。意味着在某一个水平之上,一国的人均收入越高,环境损失越低。Grossman 和 Krueger 对此的解释是当收入上升到某一水平后,人们开始要求政府制定政策控制二氧化硫的排放。但由于各国的污染源和污染类型不同,最高点的污染水平也相应地不同。

Lucas 等(1992)发现 1960 年 ~ 1988 年间发展中国家随着收入水平上升,其污染物配方出现了下降趋势。世界银行(Wheeler,2000)发现,悬浮微粒的排放在巴西、中国、墨西哥这些经济快速增长同时也是主要的 FDI 流入国急剧下降。除了常见的解释(污染控制成本不是企业的关键成本因素以及大型跨国企业都遵守国际环境标准)外,Wheeler 同时指出:即使不存在正式的规制或规制未能严格执行,低收入国家通常也会处罚危险的污染者。他得出结论认为,环境质量的“底线”会随着经济的增长而上升。Antweiler、Copeland 和 Taylor(2001)发现贸易自由化有益于环境保护,一国的贸易限制越少,环境污染也越少。

Daly(1993)、Esty(1994)、Dua 和 Esty(1997)、Eaty 和 Geradin(1997)都认为贸易自由化会推动发展中国家降低自己的环境标准以增强其国际竞争力,导致环境标准向底线赛跑,即环境标准竞次(race to the bottom),以及阻挠环境立法等漠视环境管制的现象。

第二节　工业化与中国的资源、环境悲剧化

一、中国的工业化道路

(一)工业化进程

改革开放后,中国的经济发展取得了巨大成就,GDP 从 1978 年至 2005 年以年均 9.7 % 速度递增。从产业结构上看,如图 8-2,第一产业的 GDP 占比呈下降趋势,1978 年的为 28.2%,1993 年降到 20% 以下,为 19.7%。2001 年降到 15% 以下,为 14.4%,2010 年将为 10.1%。第二产业的 GDP 占比 1978 年为 47.9%,此后一直维持在 45% 上下,1990 年一度降到 41.3%,2010 年为

46.8%。其中工业占据绝大比重，1992年以来一直维持在40%左右。第三产业的GDP占比增势比较平稳，从1978年占比23.9%，1988年升到30%以上，2001年达40%以上，2010年升居43.1%。① 根据陈佳贵（2006）工业化阶段的三次产值结构的标准，中国1992年之前属于工业化初期阶段（第一产业占比大于20%，且第一产业占比小于第二产业），工业化中期和工业化后期的差别是第一产业的占比大于还是小于10%。2010年第一产业的占比为10.1%，接近临界值，所以目前中国正处于工业化中期向工业化后期迈进的阶段。由此可见，改革开放30多年了，中国的工业化取得了很大进步。

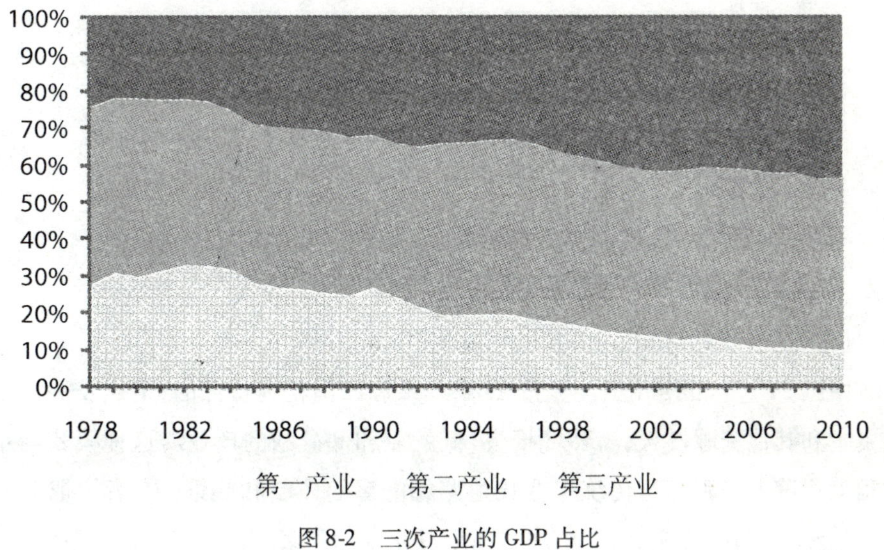

图8-2　三次产业的GDP占比

资料来源：国家统计局：《中国统计年鉴2011》。

重工业比重的上升是一个国家进入工业化中后期的主要标志之一。1978年，中国工业总产值中，重工业的比值为56.9%。之后随着纺织服装等轻工业的较快发展，重工业的比重有所下降，并较长时间维持在50%强。进入21世纪，中国掀起了以过度投资为突出特征的"重化工业化"浪潮。"自十五届五中全会决定中国走新型工业化道路以来，中国经济增长方式已经出现明显的'重型化'特征。各省纷纷有了从轻工业向重化工业转型的愿望和趋势。"②基于中

① 数据来自《中国统计年鉴2011》。

② 《重化工业之争》，《中华工商时报》，2005年2月24日。

国的产业发展绕不过重化工业的阶段这一主流认识，不少地区踏上重化工业化的道路，开始进入以重型化工产业为主导的新一轮快速增长周期。2000 年，全国重工业的比重跃居 60.2%，2007 年进一步升至 70% 以上，2010 年达到 71.4%。

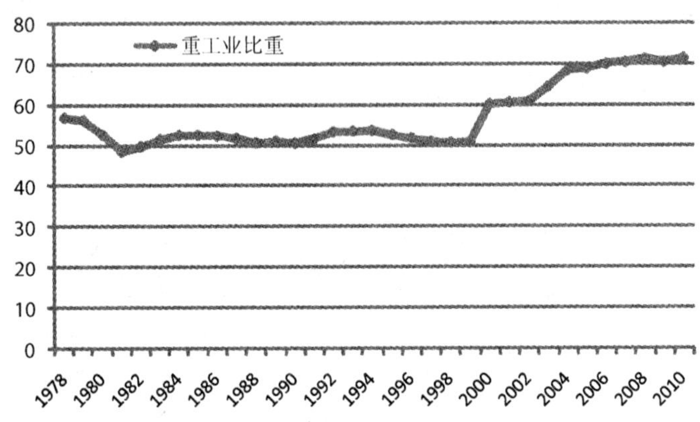

图 8-3　中国工业总产值中重工业的比重(1978～2010)(%)

资料来源:国家统计局:《中国工业经济统计年鉴 2011》。

（二）工业化的体制性扭曲与社会损失

中国 21 世纪的重化工业化是以高投入和高消耗为特征的，重点发展的是高资本和其他资源投入、高环境损失、低就业和低盈利的产业。这种模式与结构很大程度上来源于与传统工业化道路相配套的体制和政策。① 诸如把 GDP 高增长和“物质生产领域”产值增长速度赶超发达国家作为国家目标、把增长速度作为衡量地方官员政绩主要指标这些旧体制的产物依然存在；各级政府依然保留着对土地、矿藏和贷款等主要资源的配置权力，并可能运用这些权力实现自己的政绩目标；由于财政体制的缺陷，地方政府官员有动力和能力进行过度投资硬件“政绩工程”。另外，在传统工业化模式下，国家为了促进低效率的重化工业快速发展，通常把要素价格压得较低，造成高资源和资本投入、低效率企业的盈利假象。② 如第一篇所述，改革开放以来的这种要素价格扭曲依然存在。

---

① 吴敬琏:《中国增长模式抉择》，上海远东出版社，2006:116。

② 林毅夫、蔡昉、李周:《中国的奇迹:发展战略和经济改革》，上海人民出版社、上海三联出版社，1999。

主管机关在支持产业发展的名义下，以各种政策、规定人为压低了土地、淡水、能源、资金、劳动和外汇等价格，这一"超比较优势战略"降低了外延增长实际付出的成本。表 8-2 反映了发展中国家能源价格与实际成本之间的差异。中国对能源价格"补贴"的程度是 10.9%，取消补贴将使能源消费降低 9%。这意味着由于能源定价的扭曲，导致能源消费多出 9%，二氧化碳排放量提升 13%，社会福利损失相当于 GDP 的 0.4%。

表 8-2　能源补贴及取消定价补贴的影响

国家	平均补贴（参考价的%）	补贴的成本（10 亿美元）	取消补贴的影响		
			经济效率提升（GDP 的%）	能源消费降低（%）	CO_2 排放下降（%）
伊朗	80.4	3.6	2.2	48	49
委内瑞拉	57.6	1.1	1.2	25	26
俄罗斯	32.5	6.7	1.5	18	17
印尼	27.5	0.5	0.2	7	11
哈萨克斯坦	18.2	0.3	1.0	19	23
印度	14. 2	1.5	0.3	7	14
中国	10.9	13.6	0.4	9	13
南非	6.4	0.08	0.1	6	8

资料来源：Myers and Kent，2001，*Perverse Subsides：How Tax Dollars Can Undercut the Environment and Economy*，Island Press. 转引自吴敬琏：《中国增长模式抉择》，上海远东出版社，2006：117。

以中国电解铝产业的发展为例。电解铝产业是一种资源高度密集的产业，其中电能和氧化铝等物质在总成本中的比重高达 90% 以上，只要电价达到每千瓦时 0.35 元，大部分企业就无利可赚。但在上世纪 90 年代后期，很多地方给予电解铝企业每千瓦时 0.25 元的优惠电价，导致各地电解铝产业的扩张。年产能力由 90 年代末的 300 万吨左右猛增至 2002 年的 546 万吨、2003 年的 800 万吨。中国 2003 年出口铝锭 125 万吨，比上年多出口 50 万吨，等于多消耗 75 亿千瓦时当量的一次能源。由于中国氧化铝资源不足，增产电解铝就需要大量进口氧化铝，为此导致氧化铝国际市场价格和国际运费上涨 130% 和 140%。多出口 50 万吨铝锭仅使出口企业账面盈利 8 亿元，但是即便不算电价扭曲造成的成本低估，考虑到多占用 75 亿千瓦时电能所产生的机会成本以及大量不可再生资源消耗和由于燃煤的污染问题造成的环境成本,社会损失高达100亿元。

高污染产业的转嫁成本具有类似结果。当地方政府为了增强本地的成本竞争力而放宽环境标准时,高污染出口企业可能通过减少安全生产设施和治污投入,向社会与环境转嫁成本,导致环境污染、生存质量下降的社会损失。

(三)工业化的资源消耗与污染

重化工业的快速发展提高了中国工业化进程的资源消耗率。有数据显示,2003年中国产值只占世界产值总量不到4%,但消耗的原油、钢材、铁矿石、水泥、煤炭和氧化铝分别占到世界消耗总量的7.4%、21%、30%、40%、31%和25%。① 图8-4显示了中国能源(包括了煤炭、石油、天然气、水电和核电等)消费总量及其增长率。1992年以来,能源消费总量一直处于上升之势,2002年其转为快速增长,2003-2004年两年出现了高达16%的增长率,此后两年也维持了10%的增长率。

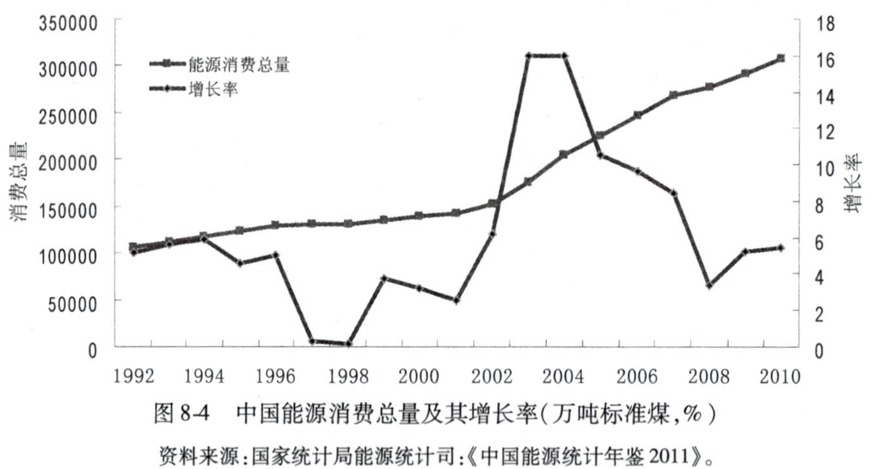

图8-4 中国能源消费总量及其增长率(万吨标准煤,%)

资料来源:国家统计局能源统计司:《中国能源统计年鉴2011》。

不仅资源消耗水平高,中国资源利用的效率也偏低。从表8-3单位能耗的国际比较来看,中国能源利用效率明显低于发达国家。这使得中国能源消费强度大大高于发达国家及世界平均水平,约为美国的3倍、日本的7.2倍。

① 马凯:《树立和落实科学发展观,推进经济增长方式的根本性转变——2004年3月21日在中国高层论坛年会上的发言》,2004。

表 8-3 中国主要高能耗产品的单位能耗国际比较(2005 年)

	火电厂发电煤耗（克/千瓦小时）	钢可比能耗（千克标煤/吨）	水泥综合能耗（千克标煤/吨）	合成氨综合能耗（千克标煤/吨）
中国	343	732	167	1340
日本	301	640	127	-
德国	302	-	-	-
美国	-	-	-	970

资料来源:国家统计局能源统计司:《中国能源统计年鉴 2011》。

世界各国工业化过程中电力消费弹性系数一般在 0.8 ~ 1.0 之间,如表 8-4,1992 年 ~ 1999 年间,电力消费弹性系数为 0.69。但在 21 世纪初的重化工业化阶段,这一系数迅速提升,2003-2004 年接近 1.6。能源消费弹性系数在 1992 年 ~ 1999 年只有 0.34,从 2002 年 ~ 2006 年,分别升至为 0.66、1.53、1.60 和 0.93。日本在加速工业化阶段(1960 ~ 1970),能源消耗弹性系数也不过是 1.21。

表 8-4 中国能源生产和消费弹性系数

年份	能源生产弹性系数	电力生产弹性系数	能源消费弹性系数	电力消费弹性系数
1992 ~ 1999 平均	0.33	0.74	0.34	0.69
2000	0.28	1.12	0.42	1.13
2001	0.79	1.11	0.40	1.12
2002	0.52	1.29	0.66	1.30
2003	1.41	1.55	1.53	1.56
2004	1.43	1.51	1.60	1.52
2005	0.88	1.19	0.93	1.19
2006	0.58	1.15	0.76	1.15
2007 ~ 2010 平均	0.60	0.92	0.54	0.91

资料来源:国家统计局能源统计司:《中国能源统计年鉴 2011》。

能源消费弹性系数的上升是与能源生产弹性系数的提高相伴而生的。表 8-4 中,2003 年 ~ 2004 年,电力生产弹性系数与能源生产弹性系数都提高到 1.5 左右,远远高于 1992 年 ~ 1999 年以及 2007 年 ~ 2010 年的平均水平。这意味着能源生产的巨幅扩张。电力生产的增长速度 2003 年 ~ 2007 年一直维持在 15% 左右,2003 年 ~ 2004 年能源生产尿素在 14% 以上。

能源生产与消费的扩张增加废弃和废水的排放,加剧了对环境的污染。在资源大省表现的尤为明显。如煤炭资源丰裕的山西省,含煤面积占全省总土地面积的1/3左右。煤炭资源保有储量为264,419亿吨,占全国探明保有储量的26 %,煤炭产量、净调出量分别占全国的1/4和1/3。山西省依托丰富的煤炭资源,按照比较优势分工原则,选择煤炭产业作为区域的主导产业。目前煤炭的生产规模不断扩大,在区域经济中的地位日益显赫。如表8-5所示,煤炭开采和洗选业增加值占工业增加值的比重从1985年的32.95%增加到2005年的38.41%,其间受市场价格影响,虽有起伏,但总体呈递增趋势。围绕煤炭资源,山西省相应地发展了采掘、初加工、配套、生产服务产业,形成了以煤炭、焦化、电力、冶金、化工等为支柱的资源产业家族。这类产业占全部工业增加值的比重从1985年的67.59%上升至2005年的89.32 %。资源产业利用其强大的吸引力,支配着经济要素的流动方向与方式,带动了相关辅助部门和附生性行业的快速发展,如交通运输业、矿山及洗选设备制造业、建筑业等部门,将区域内的生产要素牢牢地锁定在资源产业体系范围内。

表8-5 山西省资源产业的比重(%)

	1985	1995	2000	2005
煤炭开采和洗选业	32.95	36.26	26.92	38.41
黑色金属矿采选业	0.33	0.38	0.47	1.60
有色金属矿采选业	0.05	0.15	0.11	0.08
非金属矿采选业	0.57	0.51	0.42	0.24
石油加工、炼焦及核燃料加工业	0.31	3.30	6.11	11.67
化工原料及化学制品制造业	5.80	6.87	6.57	4.00
非金属矿物制造业	4.15	3.86	3.90	1.68
黑色金属冶炼及压延加工业	9.05	12.12	13.76	16.46
有色金属冶炼及压延加工业	1.23	3.67	5.59	4.69
金属制品业	2.08	1.70	1.47	0.58
电力、热力的生产和供应业	11.06	10.14	14.93	9.91
合计	67.59	78.97	80.25	89.32

资料来源:山西省统计局:相关年度《山西统计年鉴》。

几十年来大肆开采煤炭给山西省带来了严重的环境污染等问题。主要表现在以下几个方面:①首先,煤炭开采造成有害气体的排放、水资源枯竭。在煤炭开采过程中,矿井瓦斯及其他有害气体排入大气,使一系列疾病的发病率明显上升。目前,山西省城乡居民肺癌发病率和死亡率较上世纪 70 年代上升 30% ~50%,恶性肿瘤占职工死亡人数的 30%,各类呼吸道疾病、职业病的发病率和死亡率也明显增加。另外,露天煤矿开采后使植被遭到破坏,地表丧失地力,多年开采破坏了地下水系,造成地下水位急剧下降,使大量耕地因缺水不能耕种,水资源供需矛盾加剧,山西省人均水资源占有量仅相当于全国平均水平的 17%,是全国水资源最为短缺的省份之一。煤炭开采破坏了地表、地下水系,加剧了水资源的匮乏。煤矿开采每年排出地下水约 22 亿立方米,影响区域地形、地貌和植被生长。到 2006 年山西省水资源供需缺口达 16 亿立方米,太原、大同、朔州及晋南麦棉区工农业用水、生活用水严重短缺,一半以上的县城发生水荒,水土流失面积占全省土地面积的 69%,尤其是在晋西北采矿业较为集中的区域,采矿弃土加剧了这些区域的水土流失,引发了一系列的生态问题。

第二,煤炭开采造成采空塌陷地质灾害、矿难事故的频繁发生。大面积煤炭开采引起地表裂缝、塌陷、耕地等破坏,当煤层被开采挖空后,上覆岩层的应力平衡被破坏,导致上岩层的断裂塌陷,甚至地表整体下沉。山西作为煤炭第一大省,是采空塌陷灾害最严重的地区。山西省截至 2005 年采空区面积已达 5000 平方公里以上,引起严重地质灾害的区域达 2940 平方公里以上,煤炭开采"后遗症"已集中显现:山体开裂、崩塌和滑坡、泥石流、地震等地质灾害频繁,近 50 年来发生 41 次较大地震。据统计,从山西省范围测算,每开采 1 万吨煤,会使 1.07 个人承受土地塌陷、房屋和基础设施破坏的影响。

据测算,2002 年采 1 吨煤造成土地塌陷的经济损耗为 3.8 元,产量为 4 亿吨,给山西省造成经济损失 5 亿元左右。另外,据有关资料报道,山西省 2007 年完成大同矿区、太原西山万柏林矿区、古交矿区、汾西矿区、潞安矿区、霍州矿区、晋城矿区、轩岗矿区、阳泉矿区等国有煤矿采煤沉陷区的综合治理,仅此就需要投入 70 亿元人民币的巨资。长期过度无序开采也使山西省煤矿安全生产形势日趋严峻,事故频发,煤矿矿难死亡人数占到整个工矿企业死亡人数的

---

① 史小芳:《山西煤炭出口贸易经济效益分析》,山西财经大学,硕士论文,2008。

70%以上。

第三,煤炭储存、运输中造成矸石堆积、粉尘污染。矿井开采出来的原煤,没有洗选加工设施的一般都是露天堆存,有洗选加工的也有露天堆放。而现在建一座洗煤厂首先要考虑至少20年的矸石堆放量场地,矸石和煤炭产品露天堆放,这不仅占用土地,天长日久雨水侵蚀还对周围农田、河流造成污染。全世界每年排矸量10亿~12亿吨,中国目前年排矸量超过1亿吨,而综合利用不到2000万吨。现已堆积煤矸石16亿~20亿吨,占地面积约1万多公顷,且每年仍以200~300公顷的速度增加。矸石堆积除了占用土地,还不断自燃,排放有害气体和灰尘,污染大气和水体。煤炭长途跋涉到达企业用户,也带来沿途的粉尘污染。

可见,山西的煤炭过度开采给资源环境造成了极大的破坏,而且由于利益驱动,煤炭出口一度成为中国在出口贸易中的优势。这种用子孙后代发展的资源基础来换取一代人的富足的做法是短视的,不符合可持续发展的理念。

其他的资源大省也有类似的结果。宁夏自治区从传统的高耗能生产基地石嘴山市,到新建的工业园区平罗县太沙工业园、隆湖经济开发区以及吴忠市等地,高耗能工业都经历着前所未有的“大发展”。2004年是西部高耗能企业喜获丰收的一年,也是宁夏对外贸易实现跨越式发展的一年,有关数据显示,当年宁夏对外贸易总量突破9亿美元,外贸出口总额达6.5亿美元,仅硅铁出口就达1.5亿美元,是宁夏创汇额最高的商品。以金属镁等为代表的12种高耗能冶矿产品生产能力和产值都居全国同行业前列,出口总值高达3.7亿美元,占到宁夏外贸出口总额的56.9%,同比增幅高达138.7%。①

内蒙古几乎所有能源富集区的盟(市)旗(区)都在发展高耗能产业。以稀土出口为例,

长期以来以低价策略出口的中国稀土产品在国际上占据95%以上市场份额的辉煌业绩背后,是内蒙古地区严重的环境污染和生存质量严重恶化。当中国出于保护资源和环境角度考虑试图减少稀土开采量时,却让日本、美国、欧洲等稀土需求大国极为不满并提出抗议。

---

① 《西部高耗能产品出口,路在何方?》,《西部时报》,2005年7月15日,第005版。

另外，一次性筷子是日本人发明的，日本的森林覆盖率高达65%，但他们却不砍伐自己国土上的树木来做一次性筷子，全靠进口。中国的森林覆盖率不到14%，却是出口一次性筷子的大国。中国北方的一次性筷子产业每年要向日本和韩国出口150万立方米，减少森林蓄积200万立方米。

第三节　全球化与中国资源与环境的悲剧化

在中国不断融入全球化的进程中，外商投资企业在高污染行业的投资以及中国资源类、高污染类产品的大规模出口都加剧了中国的资源和环境问题。

一、外资投资污染密集型产业

所谓污染密集产业(Pollution-Intensive Industries，PIIs)是指在那些生产过程中若不加以治理就会直接或间接产生大量污染物的产业。这些污染物对人类、动植物生命或健康有害，导致环境恶化，破坏生态质量。PIIs一般包括以下产业：煤炭采选业，石油开采、加工、炼焦等石油化工业，黑色金属矿采选业、冶炼业，有色金属矿采选、冶炼业，某些非金属矿采选业及部分非金属矿物制品业，食品加工业中的植物油加工业、制糖业，食品制造业中的发酵制品业、罐头食品制造业、调味品制造业，饮料制造业中的酒精及饮料酒制造业，纺织印染业，制鞋业(不包括布鞋)，皮革、毛皮、羽绒及其制品业，造纸及纸制品业，火力发电业，化学原料及化学制品制造业，医药制造业，化学纤维制造业，橡胶制品，部分塑料制品，部分金属制品，部分机械产品制造业，部分电气机械及器材，电子及通讯设备制造业中的部分产品等。

在污染密集产业中，还有一些产业因污染非常严重，被称为严重污染密集型产业(Most Pollution-intensive Industries，MPIIs)。污染严重指的是产生大量的危险废物(尤其是化学污染物)，污染防治较为困难或成本很高，需要高度复杂的生产与处置技术，以及运行过程可能直接危及工人健康与生命安全。MPIIs一般包括以下产业：纺织印染业，制革与毛皮鞣制业，造纸业，化学原料及化学制品制造业中的化学农药、有机化学品、基本化学品、化肥、某些专用化学品及日用化学品(如肥皂、皂粉、合成洗涤剂、化妆品、香料及香精制造等),制药业中化学药品原药与制剂制造,火力发电业,石油开采、加工、炼焦业,电镀等金属表面处理业,部分非金属矿物制品(如水泥、石棉制品、玻璃、陶瓷业),煤洗选、部分有色金属产品采选、冶炼业,味精、酱油、食醋等食品制造业,制糖业等食品加工业,酒精及饮料酒制造业,电子行业某些产品制造(如电路板等)业,化学纤维制造业。

中国丰富的劳动力、低廉的自然资源、宽松的环境标准与环境政策为跨国公司提供的诱人的获利基础。尤其是在《京都议定书》生效之后,发达国家必须履行减排义务,在本国开拓污染密集型产业的成本加大。于是,跨国公司有可能通过直接投资逐步推进国际产业转移,将高污染、高耗能、资源性产业转移至环境标准低的发展中国家。所谓污染密集产业转移就是指发达国家的企业或公民通过直接投资,将一些资源耗费大、工艺落后、污染严重的设备、技术或工程项目转移到发展中国家。从而总体上表现出污染密集产业从发达国家和地区向发展中国家单向转移的趋势。在中国大力吸引外资的过程中,高污染、高耗能、资源性的产业不断向中国富集,不仅加剧了近期环境资源的损耗,还导致远期环境成本的畸高,成为经济可持续发展的生态瓶颈。

根据1995年第三次工业普查,外商投资于*PIIs*的企业有16998家,工业总产值4153亿元,从业人数295.5万人,分别占全国工业企业相应指标的0.23%、5.05%和2.01%,占三资企业相应指标的30%左右。其中投资于*MPIIs*的企业有7487家,工业总产值1984亿元,从业人数118.6万,分别占全国的0.10%、2.41%和0.81%,占三资企业相应指标的13%左右,但占外商投资*PIIs*中相应指标的40%以上。① 这意味着,外商投资有1/3集中于污染密集产业,而在污染密集产业的投资中,有40%投资于严重污染密集产业,足见外商投资企业对中国产业污染的严重影响。

表8-6显示了2006年外商投资于污染密集产业的情况。从企业数目来看,外商投资污染密集产业占全国的比例是16%左右,但是占外商投资企业的比例

① 数据来自《中华人民共和国1995年第三次全国工业普查资料摘要》和《中华人民共和国1995年第三次全国工业普查资料汇编——国有、三字、乡镇卷》。

近44%,意味着这将近一半的外商投资于污染密集行业。另外,就中国整体而言,投资于污染密集行业的企业数达50%以上,从总资产上来看,则有近2/3的企业投资于污染密集行业。从这一结构中可以看到中国经济发展的环境污染隐患。

表8-6 外商投资中国污染密集产业的总体现状(2006年,%)

	企业数目	企业总资产
外商投资污染密集产业占全国工业企业的比例	8.82	11.98
外商投资污染密集产业占全国工业污染密集产业的比例	16.01	18.31
外商投资污染密集产业占全国外商投资工业企业的比例	43.78	45.23
全部外商投资工业企业占全国工业企业的比例	20.16	26.48
全国工业污染密集产业占全国工业企业的比例	55.13	65.40

资料来源:根据2007年《中国统计年鉴》相关数据计算。

就具体的投资企业而言,如日本曹达株式会社于1964年开发的"氟蚜满"乳油在1975年被禁止在日本国内生产,1992年设立的中日美合资的福建惠龙农药有限公司以技术转让之名生产这一产品。由于该农药在生产和使用过程中严重污染环境并影响人体安全,1993年7月至8月期间发生了6起农药中毒事件,致使3人死亡。再如广东会新华联制皮有限公司排污超标8倍;广西北海科荣制革有限公司扩大生产规模,每天直排千吨废水;深圳宝泰制革厂日排污水100吨;中泰合资桂林山水高尔夫球场俱乐部治污设施一拖再拖;福建省制鞋业严重污染环境等。①

1991年在上海成立的一家台资有色冶炼有限公司,年拆解、冶炼、电解、加工废铅锡5500吨,当年新建一套日产30吨的转炉炼铅装置,在建设过程中没有考虑环境污染问题。1992年10月,环保部门经监测测定烟气中铅浓度超标110.4倍。中港合资的锦州炼铜厂每日排放未经任何处理的二氧化硫毒气30吨,使得周围2000多亩农田受到污染,其中700亩受害严重,经济损失达30多万元,是锦州市有史以来最大的污染事故。贵州福茂磷业化工有限公司是与台商合资的企业,生产设施和环保设施管理混乱,跑冒滴漏随时可见,每天向羊昌

---

① 夏友富:《外商投资中国污染密集产业现状、后果及其对策研究》,《管理世界》,1999年第3期:109－123。

河排砷1.76吨，使该河水质砷含量超过国家地面水标准20倍。1996年3月违法生产和排污，排污口水质砷超标1358倍，结果酿成特大环境污染事故，导致407人砷中毒，其中76人严重中毒，1人死亡，100多头牲畜死亡。①

二、出口的资源与环境问题

贸易与环境之间冲突的主要机制是环境的使用费用没有进入生产成本核算，出现了成本转嫁，或者说环境成本外部化。正是由于对于外贸产品或服务的定价机制中无视了“环境成本”或低估了资源的生态价值，致使产品与服务形成相对更为低廉的成本优势而大量出口。

在重化工业化阶段，中国高能耗产品出口规模也迅速扩张，如表8-7，水泥、钢材和铝材等的出口增长率都大幅度提升。高耗能品生产及出口的扩张意味着能源的高消耗和环境污染的加剧。

表8-7 中国高能耗产品出口增长率

	水泥	平板玻璃	钢材	铜材	铝材	纸及纸板
2003	2.9	9.4	27.7	35.6	45.1	54.1
2004	32.1	16.4	104.5	67.5	57.4	-11.4
2005	214.8	37.8	44.2	18.9	65.1	65.3
2006	63.0	32.7	109.6	20.6	74.3	82.6
2007	-8.6	17.0	45.7	-10.6	49.4	38.4
2008	-21.1	-10.2	-5.5	3.6	2.5	-14.5
2009	-40.1	-40.1	-58.5	-12.1	-26.3	0.3
2010	3.5	4.5	73.0	11.7	55.7	5.0

中国出口的工业制成品主要集中于污染密集型生产行业中。电气机械及器材制造业、纺织业、金属冶炼及制造业、化学工业、采掘业、皮革毛皮羽绒及其制品业，这六个行业产品的出口额之和占工业总出口比重近十年基本都在80%以上。其中，电气机械及器材制造业和纺织业产品，是中国出口产品的绝对主

① 夏友富：《外商投资中国污染密集产业现状、后果及其对策研究》，《管理世界》，1999年第3期：109-123。

体,二者之和在工业品出口的比重一直在50%以上。这些污染密集的工业产品生产和出口的急剧增长,导致了中国环境污染物排放总量上升。

吴蕾和吴国蔚(2007)用出口贸易中产生的废水量反映出口的环境成本,计算了1996年~2005年化学工业、金属冶炼及压延加工工业、纺织业、电气机械及器材制造业和交通运输及设备制造业等五个主要出口行业的废水排放量,如表8-8。其中纺织业始终排名第一,21世纪后,依次是电气机械及器材制造业、金属冶炼及压延加工工业、化学工业。

表8-8　中国5个主要出口行业产生的废水量(亿吨)

年份	化学工业	金属冶炼及压延加工工业	纺织业	电气机械及器材制造业	交通运输及设备制造业
1996	7.05	5.55	15.09	3.62	0.46
1997	7.84	7.13	18.60	4.45	0.57
1998	8.04	6.71	17.40	5.06	0.69
1999	8.34	6.70	17.74	6.05	0.71
2000	9.70	8.83	21.22	8.46	1.01
2001	10.66	8.56	21.41	9.85	1.02
2002	12.17	10.05	24.86	13.45	1.15
2003	15.43	13.36	31.52	20.00	1.69
2004	20.48	23.26	38.15	28.75	2.28
2005	26.26	30.05	45.79	36.99	3.05

摘自:吴蕾、吴国蔚:《中国国际贸易中化境成本转移的实证分析》,《国际贸易问题》,2007年第2期。

第九章

经济扭曲“破坏”了创新机制

一国的自主创新能力取决于一系列因素,一个积极的发展模式应该有助于养成自主创新能力。体制扭曲下的经济收敛模型表明,“超比较优势战略”激励了经验积累和模仿的技术升级机制,抑制了创新型技术升级机制。这一结果从三个方面破坏了创新的养成机制,一是对教育和培训体制的扭曲,二是抑制了人力资本的积累,三是抑制了企业的创新动力和能力。

第一节　教育和科研机制的扭曲

张于品、张义梁(2007)认为一国的自主创新能力取决于其研发投入能力、技术扩散能力、支撑保障能力和研发产出能力。在高投入、高消耗的粗放增长模式下,各级政府更热衷于建新项目,忽视技术改造和科技开发投入。这种模式抑制了创新性人才的培养和创新性研发机制的建立。

一、教育体制偏离创新性人才培养

人的主动性、积极性、创造性没有得到充分的发挥、激励和保护是中国教育体制存在的核心问题。当前中国的人才培养体制存在诸多不适应经济社会发展对人才的需要,不适应人的全面发展、个性发展的需要,不适应创新性经济增长的需要的方面。

（一）全面发展、个性发展和多样化发展的人才培养意识不够

重知识轻技能、重普通教育轻职业教育的社会传统，重升学应试轻素质养成、重学历轻能力的成才观、就业观和用人观还根深蒂固。知识传播始终还是教育的根本任务和目标，比如在传统的人才培养过程中，中国高校长期实行的是公共基础课、专业基础课和专业课的“链式结构”模式。即首先根据专业培养目标确定所需的专业课程，然后根据学习专业课程的需要设置前期的专业基础课，再根据专业基础课的需要设置相应的基础课，俗称“三层楼式”结构。这种课程设置模式以某一特定的专业设置课程，考虑专业知识的纵向关系较多，强调的是知识结构的系统性和完备性，因较少考虑各类课程构成的横向关系，不利于人才的全面发展、个性发展、多样化发展，因而不利于创新人才的培养。

（二）对创造性思维、批判性思维的培养不足

大学教学方法过分依赖书本、课堂、教师讲授，以理论阐述和逻辑推导为主要内容的过程体系，难以激发学生的创新热情，对学生创造性思维、批判性思维的培养不足。

大学传统的教学活动主要采用讲授和接受的教学模式。这种教学模式虽然教学效率高，使学生能够迅速有效地掌握系统知识，强化了学生的接受能力。但是，教师通常是以教学权威的角色向学生讲授现成的结论，很少鼓励学生去探索问题，并敢于向教师、教学权威提出挑战。这样导致学生主体精神和主动性弱化，思考力和判断力被扼杀，因而不利于创新人才的培养。

（三）缺乏弹性和广度的教育体制抑制了受教育者的创新天性和创新冲动

长期以来中国的教育管理缺乏弹性。一方面，政府对学校的管理过多过死，学校普遍缺乏独创性和鲜明的个性特色，这样不利于发挥学校办学的主动权。另一方面，学校对学生的管理也太多太死，缺乏弹性。另外，各级各类教育之间缺乏沟通渠道，学校对于家庭、社会过于封闭，人才成长的通道还比较狭窄，个人选择的机会还不够充分。

（四）标准化、从众化的人才评价体系抑制了开拓进取精神

教育教学评价标准、评价主体、评价方法仍比较单一，过分注重共性而忽视个性，注重考试分数而忽视综合素质，注重成果产出而忽视人的长远发展，应试教育的土壤还相当深厚。中国传统社会对人才价值的肯定趋于从众，开拓进取

往往被视为标新立异而成为众矢之的。

二、科技体制偏离创新性研发

(一)与企业脱节的科技体制

中国的,科研院所大多为事业单位,事业经费和研究费用全部由国家承担,通过行政手段管理,政府成为研发活动的主要支持者。这种机制下,科研和产业难以紧密结合,独立研究机构与生产企业脱节,难以支撑技术创新能力极为薄弱的众多中小企业。研究机构与生产企业的脱节与始终缺少一种公平的科技成果有偿转让机制有关。

企业间、企业与科研机构和高等院校缺乏有效协作,各自为政,是制约科技创新能力的重要因素。国家的优惠政策与当前大部分院所所处的发展阶段不相吻合,优惠政策的扶持力度无法体现出来,造成一部分转制科研院所科技创新能力逐渐丧失,行业研发能力减弱。许多研究工作在低水平上重复,致使人力和资金的严重分散和浪费,不利于中国自主创新的技术突破。人事制度僵化导致科技人员流动困难,抑制了科技人员的积极性和创造性。

(二)技术引进政策缺乏规范

中国技术引进的管理方式仍然是以企业申报、主管部门审批为主的管理方式。政府主管部门的主要精力放在对具体项目的研究和审批上,对总体引进战略、促进引进技术消化、吸收的政策研究很少,更缺乏具体的推进措施。使得政府国家亟需引进的技术与企业申报的引进技术之间脱节,导致低水平盲目引进、重复引进的现象难以避免。技术引进的重复性也与技术引进管理的权限分散有关。

(三)缺少产业共性技术组织平台

随着市场经济体制度变迁,以往支撑产业共性技术发展的组织主体——各行业或者部门的大型科研院所不能适应作为市场竞争主体的企业的要求,从而导致支撑产业技术进步的基础缺位。在政府的组织和指导下虽然建立了各种类型的工程技术中心,但由于它们大部分依赖于大型企业和科研院所,其研究偏好和市场需求之间存在着严重的偏离,决定了它们的作用非常有限。

(四)缺乏支持企业自主创新的创新手段

中国政府支持企业自主创新主要有两种手段:一是财政直接拨款,即在国家财政预算内安排的科研经费支出,无偿直接划拨给企业;二是税收优惠,即通过减免税收或者退税等方式产生部分企业留存金,激励技术创新。但是,税收政策的优惠对象很窄,优惠方式单一,涉及面不广,受惠对象主要是高新技术企业或者外资企业。政策工具除了财政拨款、税收优惠两种基本手段之外,其他创业投资、创新联盟等方面的政策很少。

三、经济扭曲与人力资本及研发的“挤出”效应

根据成本转嫁模型,当成本转嫁采取压低管理者工资、减少培训和研发投入的形式时,人力资本的投入得不到应有的收入补偿,于是降低了劳动者接受教育与培训的激励,从而对发展中国家人力资本积累和研发产生负面影响。

图9-1反映了人力资本的挤出效应。假定一国只有出口行业,人力资本的供给曲线为 S_{H0},人力资本的需求曲线为 D_{H0},取决于出口产品的价格和出口行业人力资本的边际生产力。供求曲线的交点决定了人力资本的工资和供给。当成本转嫁导致出口价格降到 P_1,需求曲线向左下方移动至 D_{H1};另一方面,当劳动者知道企业不会为其人力资本投资(经验积累和专业培训)支付更高的工资,就会降低人力资本投资的意愿,供给曲线为 S_{H0} 向左移动至 S_{H1};人力资本供求曲线的交点决定了新的均衡价格为 w_{H1},均衡人力资本产出水平 H_1。与成本转嫁前相比,人力资本被挤出,弱化了正常的人力资本积累进程。

成本转嫁对研发也有类似的挤出效应。成本转嫁造成的出口扩大、就业增长和地区经济的扩张,使推崇出口为目标的政府部门看不到提高教育水平的意义,从而忽视对教育和培训的促进政策。

与“超比较优势战略”试图快速提升人力资本存量和技术水平的初衷相背离,人力资本和研发的挤出效应不仅破坏了发展中国家人力资本积累和技术进步的正常进程,反而抑制了发展中国家要素禀赋结构的动态升级,形成要素禀赋结构的悲剧化演进。从而也打破了技术进步由引进吸收转向自主创新的可能性,使发展中国家在技术上越来越受制于发达国家,产品开发和产业发展陷

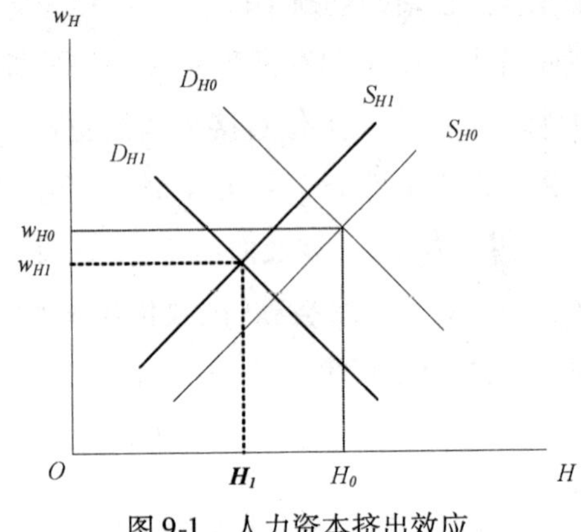

图 9-1 人力资本挤出效应

入“低技术”依赖，产业结构陷入贫困化状态。成本转嫁对人力资本与技术进步的“破坏”使“超比较优势战略”彻底走向了它的对立面。

第二节 人力资本的“挤出”效应

一、人力资本的来源

人力资本作为一种高级生产要素是通过投资形成的，其形成和积累的主要途径是教育。卢卡斯(1988)认为人力资本的积累有两种方式：一是通过脱离生产的正规、非正规学校教育，提升劳动者的智力和技能，从而提高工人的劳动生产率；二是通过生产中的干中学，通过工作中的实际训练和经验积累来增加人力资本。前者产生内在效应，而后者产生外在效应。

人力资本积累是指在一定时间内累积形成的人力资本，通常表现为人力资本的存量和增量。人力资本存量的大小决定着劳动生产率的高低，追加人力资本投资可以显著地提高劳动生产率。人力资本增量是一个单位时间中的流量，表示人力资本增加的速度。

一般来说，用劳动力的受教育程度来衡量人力资本的水平。教育可以提高劳动者的生产能力和配置能力。生产能力是指在其他生产要素投入不变的情况下,每增加一单位的受教育程度所能带来的边际产出;配置能力是指劳动力具有的发现机会、抓住机会、对现有资源进行最有效配置的能力。生产能力和配置能力共同发挥作用,体现劳动者的人力资本效率。配置能力往往先于生产能力起作用,因为只有当资源配置处于合理的状态时,生产能力的增强才会引致收益的增加。

一方面,劳动力受教育程度越高,即人力资本状况越好,表现为发现和抓住机会的能力越强,同时规避就业风险的能力也越强,对工资水平或其他待遇的要求也越高;另一方面,由于雇佣者与被雇佣者之间的信息不对称,受教育年限成为雇佣者选择求职者的甄别标准,受教育程度较高的劳动力,雇佣者认为其能力较强,一般会提供更高的工资和更优先的就业机会。

制度、经济、文化等一系列因素都会影响一国的教育水平。Gylfason(2001)的经验研究发现,在资源丰裕度高的国家,教育投入占GDP的比例普遍较低,中学的入学率低于世界平均水平,也不重视对人力资本的积累。Murshed(2011)等认为,在发生资源诅咒的国家,政权被一小部分醉心于资源租金的精英所控制,资源的收益往往是用于进口消费品,对国内的基础设施和教育等具有正外部性的公共产品和准公共产品投资很少。Ngo、Riezman 和 Soubeyran(2007)指出劳动力市场的扭曲使劳动者的人力资本投资得不到应有激励,造成发展中国家的人力资本积累低于有效水平。

韩忠亮(2011)的成本转嫁模型也指出发展中国家基于廉价劳动力的国际分工地位与其政府追求数量增长的策略,会激励企业向社会转嫁成本;当成本转嫁的形式是减少对劳动者进行正常的培训时,就会降低行业的干中学效应。因为行业的干中学效应来自生产过程的经验积累,当劳动者知道企业为了降低成本在未来不会为他们的经验积累和技术提升支付更高的工资时,他们就没有动力去积累经验。

二、简单劳动力的人力资本积累不足

加工贸易的生产所需技术本身比较简单,多为行业通行的技术,很少有企业特性的技术,员工经过简单的培训即可上岗。除了特定的工种之外,企业大量需要的还是普工。在压力成本这一竞争模式下,企业不愿意为人力资本支付更高的工资。当员工达到一定的工龄之后,企业通常的选择是辞退老员工,雇佣新员工,而不是给老员工加薪。

另外,由于农民工流动频繁,企业不能保证得到对他们进行职业技术培训的收益。因此,在培训企业难以成为收益主体的情况下,企业对农民工的企业教育和培训的投入积极性很难得到提高。

1999 年劳动部农村劳动力就业与流动研究课题组的调查结果显示,“民工中有职业等级证书者占 17. 1% ,无证书但有技术专长的占 42. 3% ,无特别技能或其他情况的占 32. 6% 。”①大部分民工在进入城市就业岗位时并不具备适用的专门技能,但是农民工在进入城市之后,通常会意识到职业技能的重要性,也大多都有接受培训的需求。前述调查显示,有 80% 以上的农民工表示“希望得到职业培训的机会”,有 67% 的农民工表示“愿意花钱参加自己想要的培训”。尽管农民工接受培训的意愿很强,但实际上农民工接受职业技能培训的只占 18. 6% 。另一项最近的调查得出了类似的结论。② 该调查针对珠三角地区的农民工,有效样本为 1005 人。从不同年龄组来看,年龄越大,愿意参加培训的比例越高。从与收入的关系来看,收入越高的人,愿意参加培训的比例越高。月收入 2000 元以上的人中愿意参加培训的比例要比月收入 1000 元以下的高出近两倍。这一方面可能因为收入水平过低大大降低了接受培训的可能性,另一方面,还可能因为收入过低的人群往往是受教育程度低的人群,他们选择工作或岗位的空间很小,使他们看不到通过培训找到更好工作的可能性。另外,受教育程度越高的人群愿意参加培训的比例越高。显然,受教育程度越低的人群,更相信培训对他们的意义不大。

根据上表,总体来看,愿意参加职业技能培训的比例近一半,而且他们中有 84. 28% 的人认为参加培训能获得一份更好的工作,只有 7. 3% 的人认为培训与获得一份好工作之间没有关系。但实际只有 29. 45% 的样本参加过正规学习和

---

① 原劳动部农村劳动力就业与流动研究课题组:《中国农村劳动力就业与流动研究报告》,中国劳动出版社,1999: 31-36。

② 曾荣青、张海勇、肖威和廖靖:《珠三角地区农民工参与培训的影响因素》,《中国成人教育》,2011 年第 22 期。

培训。

表 9-1　珠三角地区农民工的培训意愿(%)

	愿意参加	无所谓	不愿意参加
所有样本	49.6	40.3	10.03
19 岁以下	41.13	43.97	14.87
20-24 岁	50.13	43.07	6.8
25-29 岁	51.43	37.62	10.95
30 岁以上	55.56	35.57	7.87
月入 1000 元以下	32.30	55.64	12.06
月入 1000~2000 元	53.29	39.91	6.80
月入 2000 元以上	63.35	28.29	8.37
初中及以下教育程度	41.80	50.58	7.62
高中或中职教育	54.26	35.92	9.82
高等教育	67.82	23.76	8.42

资料来源:根据曾荣青等:《珠三角地区农民工参与培训的影响因素》(载《中国成人教育》,2011 年第 22 期)中相关数据整理。

农民工接受培训不足的原因首要是培训费用的限制。由于农民工的流动性大,职业转换快,就业状况非常不稳定,再加上收入水平偏低,在支付较高的城市生活成本和迁移成本之后,就几乎没有收入进行教育和培训投资。而且即便投入成本进行人力资本投资,农民工并不能保证得到高于投资的收益回报。

总体而言,一方面农民工非常低的人力资本导致他们只能主要靠体力获得工资收入,获得技能的模式主要是类似于师傅带徒弟的经验积累,因而通常只能找到低工资的工作或岗位,而低工资又造成其人力资本投资低下,致使农民工陷入低人力资本的陷阱,而导致加工贸易行业的人力资本积累不足。

资源型经济也存在人力资本的挤出效应。中国西部地区的经济主要是资源依赖型的,这一特殊性决定了西部地区大量生产并出口低附加值的资源产品,换回东部地区相对高附加值的加工制造产品。在这一生产与交换模式下,西部的资源收入大量流入东部地区,造成西部的利益受损。资源产业的“一枝独大”也使得当地对教育产业的投入不足,人力资本存量不断减少,大量劳动力流向东部人才高地。造成西部经济人力、财力的双重“漏出”。资源型经济的发展过程中对当地的人力资本造成挤出效应的主要表现有：

第一，大量资金投注到资源型产业，造成制造业等其他产业的投入不足而趋于萎缩。在资源型地区，依托天然赋存的资源优势以及由此派生的区域比较优势，资源型产业处于支柱和支配地位。通过规模开发或群体开发，由成本优势所带来的低层次竞争优势导致资源型产业与当地其他产业之间效益工资的巨大差异，造成经济要素的单向性流动，使本地区较为稀缺的资金、技术、人才和劳动力等大量地流入资源型产业领域，形成了资源型产业内部刚性的经济循环，进而对资源优势进一步产生了“放大效应”。由此，各种经济要素被锁定在资源型产业领域。于是，资源开发的勘探、评价、人力资源培训和开发、技术开发、生产服务等辅助产业、资源运输、资源贸易得到了较快发展，制造业等非资源型产业处于弱质和从属地位，发展空间受到挤压，发展潜力得不到发挥，迟迟形不成真正的市场竞争能力，导致要素配置条件的继续恶化。这就是典型的“荷兰病”的表现。制造业因更加具有规模报酬递增和“干中学”效应，因此更有利于人力资本积累。制造业的萎缩使西部资源丰裕地区的人力资本积累受到了很大限制。

第二，资源丰富弱化了技术进步和人力资本投资的动力。当一个国家或地区资源稀缺时，竞争压力使企业加强研究、开发和推广节约资源的技术，或者进行技术创新，寻求新材料和新能源，替代日益稀缺的资源，或者通过技术进步，寻求新的节约资源的生产方式和生活方式。但在资源丰富的国家或地区，低成本的资源优势使企业失去了技术进步的动机和动力，从而缺少投入人力资本的激励。此外，由于资源垄断租金造成的收入差异明显，私人教育投资的激励也不足。

第三，政府公共教育支出投入严重不足。据统计，西部地区教育投入只相当于东部地区教育投入的40.68%，西部教育所获得的财政资金仅相当于东部地区的45.3%，西部地区平均受教育年限与东部相差0.7671年，与中部相差0.6391年。2003年全国各省区按平均受教育年限排序，排在后5位的依次是西藏、云南、青海、贵州、甘肃，全部是具有丰富资源的西部省区。教育投入不足和受教育年限低意味着资源丰富的地区教育发展相对滞后，人力资本积累也就相对不足。

第四,人才流失严重。甘肃省1981年~1990年10年间,跨省调离的专业技术人员有12467人,而调入的只有5589人,净流失6680人;青海省从1976年~1991年,流向东部地区的专业技术人员达12357人,调入的人才仅为调出的四分之一;中科院兰州分院、甘肃省科学院以及兰州大学的外流人才当中,具有高、中级专业技术职称的分别占57%、58%和69%。① 从毕业生就业情况来看,大部分毕业生首选的就业之地仍然是东部地区。

三、高级人力资本的流失

发展中国家高级人才的市场机会少,发达国家高级人才的市场机会则多得多。特别是由于发达国家产业的垄断程度高,使其可以为高级人才支付较高的报酬,发展中国家产业的竞争程度高,为高级人才只能支付较低的报酬。由此引发高级人才从发展中国家流向发达国家,造成人才的"离心效应",使得原本高级人才较少的发展中国家高级人才进一步减少,造成发展中国家在未来产业升级中高级人才的短缺,损害了其产业升级的能力。相反,大量高级人才的不断流入,进一步强化了发达国家的产业优势。

据联合国开发总署统计,目前发展中国家在海外工作的人数已达50万人,并以每年10万人的数字递增,其中亚太地区人才流失最为严重。印度每年外流的高科技人才达6000余人。据印度1986年调查,在印度技术学院中,约有20%的毕业生外流。计算机、航空、机械和应用研究领域的学生外流的比例高达80%,而回归的比例缩小。德里坎普尔和马德拉的印度技术学院物理系的学生,到美国取得博士学位后返回印度的仅占18%。印度现有四五万名研究人员移居美国,另外,在英国和加拿大的约有1万多人,在德国有几千人。台湾地区从1950年到1988年共有11.22万学生到海外留学,其中90%以上留学美国。同期留学生返台人数仅1.9万人,只占留学人员总数的17%,目前台湾科技人员移居美国的共有6万多人。土耳其平均每年损失370余名专家,菲律宾新培养的专门人才有12.3%移居国外,埃及在国外定居、工作和学习的共有350万

① 闫淑敏:《我国西部人力资本流量分析及政策建议》,《中国软科学》,2002年第6期:22-24。

人,其他亚洲国家人才流失情况大体相同。另据世界银行统计,1966 年～1979 年的 10 年间美国接受的 50 万名专门技术人才中有 37.5 万来自发展中国家,其中 50%来自亚洲的发展中国家。

据统计,1974 年,美国一共从各国“引进”高级智力人才 24 万名。美国自己认为,培养一个专家要花 5 万美元,而引进一个专家就等于节约 5 万美元。按此计算,美国“引进”这些人才,就相当赚取世界各国 120 亿美元。1987 年苏联《真理报》以“偷天才”为题,指责美国在 1946 年～1969 年间,从发展中国家“偷走”14.3 万名高级人才,使这些国家损失教育费达 50 亿美元以上。

中国社科院 2007 年发布的《全球政治与安全》报告显示,中国已成为世界上最大的移民输出国,中国知识精英的流失也成为全球之首。截至 2008 年,中国留学人员约 140 万,世界最多,但归国者只有 39 万。自 1985 年以来,清华高科技专业毕业生 80%去了美国,北大这一比例为 76%。2006 年,清华和北大成为美国博士生来源最多的院校,由于这些中国的大部分科学与工程博士都会孜孜不倦地走着“在美找工作——获得签证——申请绿卡——入籍成为美国人”的道路,因此,美国科学杂志把清华、北大称作“最肥沃的美国博士培养基地”。根据国际经合组织统计,1990 年至 1999 年间科学和工程领域的留学生博士,中国大陆滞留比例高达 87%,而中国台湾地区是 57%,韩国只有 39%。”①

第三节 研发的“挤出”效应

一、体制性扭曲抑制了创新激励

从企业投资行为来看,由于政府控制了土地、资本、劳动力等关键要素的定价权和分配权,企业如果能够和政府官员建立某种寻租联系,就可以获得企业发展所需要相对低成本的资金和其他稀缺的生产要素,可以通过寻租活动获得

① 王辉耀:《中国面临人才流失海外严峻挑战》,www.sina.com.cn,2010 年 4 月 29 日。

企业超额利润或者说是寻租收益。Claessens 等(2008)、Khwaja 和 Mian(2005)、余明桂等(2010)的研究表明发展中国家的企业倾向于与政府建立政治联系,目的即在于向掌握要素资源分配权的政府官员寻租,以得到要素资源。Boldrin 和 Levine(2004)的研究揭示,在存在大量寻租机会的经济体中,进行研发活动的企业会通过向政府官员寻租谋求对自己研发活动的过度保护,以获得垄断地位。转型经济体的企业同样面临这样的抉择——是通过投资与政府建立寻租联系以获得超额利润或寻租收益,还是通过研发投入来提升企业竞争能力,获得创新超额利润? Connolly 等(1986)、Murphy 等(1993)发现,在那些广泛存在寻租机会的经济体中,企业更有动力投资于寻租活动。寻租活动产生的超额收益会吸引更多的社会资源和人才从实体投资领域转移到非生产的寻租活动中,从而对企业创新研发活动等实体投资活动产生转移效应和挤出效应,使得该经济体可持续发展动力下降。Gill 和 Kharas(2007)发现在存在大量寻租机会的转型国家中,政府出台的对企业研发活动的财政补贴激励政策也会受到扭曲,企业经常发送虚假的“创新类型”信号以获取政府研发补贴,从而严重削弱政府研发补贴对企业创新活动的激励效应。安同良等(2009)发现在转型中的中国,企业一旦寻求与政府官员建立寻租关系来获得低成本要素,其研发活动就可能会受到削弱和抑制。

中国企业特别是本土企业的自主创新能力着严重滞后于经济发展现实需求,其自主创新研发能力缺失或者更准确地说是动力不足的原因源于企业自身特征因素。安同良等(2005)发现人才和技术能力的差距是阻碍中国企业技术创新的要因素,相对来看,资金已经不再是首要障碍问题。朱恒鹏(2006)认为规模、市场势力、所采用竞争方式以及行业特征会影响到中国民营企业研发行为。张杰等(2008)指出企业规模与研发投入之间呈现倒 U 型关系,而且存在“门槛效应”。集聚效应在现阶段对企业创新产生负面影响。出口因素对企业创新活动造成非线性影响。也有研究关注到,中国企业自主创新能力的缺失或者动力不足的原因,与其说是与企业自身特征因素相关,还不如说是与外部环境所提供的激励机制是否有效密切相关。李平等(2007)等指出知识产权保护的缺位已经对中国国内企业的自主研发和 FDI 的自主创新绩效产生明显的抑制作用。高帆(2008)则认为中国的渐进式改革诱发了要素市场发育程度滞后于商品市场，导致了土地、资本、劳动等要素价格存在不同程度的“低估”现象，这可能会刺激企业和企业家密集使用有形要素，而较少有压力和动力投资于自主创新。Lin et al. (2010)发现产权保护是影响中国企业研发的重要因素，政府政策支持能够促进中国企业研发。

三、模仿成为高技术企业的主要技术升级模式

通过成本转嫁增强简单劳动、资源等生产要素的价格优势，中国的产出得以不断扩张。而且中国越来越多的企业置身于跨国公司的价值链上，通过简单加工获取加工费，面向国际市场的企业也倾心于通过简单的模仿和大规模生产占领市场份额，企业并没有进行技术创新和产品升级的压力和动力。联合国发展项目 2001 年人类发展报告中指出，中国是一个技术采用和模仿的国家，如西药、精细化工产品 95% 以上依靠仿制。

比如中国的汽车产业虽然已发展多年，但是自主研发能力始终较弱，自主知识产权和自主品牌意识也较弱，目前主要还在运用发达国家汽车产业原来的生产技术，导致汽车生产技术受到限制，只能生产中低价位的汽车，发挥其成本的比较优势，在技术上缺乏市场竞争力。这一结果与其研发策略有关。中国汽车工业 R&D 投入经费处于稳步上升之势，如表 9-2，2000 年汽车工业投入 R&D 经费 67. 7 亿元，占汽车工业销售收入的 1. 9%。2008 年上升为 388. 7 亿元，占汽车销售收入的 2. 1%。与发达国家汽车工业 R&D 经费支出一般占销售收入 5% 的比重相比，中国汽车产业研发投入不足。

表 9-2　中国汽车工业的研发经费支出

年份	R&D 经费支出(亿元)	占销售收入比重(%)	占全国 R&D 经费比重(%)
2000	67. 7	1. 90	7. 6
2001	58. 6	1. 38	5. 6
2002	86. 2	1. 45	6. 7
2003	107. 3	1. 32	7. 0
2004	129. 5	1. 42	6. 6
2005	167. 8	1. 66	6. 8

续表

年份	R&D 经费支出(亿元)	占销售收入比重(%)	占全国 R&D 经费比重(%)
2006	244.7	1.77	8.1
2007	308.8	1.80	8.3
2008	388.7	2.07	8.4

数据来源:《中国汽车工业年鉴》(2009 年)与《中国统计年鉴》(2009 年)。

软件行业作为技术密集型行业,其核心投入要素是人力资源,尤其是高级、专业人力资本。软件产业的国际竞争方式是由技术创新推动的,而创新又主要是由企业策略行为和人力要素所驱动。软件产业的人力资源包括基本人力资源和高级人力资源两种类型,而这两种人力资本在软件产业国际竞争力的形成过程中具有不同的地位,其中高级人力资源对于软件产业国际竞争力的形成具有更为重要的意义。

中国软件产业的人力资源存量也在快速增加,且呈现不断增加的趋势。自2002 年起,中国软件从业人员每年新增近 6 万人,人力资源供给充分。另一方面,软件产业从业人员的平均工资比较低,因此软件行业的生产成本较低。这些有利条件对软件产业的发展起到了一定的促进作用。但是软件产业人力资源状况存在结构性缺陷,虽然人力资源的存量充足,但是高级人力资源较为紧缺,由于国内高等教育体系和在职培训体系的缺陷,加之高级人员的国际流失,中国软件行业高级人员的人数和比重大大低于印度等软件业发达的发展中国家。而且,软件行业高级人员的利用效率较低。由于中国软件企业缺乏良好的竞争机制和激励机制,加之工作环境不佳,缺乏有效的考勤机制等,使得高级人才的利用效率较低,工作积极性低。这两个人力资源方面的不利因素制约了行业竞争力的提高。

另外,中国软件行业的知识技术长期处于落后状态。中国软件行业的研发投入不足,产业整体的研发投入比例过低, 2001 年中国软件产业的研发投入占产业总收入的比例不到 3% ,远远低于欧美国家,也低于同作为发达国家的印度的水平,不能满足产业发展的实际需要。中国可用技术储备不足,国内软件企业很难获得国外的软件技术,尤其是核心技术,使得软件行业的行业知识技术不足,使得产业发展缺乏必要的技术支持。

总之,中国开发的软件专利数量不多,尤其核心的软件技术更少。软件生产主要在国外先进的核心技术基础上的改良,或者按照国外的外包要求进行生产。

中国手机的生产更是简单模仿的代名词。2001 年起,广东的一些小作坊式工厂开始拼造高仿手机,它们外形和正品一模一样,但是没有商标。这种“山寨机”的真正流行始于 2006 年。台湾联发科技股份有限公司成功研发集成强大多媒体功能、价格低廉的 MTK 手机芯片,这使得手机的核心技术彻底平民化。MTK 手机芯片采用“一站式解决方案”,将主板、芯片、gprs 模块以及系统软件捆绑在一起,作为手机芯片组卖给大陆的手机厂商,厂家只要配备摄像头、液晶屏、电池,再做个外壳,像组装电脑一样将这些零件组装起来,一部具有强大多媒体功能的手机就完成了。MTK 手机芯片的普及让手机的制造变得易如反掌,而山寨机因其超强的功能、低廉的价格也备受消费者青睐而拥有巨大的市场。大批厂商加入到山寨机的生产行列,逐渐形成了成熟的产业链,从研发到销售都有专人分工,各种手机零配件都有专业厂家生产。

山寨手机的生产完全是最为简单的低技术含量的模仿,包括模仿知名品牌手机的外观设计和商标。比如通过使用相近的字或字母模仿知名商标,或在知名商标前后加上词缀或使用与知名商标发音相同的词作为商标,如 Hiphone 是模仿 iPhone、Sumsung 是模仿 Samsung 等。这种简单的模仿对技术升级几乎没有积极作用。

中国在对引进技术的吸收消化方面有着同样的问题,即对国外先进技术的吸收能力不强,引进技术与产品的仿制不能提高自主创新能力。如 2006 年中国技术引进经费支出达到 320.43 亿元,而用于消化吸收经费支出只有 81.86 亿元。长期以来通过 FDI、进口成套设备和关键设备进口发挥技术后发优势,主要用于生产能力的引进和扩张,而非是技术能力的改进,引进技术不等于引进技术创新能力(徐冠华,2006),因此技术后发优势的发挥效果受到极大的限制。

实际上,中国在通过吸收和模仿提升技术水平上已经面临一种困境,一方面利用技术后发优势是促进中国的技术进步的重要渠道,但另一方面,国际社会要求加强知识产权保护抑制了中国技术后发优势的发挥。《TRIPS》对中国延续多年的技术进步模式有着相当的约束。

实践证明技术创新能力是内生的，需要通过有组织的学习和产品开发实践才能获得，真正的核心技术是引不进来的，如果没有自主开发，即使在引进技术的时候，往往也是处在被动的地位。大多数发展中国家并没有通过“技术后发优势”实现新增长理论所预期的“经济赶超”。因此一国要实现技术赶超必须立足于自主创新。

三、大力发展的加工贸易抑制了自主创新

从数据上可以看到，中国出口的高技术产品的规模非常大，而且出口增长的速度很快。中国出口品的高复杂度与国家的收入水平极不相称。中国的出口复杂度似乎被高估了。因为中国出口商品普遍存在加工层次低、技术含量低、附加值低的情况，出口商品距离高级化和集约化还有很大距离。比如在工业制成品中，劳动密集型产品的比重较高，资本和技术密集型产品出口比重偏低。长期以来，中国纺织品出口居中国出口商品的首位，充分反映了中国的工业制成品仍然是以低技术、低附加值的劳动密集型产品为主。1994 年，中国工业制成品出口中，资本或技术密集型产品的比重为 27.3%，劳动密集型产品为 72.3%，而主要发达国家前者的比重为 97%，后者平均不到 3%。

中国机电产品的出口比重虽接近世界平均水平，但其中的技术含量和附加值还远低于主要发达国家的水平。2002 年中国机电产品出口占全国出口总额的 48%。但是，中国机电产品的生产大多采用加工贸易的方式，处于供应链的终端，其中大部分产品的技术含量和附加值都较低。总体来看，无论在规模上、技术水平上，还是在品种、质量、档次上，中国高科技产品贸易与工业发达国家，甚至与新兴发展中国家相比都存在很大差距。多数高新技术产品处于该产业的下游领域，即只能从事加工装配，许多核心技术尚未掌握，特别是网络产品的大批技术含量高、附加值高的整件和零部件都需进口。

所以欲探究中国出口产品中体现的技术水平，不得不分析中国的加工贸易。

（一）中国的加工贸易出口

自上世纪90年代以来中国依靠大规模出口的方式拉动经济增长，并积极参与国产品分工。随着中国出口规模的日益扩大，中国在成为世界工厂的同时，加工贸易也水涨船高，得到迅猛增长。中国加工贸易进出口总额从1980年到2010年30年的时间里增长了约250倍，从最初的16.7亿美元增加到了2010年的417亿美元。如表9-3，加工贸易出口在1990年即超过40%，1996年超过50%，此后一直维持在55%左右。由此，加工贸易占据中国对外贸易的“半壁江山”。

表9-3　按照贸易方式划分的中国出口贸易结构（亿美元，%）

年份	一般贸易	加工贸易	其他贸易	年份	一般贸易	加工贸易	其他贸易
1981	94.5	5.1	0.4	1995	48.0	49.5	2.5
1982	99.7	0.2	0.1	1996	41.6	55.8	2.6
1983	90.7	8.7	0.6	1997	42.7	54.5	2.9
1984	88.6	11.2	0.2	1998	40.4	56.9	2.7
1985	86.8	12.1	1.1	1999	40.6	56.9	2.5
1986	81.1	18.2	0.7	2000	42.2	55.2	2.6
1987	75.2	22.8	2.0	2001	42.0	55.4	2.5
1988	68.6	29.6	1.8	2002	41.8	55.3	2.9
1989	60.1	37.7	2.3	2003	41.5	55.2	3.3
1990	57.1	40.9	1.9	2004	41.1	55.3	3.7
1991	53.0	45.1	1.9	2005	41.3	54.7	4.0
1992	51.4	46.6	1.9	2006	43.0	52.7	4.4
1993	47.1	48.2	4.7	2007	44.2	50.7	5.1
1994	50.9	47.1	2.0	2008	46.3	47.2	6.5

资料来源：国家统计局：《中国统计年鉴》（2009）。

（二）加工贸易的附加值

随着经济全球化的发展，产品内的全球分工体系使得产品的研发、制造、营销、营运管理可以分别在不同的地区进行，形成了产品的全球价值链。在此价值链中，上游企业可获得较高利润，如产品研发和零部件生产的企业；下游企业也可获得较高利润，如销售和售后服务的企业；而中游企业却只能获很少利润，如组装产品的企业。

中国企业所依赖的是相对低廉的劳动力和原材料成本，对外的竞争力也只是低成本带来的价格优势，所以只能依靠大批量生产，以薄利多销来赚取不多的加工费。中国加工芭比娃娃只赚取总价 9.99 美元中的 35 美分就是典型的例子。所以中国的加工贸易正是处于产品价值链的中游阶段，从事加工、装配、组装等制造环节的劳动密集型行业，获利一般只占总利润的 5% ~15%。如在国际分工体系中最为活跃的电子产品生产中，美国生产高附加值的芯片和软件，在电子行业中所获取的利润占 60% 左右；日本、韩国等生产关键性的电子器件，利润占到 20% 左右；最后是中国等发展中国家，只是进行终端产品的加工组装或者一般性零部件的生产，所获利润只有 10% 左右。

虽然中国加工贸易的产品结构也已从早期的低附加值的纺织、服装为主的劳动集型产品为主，逐渐升级为以电子产品为主的资本技术密集型产品为主。但这种所谓的资本技术密集型产品的生产方式仍以加工组装为主，扩大出口仍依赖大规模进口零件和生产设备，以加工组装方式生产的资本术密集型产品已经占到出口总额约 90%，说明中国的加工贸易产品实质上仍属劳动密集型产品的范畴。

从 1996 年起，中国出口的高技术产品中的 92% 是通过加工贸易的形式出口的，而 2002 年以这一比例甚至已经超过了 95.5%（Gaulieretal，2005）。虽然中国资本技术密集型产业的贸易竞争力指数在不断上升，但总体上在国际市场仍处于比较劣势。显然，现在高技术产品出口的高增长很大程度上得益于加工贸易的增长，高技术产品所体现的高质量不能代表中国产品的真实质量水平。

再者，中国的资本密集型产品的质量升级以及贸易竞争能力的增强并不是通过自主研发创新实现的，也不是本土企业通过模仿改进获得的，而是通过大量引进外资以及外资企业的溢出实现的。黄先海（2006）认为是外资主导的加工贸易推进了资本密集型产品的质量升级。Naughton（2007）指出中国自 2001 年起有超过一半的高技术产品是由外商投资公司出口，而从 2003 年起这一指标已经超过了 85%，也表明了外商直接投资在很大程度上提高了中国的出口技术结构。

（三）出口技术密集度——中国的出口结构确实体现了技术进步吗？

熊杰（2011）在中国出口产品的质量中剔除了加工贸易部分，结果如表 9-4 所示。剔除加工贸易部分后的出口值与剔除前的出口值的增长趋势一致。而在一次修正之后,中国高技术产品的出口额大大减少,说明中国的对外贸易中加工贸易占据了主导地位。为了得到精确的本国高技术产品质量指数,在测算时候需要把这部分出口值去除。在剔除加工贸易贡献后,中国高技术产品的质量明显下降,从1990年到2008年下降的幅度逐渐缩小,到2009年之后有所赶超。说明加工贸易产品确实提升了中国出口产品尤其是高技术产品的质量。中国的出口产品,特别是高技术产品并不能代表中国产品的真正质量水平,很大程度上是隐藏在加工贸易特别是外资主导的加工贸易的伪装之下。除此之外,修正后的质量指数在2009年之后有所赶超,说明外资企业的溢出效应表现为正,中国开始学习并引进国外先进的管理经验和技术,并转化为自身的优势。

表9-4　剔除加工贸易后高技术产业进出口额(单位:亿美元)

年份	TI (HT)	TE (HT)	CI (HT)	CE (HT)	CNT (HT)
1990	307.59	132.03	181.66	85.61	-96.06
1991	307.59	132.03	168.88	80.23	-88.65
1992	307.59	132.03	164.12	80.36	-83.76
1993	445.49	152.62	230.63	99.22	-131.41
1994	514.67	218.95	272.33	128.86	-143.47
1995	526.42	314.07	265.65	175.27	-90.38
1996	547.64	353.12	241.90	194.73	-47.16
1997	527.74	437.09	240.17	221.55	-18.62
1998	568.45	502.17	245.24	256.52	11.28
1999	694.53	588.36	299.46	327.10	27.64
2000	919.31	826.00	411.51	486.35	74.84
2001	1070.15	949.10	477.23	582.84	105.61
2002	1370.10	1269.76	612.97	744.08	131.11
2003	1928.26	1877.73	864.09	1136.05	272.41
2004	2528.30	2682.60	1130.73	1622.93	492.20
2005	2904.78	3522.34	1317.09	2059.87	742.78
2006	3570.21	4563.43	1689.72	2709.88	1020.16
2007	4126.54	5778.19	2033.88	3550.96	1517.08
2008	4419.53	6740.65	2334.05	4488.67	2154.62
2009	4082.59	5911.28	2088.35	4016.68	1928.34

注释:指标含义为TI(HT)代表高技术行业进口,TE(HT)代表高技术行业出口,CI(HT)代表剔除加工贸易后高技术行业的进口,CE(HT)代表剔除加工贸易后高技术行业的出口,CNT(HT)代表剔除加工贸易后高技术行业的净出口。

资料来源:熊杰:《中国出口产品质量测度及其影响因素分析》,浙江大学,博士论文,2011。

Amiti 和 Freun(2008) 从技术密集度角度的实证研究也表明虽然 1992 年～2005 年间中国出口商品的技术含量具有显著的提高,但在剔除加工贸易后,中国的出口品就不存在显著的技术进步了。Xu(2009)对中国制造业复杂度水平的变动进行了研究,结果发现中国的出口复杂度与 OECD 国家的独资公司拥有的股份以及外商投资企业的加工贸易出口成正相关,而与本土企业的加工贸易成负相关。

第十章是全书的结论与对策。

中国经济增长的“奇迹”始于上个世纪70年代末中国的改革开放和经济转型,并于2010年成为世界第二大经济体,更是倍受全球瞩目。但是改革开放以来,中国经济的增长是依靠低成本的优势,通过高能耗、高污染和高投入的出口导向和投资拉动实现的,这种过度依靠要素投入的经济增长的“破坏性”使得这一模式已经难以为继。随着中国进入全面建设小康社会、从“先富”走向“共富”的关键时期,经济和社会可持续发展的任务更加繁重,国内市场、资源和环境问题日渐突出,产业调整和升级压力增大,现有的经济发展方式难以实现“共富”,亟待转变。因此,今后中国经济的增长必定更多地依靠技术进步,最终尤其是要依靠以创新为主导的技术进步。但是在自主创新能力依然不足的条件下,中国一方面要继续发挥“后发优势”,奉行技术模仿的技术升级方式,提高模仿与吸收能力,使中国能够以较低的成本实现技术升级;另一方面,警惕一味的模仿所带来的危害的同时,努力养成激励创新的体制,提高自主创新的能力,适时将技术升级的方式向自主研发为主转型,以完成中国由“破坏性创造”经济增长模式向具有熊彼特创新思想的创新性创造,即“创造性破坏”的经济增长模式转型。

在这一转型过程中,制度和政策对中国经济增长的影响,特别是对发展战略的影响——要转变“超比较优势战略”为以熊彼特创新思想中技术创新与制度创新为基础的动态比较优势战略。

制度或政策的调整需要促进自主创新,形成具有中国特色的集研发、生产、维护和系统升级功能于一体的工业体系。特别是,要重视对发达国家与先进制度相适应的制度进行引进和模仿。即在技术模仿的同时,结合中国的实际,大胆地进行制度模仿和创新,以使技术创新最大可能地提升生产效率。

第十章

从"破坏性创造"到"创造性破坏"

改革开放以来中国经济的增长是依靠低成本的优势,通过高能耗、高污染和高投入的出口导向和投资拉动实现的,这种过度依靠要素投入的经济增长的"破坏性"使得这一模式已经难以为继,今后中国经济的增长必定更多地依靠技术进步,最终尤其是要依靠以创新为主导的技术进步。创新,具有熊彼特所谓的"创造性破坏"特征,完全不同于经济扭曲催生的"破坏性创造"。后者一味地激励要素数量的投入,不惜抑制要素"质"的提升,因而本质上破坏了要素生产力的提升机制,阻碍了经济的可持续增长。"创造性破坏"则通过提升要素的生产力,不断打破旧的经济结构,创造新的经济结构,推动经济的长期增长。

第一节　打破"破坏性创造"模式——技术进步

中国经济的长期增长有赖于打破"破坏性创造"模式,缓和经济扭曲,促进技术进步。

一、"破坏性创造"的发展模式难以为继

中国改革开放以来的经济发展模式虽然成功地实现了计划经济向市场经济的转型、经济快速增长和实力大大增强。但是中国经济的增长是依靠低成本的优势,通过高能耗、高污染和高投入的出口导向和投资拉动实现的。随着中

国进入全面建设小康社会、从“先富”走向“共富”的关键时期，经济和社会可持续发展的任务更加繁重，国内市场、资源和环境问题日渐突出，产业调整和升级压力增大，现有的经济发展方式难以实现“共富”。

由于中国在国际分工中的地位不高，在对外贸易过程中实现的比较利益相对较少。多年以来，中国进口价格指数的涨幅持续高于出口价格指数，贸易条件在不断恶化，对外贸易的比较效益存在长期下降趋势。家电、纺织、鞋、玩具等具有较大比较优势的大宗商品由于长期采取“以低价占领市场”的出口策略，出口价格越来越低，利润越来越少。从国际环境来看，后危机时代世界经济、贸易、投资相对放缓，国际市场竞争更加激烈，贸易摩擦步入高发期。经济危机之后，发达国家将有可能实现“再工业化”，重新重视生产、制造和出口，不仅发达国家市场空间缩小，发展中国家的群体性崛起也促使发展中国家与中国争夺国际市场。国际竞争更加激烈导致中国的出口导向发展模式面临更大的外部压力。

对内对外如果继续追求规模、数量和速度，会进一步增加能源消耗，造成越来越大的环境压力。由于使用效率低，中国单位 GDP 的能源消耗远高于世界平均水平。按照 2005 年 PPP 美元，2008 年中国单位能源（千克石油当量）产生的 GDP 为 3.6 美元，低于世界平均水平 5.5，同期日本为 8.1，美国为 10.0。① 中国单位 GDP 的二氧化碳排放高于全球大部分国家，有机污水排放是发达国家的 2～3 倍。如表 10-1，如果中国继续高投入、高能耗的增长方式，在维持 8% 增长率的前提下，未来的投资率将进一步提升，GDP 将更加依赖于工业扩张，能源消耗强度也将进一步增长。不断扩张的经济总量将使中国经济增长不堪重负。

表 10-1　中国 GDP 增长来源及预测

	1993～2004	2004～2014	2014～2024
GDP 增长	9.0	8.0	8.0
总就业增长	1.1	0.4	0.0
城镇就业增长	2.7	1.7	1.2

① 世界银行：《2011 年世界发展指标》表 3-8。

续表

	1993～2004	2004～2014	2014～2024
劳动生产率增长	7.8	7.6	8.0
来自全要素生产率提高	2.7	2.7	2.7
来自资本劳动比提高	5.1	4.9	5.3
投资/GDP 比率	36.8	54.4	55.3
GDP 中工业的比重	43.1	59.6	64.7
能源强度(总能源消耗/10 亿元)	49.1(2004)	50.9	53.8

资料来源:彼得森国际经济研究所 Daniel H. Rosen 的报告。

另外,经过多年发展,虽然计算机、家电和通讯为主的中国电子产业较成功实现了从模仿到创新的转变,但航空设备、精密仪器、医疗设备、工程机械等高技术行业仍然依赖国外技术。中国企业中拥有自主知识产权的仅占企业总数的万分之三,中国 99% 的企业没有自己的专利,拥有商标的企业仅占 40%。很多企业“有制造没创造,没有知识产权”。这样的行业和这样的企业不足以推进中国经济质的改善。

一方面高投入高消耗的增长模式难以继续,需要从投资、出口驱动的发展模式向自主技术创新驱动和内需拉动的模式转型、从资源高消耗环境高污染向资源节约型环境友好型社会转换、走一条“内实施增长”的道路。但另一方面,技术进步却无力为中国经济增长模式的转型提供空间。因而需要从促进技术进步这一突破口出发,引导增长模式的转型。

二、中国经济转型的突破口——技术进步

现代经济学研究表明,一国经济的增长主要决定于以下三个因素:(1)各种生产要素,包括劳动力和资本,尤其是资本的增加;(2)生产结构从低附加值的产业向高附加值的产业的升级;(3)技术的进步。迄今为止中国的经济增长主要依靠要素投入带动,而今后必需依靠生产结构升级和技术进步,尤其是技术进步。本书的内生增长模型讨论的就是技术进步促进经济增长的机制。

一国的技术进步主要有两种方式:一是自己投资进行研究和开发,即自主创新;二是向其他国家学习、模仿。如图 10-1,当经济扭曲使得 $a_r^S > \hat{a}$ 时,中国

的技术水平将沿着 $R=1$ 的路径升级，偏离了最优路径 $R=0$。如 $a_r^S > a_{trap}$，则经济不可能转型到最优增长路径，将陷入“非收敛陷阱”。为了实现最优增长路径，当中国的技术水平比较低，位于图 10-1 中 $\hat{a}$ 的左边时，政府应该实行有利于模仿的政策，激励企业选择吸收与模仿前沿技术。当技术不断升级，达到 $\hat{a}$ 时，政策与制度需要转变为有利于技术创新，以激励企业选择创新的技术升级方式。

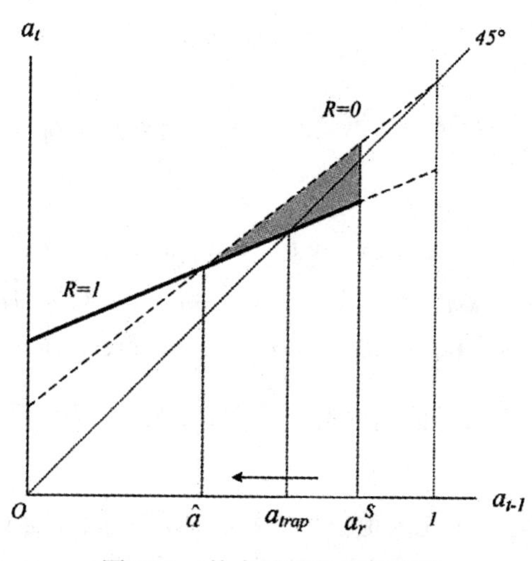

图 10-1 技术升级的最优路径

根据工业化国家经验，后发国家转变经济增长方式从技术进步的角度看，通常经历四个阶段。如图 10-2 所示，其中必然经历由吸收型技术进步向创新型技术进步转变的阶段。

图 10-2 中的第一阶段是低收入阶段，后发国家主要依靠外国直接投资学习技术，在外国公司指导下进行生产和制造。上世纪八九十年代的中国和目前的越南都处于这一阶段。

第二阶段是中等收入阶段，后发国家开始具备规模制造能力，能够对引进技术加以消化吸收，形成较强的仿制能力和创新能力，开始出现制造业的主导产业。中国和阿根廷、马来西亚等国正处于这一阶段。

第三阶段进入高收入国家序列，后发国家具备了产品的生产和设计的创新能力，形成完备产业链和标准化生产线，本土企业具有一定研发能力，能够制造出具有世界一流水平的产品。但是在世界水平的重大技术突破方面还没有位

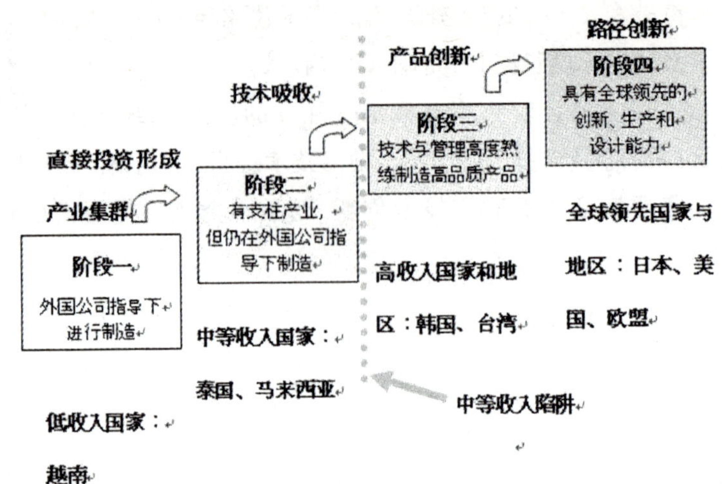

图 10-2　技术进步方式的阶段

资料来源：Vietnam and Thailand, 2005, *Coping with Regional Integration and Chinese Challenge in Different Ways*. *Kenichi Ohno*（VDF & GRIPS）, March 24.

于领先地位，距离世界技术前沿尚有一定距离。韩国和台湾地区是处于这一阶段的典型经济体。

第四阶段进入全球领先的地位。一种技术和系统一旦在市场上形成，不管是否有效，都会在一定时期内持续存在并影响其后的技术选择，以后的技术变迁更容易按照这种技术路线走下去，形成技术路径。技术路径相对固化，最终形成某一产业技术发展所可能有的方向，以及一组解决某一问题的相关联方法，形成一种产业和经济的秩序。而路径创新则会打破对旧技术路径的依赖，创造新技术路径，形成新产业秩序。这需要较高的原始创新能力、完备的产业链以及成熟的自主创新体系。目前能达到这一水平的只有美国、日本和欧盟。

目前，大多数国家大多是处于第二阶段向第三阶段攀升的过程中。依靠低成本优势战略，长期在技术上依赖跨国公司，缺少自主研发能力，使这些国家的产业无法振兴，处于全球产业链的下游。而东亚经济体通过发展战略转型，成功摆脱低成本优势战略转换到创新优势战略，通过技术吸收培育自主创新能力，由第二阶段顺利进入第三阶段，使其高科技制造业在全球占据重要地位，从而为突破中低收入陷阱奠定了坚实基础。

三、中国现阶段自主创新能力不足

但是中国现阶段的自主创新能力明显不足。张于品、张义梁(2007)认为一国的自主创新能力取决于其研发投入能力、技术扩散能力、支撑保障能力和研发产出能力。具体而言,反映研发投入能力的指标包括:研发投入总量、研发强度、政府研发资金占GDP的比重、对外技术依存度、研发人员和每万名劳动者中研发的人力;反映扩散能力的指标有技术市场合同交易强度和国际合作专利比重;反映支撑保障能力的指标有每千人拥有网站数、公共教育经费支出占GDP的比重和公众的科学素养;反映产出能力的指标包括:三系统收录的科技论文数量占世界的比重、SCI每篇论文的平均被引证数、每百万人在三方专利族中拥有的专利量和高技术产业增加值率。在这些指标上,中国目前的水平与先进国家有很大差距。下面主要看看研发的投入能力和产出能力。

(一)研发投入能力

2000年中国R&D经费支出总额为895.7亿元,2010年上升为7062.6亿元,如表10-2,11年间R&D经费支出增长了7.9倍,年均增长率为23.0%。1995年研发支出占当年GDP的比重为0.57%,2002年上升到1.23%,2010年进一步上升到1.76%。总体来说,R&D经费支出占GDP比重虽然有所上升,但是增加的比例不大,几乎是每年0.1%的比例增加。无论绝对量还是相对量与发达国家都不可比拟。2002年,美国、日本和德国的研发支出占GDP的比重分别为2.8%、3.1%和2.5%。

表10-2 中国研究与试验发展经费支出及占GDP比重(2000-2010)(单位:亿元,%)

	2000	2001	2002	2003	2004	2005	2006	2007	2008	2009	2010
金额	895.7	1042.5	1287.6	1539.6	1966.6	2450.0	3003.1	3710.2	4616.0	5802.1	7062.6
比重	1.00	1.07	1.23	1.31	1.44	1.33	1.39	1.40	1.47	1.70	1.76

资料来源:国家统计局:各年度《中国统计年鉴》。

从研发经费的使用方向来看,研发活动明显地向实验开发端倾斜。用于实验发展的经费占到总支出的3/4以上,2007年进一步提高到80%以上。相形之下,基础研究的投入比重要小得多。2000年基础研究的投入为46.7亿元,占研发支出的5.2%。之后基础研究的比例平稳上升,自2005年起又开始缓慢下降,2010年降为4.6%。这意味着中国比较重视科学技术的实际应用,而对基础科学和基础研究重视不够,使得从事基础研究工作的科学家开展原创性研究缺乏足够的资金支持。从长期来看,基础科学和基础研究是技术积累的重要因素,它作为一国长期发展的重要保障,在任何情况下都处于举足轻重的地位,虽然基础研究不能立即产生经济效益,但是决定了一个国家未来的科技突破和创新能力。所以发达国家对基础研究都非常重视,基础研究经费的比例都在10%以上,美国2000年为18.1%、日本1999年为12.3%,法国1999年为24.4%。新兴国家中韩国2001年为12.6%,俄罗斯1998年为16.1%。

表10-3 研发支出的使用方向(2000~2010) (单位:%)

	2000	2001	2002	2003	2004	2005	2006	2007	2008	2009	2010
基础研究	5.2	5.0	5.7	5.7	6.0	5.4	5.2	4.7	4.8	4.7	4.6
应用研究	17.0	16.9	19.2	20.2	20.4	17.7	16.3	13.3	12.5	12.6	12.7
试验发展	77.8	78.1	75.1	74.1	73.7	77.0	78.5	82.0	82.8	82.7	82.8

资料来源:国家统计局:各年度《中国统计年鉴》。

从研究开发支出的主体来看,1995年企业、政府研究机关、大学的研发支出比例分别是43%、44%和13%。2001年变为62%、28%和10%。企业在研发支出中所占的比例明显提高的部分原因是公共研究机构转制为企业。即便如此,中国企业的研发支出比重仍然低于发达国家(70%以上)的水平。企业研发比例偏低表明企业的创新激励不足,至少表明企业重视研发活动的自觉性较差。企业是新技术导入市场的主体,企业研发不足意味着新技术难以真正产品化、市场化。

科技活动人员是自主创新的核心。科技活动人员的数量、素质和群体发展趋势是中国自主创新的重要影响因素。科技活动人员的数量、素质指直接从事科技活动的人员和为科技活动提供直接服务的人员。其中科学家和工程师是科技活动人员的核心部分,是从事科技活动的骨干。从上个世纪90年代以来,中国科技活动人员的数量有了明显的增长。2006年底,中国共有各类科技活动人员413.15万人,其中科学家和工程师共有279.78万人,占整个科技活动人员总数的67.7%,进行R&D活动的全时研发人员为150.25万人,其中科学家和工程师全时人数为122.38万人,为2000年的1.76倍。参见表10-4。

表10-4 全国研究与试验发展人员全时当量(万人年,%)

年份	研发人员全时当量	科学家和工程师	
		人数	比例
2000	92.21	69.51	75.38
2001	95.65	74.27	77.65
2002	103.51	81.05	78.31
2003	109.48	86.21	78.74
2004	115.26	92.62	80.36
2005	136.48	111.87	81.97
2006	150.25	122.38	81.45

资料来源:国家统计局、科技部:《中国科技统计年鉴2007》,中国统计出版社。

除此以外,中国科技后备军力量逐年增长,2006年末全国普通高校招生人数为546.05万人,比2000年增长了2.47倍。同时,中国研究生的招生规模和人数也在大幅度增长。2006年研究生的招生人数为397,925人,是2000年的3.09倍。由此可见,中国科技活动人员的素质在逐年提高,并且随着科教兴国等战略的实施,越来越多的高精尖人才会脱颖而出。

20世纪90年代以来,企业科技投入一直保持着高速增长。进入本世纪之后,上升速度进一步加快。2006年全国科技活动经费筹集总额为6196.7亿元,增长18.01%,其中来源于企业的资金为4106.9亿元,比上年增长19.3%,占同期科技活动经费的66.28%。从科技活动经费支出角度看,企业已经成为科技活动的执行主体。2006年各类企业科技活动经费支出为2134.5亿元,比上年增长27.5%,企业科技活动经费支出占经费总支出的比重高达71.07%。大中型工业企业是中国最为活跃的科技活动主体。2006年,中国大中型工业企业全年开发新产品项目数为27,325项。从R&D经费的支出主体来看,2006年企业研究与试验发展人员全时当量总量为98.78,占总当量的65.7%。

(二)科研产出能力

中国现阶段科研的产出能力可以从专利指标、科技论文以及自主创新产业情况三个方面来看。

专利反映了科研人员从事科学技术活动成果的数量和质量。如表10-5,自

1990年以来,中国国内国外专利授权量不断上升。从授权专利的不同类别来看,如2006年授权发明专利57,786件,实用新型专利107655件,外观设计专利102,561件,分别占当年授权专利的21.56%、40.16%、38.26%。2010年三种专利的比重分别为16.6%,42.3%和41.1%。其中实用新型专利和外观设计专利占了总数的80%左右,而发明专利比重明显偏低,这表明中国科技自主开发能力和知识产权的保护意识还不强。

表10-5　中国专利授权数(单位:件)

	1990	1995	2000	2005	2009	2010
发明	3838	3393	12683	53305	128489	135110
实用新型	16952	30471	54743	79349	203802	344472
外观设计	1798	11200	37919	81349	249701	335243
合计	22588	45064	105345	214003	581992	814825

资料来源:国家统计局部:《中国统计年鉴》,中国统计出版社。

在中国专利授权中,以国内专利授权为主,占比在90%上下,如表10-6。从专利的类型来看,在上世纪90年代,实用新型专利居绝对主导地位。进入本世纪,外观设计专利的比重上升,二者合计占比近90%,高于中国专利授权总数中这二者的比重。这意味着国外专利中发明的比重偏高。

表10-6　国内专利授权总数及三种专利的占比(件,%)

	1990	1995	2000	2005	2009	2010
国内总数	19304	41248	95236	171619	501786	740620
国内占比	85.5	91.5	90.4	80.2	86.2	90.9
发明	6.0	3.7	6.5	12.1	13.0	10.8
实用新型	86.7	73.2	57.1	45.5	40.3	46.2
外观设计	7.3	23.1	36.4	42.4	46.7	43.0

资料来源:国家统计局:《中国统计年鉴》,中国统计出版社。

如表10-7,国外申请并被授权的专利中,发明专利的比重占绝对优势,说明了外国较高的自主创新能力。

根据美国出版的科学论文索引《SCI》、科学技术会议索引《ISTP》和工程索引《EI》三种权威的检索工具的检索结果来看,2006年中国科技人员(不含港澳台)在国际上发表的期刊论文和会议论文共153,374篇,是2000年的3倍。按照国际论文排序来看，中国发表的科技论文在三种索引中的排名也由 2000 年的 8、8、3 上升为 5、5、2。

表 10-7 中国对国外专利授权总数及三种专利的占比（件，%）

	1990	1995	2000	2005	2009	2010
授权总数	3284	3816	10109	42384	80206	74205
发明	81.9	48.8	64.4	76.9	78.7	74.6
实用新型	6.3	7.2	3.3	2.9	2.1	3.0
外观设计	11.8	43.9	32.3	20.2	19.2	22.4

资料来源：国家统计局部：《中国统计年鉴》，中国统计出版社。

从《SCI》收录的中国科技论文的 5 年被引用情况来看，2001 年 ~2005 年收录的论文总数为 210,099 篇，被引用论文数 549,879 篇。用被引用论文数除以收录的论文总数计算论文影响指数，则 1996 年 ~2000 年的论文影响指数仅为 1.68，2001 年 ~2005 年为 2.62，说明中国自主创新成果在国际上的影响程度在加大。但总体来看，中国论文在国际上被引用的数量还不多，尤其在影响因子高的国际学术期刊上发表的文章更少，论文的影响力很小。

重大科研攻关研究是自主创新的核心和重点。创新攻关能力考查一个国家或地区对重大科学研究攻关的组织水平和资源调度能力。在科研攻关研究经费的投入方面，以国家自然科学基金面上项目经费为例，2000 年国家自然科学基金面上项目经费为 6.33 亿元，2006 年为 26.86 亿元，上升趋势与研发经费的状况基本相同。科技攻关研究的执行伴随着创新人员的增加。从博士生毕业人数上看，现有培养机制体系体现了博士生成为科技攻关研究重要参与者和重要成果之一，也就是说博士生在学习理论知识和参与实践的重要应用行为体现在科学研究课题的参与上，为科学研究提供人力和智力支持，也是科技攻关研究本身所培养的重要创新成果。

（三）引进技术的吸收能力弱

总体来说，不论是研发投入，还是研发产出，中国的自主创新能力都还不足。中国企业目前对外技术依赖度高达 50% 以上，技术引进为还是技术进步的主要方式，多数行业的核心技术与装备基本都依靠引进，如光纤制造装备 100% 依靠进口、集成电路芯片制造装备和石油化工装备的 80% 以上都依靠进口，设备投资60%以上依靠进口。因而在相当长的一段时期内,继续发挥技术后发优势对国外技术的引进与模仿,仍将是中国技术进步的重要途径。

必须认识到的是,虽然中国技术水平与国际先进技术水平差距甚大、存在较大潜在的技术后发优势,但在对引进技术的消化吸收以及在此基础上的二次创新始终严重不足。如2006年中国技术引进经费支出达到320.4亿元,但用于消化吸收的经费支出只有81.86亿元,2010年引进经费支出提高到386.1亿元,消化吸收的经费支出提到165.2万元。消化吸收的经费对于引进经费支出有所提高,但是从绝对金额上看,对吸收先进技术的投入还是不够,吸收能力还是较弱,主要还是依赖引进技术与产品仿制,陷入了“引进、落后、再引进、再落后”的怪圈。技术后发优势未能得到有效发挥,也抑制了自主创新能力的提高。

现阶段继续加强发挥后发优势与增强创新能力、走“自主创新”道路并不对立。中国作为“后发大国”,为实现技术赶超,其技术进步模式将是利用技术后发优势与自主创新的有机结合,并逐步实现从以技术模仿为主向以自主创新为主的转变。

第二节　强化以吸收模仿为主导的技术升级

中国迄今为止的技术模仿还停留在简单的模仿上,尤其是在高技术产品的生产上,吸收和再创造不足。所以中国在养成自主创新机制的同时还需要继续促进以模仿为主的技术升级方式,重点是提高吸收基础上的再创造。

一、引进吸收是后发国家的技术后发优势

通过研发推进创新的周期长、风险高、资本投入大且成功率低。绝大部分的科研投资不会有任何结果,取得成果的技术中也可能只有很小一部分具有商业价值。发达国家处于技术的前沿,只能通过自主研发来实现技术进步。因为拥有丰富的资本和知识储备、发达的促进技术创新的投融资体系和现代金融市场,发达国家进行单项技术研发的成本要低于发展中国家。发展中国家的技术

水平远远落后于发达国家,与通过自主研发实现技术进步相比,通过引进、消化和吸收发达国家已有的技术所负担的成本要低、承担的风险也要少得多。因而,发展中国家来考虑到其有限的资源禀赋、知识储备、人均资本拥有量以及技术研究和开发的高风险性、高投入、低成功率,选择模仿来实现其技术升级并最终实现赶超是非常必要的,这也正是落后国家的“后发优势”。

在世界经济发展史上,美国、德国追赶英国,日本赶超美国,“亚洲四小龙”赶超欧美国家,以及中国在改革开放以来赶超“亚洲四小龙”和欧美,后发国家总是在追赶先进国家。Gerchenkron(1962)在总结德国、意大利等国经济追赶成功经验的基础上提出了后发优势的概念。经济增长的源泉是要素投入的增加和生产率的提高,由于土地、劳动和资本等生产要素的投入的限度和边际报酬递减规律,使得技术进步成为推动经济增长的最终因素,技术后发优势也因此成为后发优势中的主要部分。Nelson(1966)等人的研究证明,一个后发国家技术进步率同它与技术前沿地区的技术差距呈线性正相关;后发国家技术进步的速度虽然常常高于技术领先国,但速度会逐渐慢下来,结果是后发国家和先进国家保持着一个“均衡的技术差距”。Brezis 和 Krugman(1993)构建了基于后发优势的技术“蛙跳”(leap-frogging)模型,在技术发展到一定程度、本国已有一定的技术创新能力的前提下,后发国家可以直接选择和采用某些处于技术生命周期成熟前阶段的技术,以高新技术为起点,在某些领域、某些产业实施技术赶超。根据传统南北技术扩散理论,Coe 和 Helpman(1995)等指出由于后发发国的模仿成本远远低于技术领先国家的创新成本,后发国家可以通过技术模仿使得其经济有条件收敛于技术领先国家。

然而,经济增长的实践表明发展中国家和发达国家差距仍在拉大而不是在缩小。“蛙跳”对于绝大多数发展中国家而言始终是一件“可望而不可及”的事情。发展中国家整体并没有能够通过技术引进和技术模仿缩小与发达国家在人均收入上的差距,被人们称为“后发优势悖论”,之所以如此,是因为充分发挥技术后发优势需要满足一系列条件。

Gerchenkron(1962)在提出后发优势时也强调,对已有技术的利用不是一个自动的过程,可能需要大量的投入和巨大的成本去构建与新技术相适应的制度、组织和政策。Abramovitz(1989)的“社会能力”学说也指出,为了获取外界技术成果,一个国家、企业必须首先拥有足够的基础设施、技术水平等基本条件。Diwan 和 Rodrik(1991)、Basu 和 David(1998)以及林毅夫和张鹏飞(2005)从技术的“适宜性”角度解释技术后发优势的发挥能力,落后国家只有引进和模仿与本国的要素禀赋结构相匹配的国外技术才能使经济收敛于发达国家的经济发展水平,发展中国家在利用、引进外部技术时关键是考虑技术的“适宜性”,如果一味引入高水平的生产技术反而不利于本国的技术消化和生产效率提高。

要素适配度也可能影响后发优势的发挥能力。Acemoglu(1998)指出现实经济中技术进步并不是中性技术进步模式,而往往是有目的的研发行为的结果,即技术进步是在既定生产环境和要素禀赋等约束下的最优决策。发达国家技术进步的方向往往趋向适合于熟练劳动力的先进技术(skill-biased technical change)。这些适合发达国家生产环境的先进技术未必适合发展中国家的生产条件,因为发展中国家熟练劳动力的相对匮乏决定了这些先进技术不能在发展中国家生产过程中充分发挥作用。因此,即使不存在技术转移的壁垒,单纯的技术模仿也不一定能够带来生产率的大幅提升。

金融市场效率、产业关联效应、知识产权保护、经济开放度等也都可能影响后发国家的吸收能力。Alfaro 等(2000)利用 1975 年~1995 年间各国的截面数据进行实证分析的结果表明,东道国的金融市场效率是影响其吸收能力的关键因素。Helliwell(1992),Barrios 和 Strobl(2002)认为贸易开放度也影响吸收能力。Olfsdotter(1998)认为不仅人力资本决定吸收能力的大小,经济开放度、技术缺口、政府政策、人口增长率、基础设施状况以及行政效率、知识产权保护等因素同样起着重要作用。

二、促进技术模仿的制度安排

由于技术模仿的约束条件和研发资源的有限性,一国政府需要将有限的研发资源在两种主要技术进步模式之间、以及在生产与研发之间进行合理分配。包括研发物质资本和研发人力资本在内的研发资源在短期内是缺乏弹性的,特别是创新型人力资本的供给即使在长期内也缺乏弹性。如中国科学家和工程师的数量从 1978 年到 2006 年只增长约 6 倍。而技术模仿与自主创新需要在同一研发市场购置研发资源,在有限研发资源的约束下,两种技术进步模式间存在此消彼涨的关系,研发投资与生产投资也需要权衡。这就需要处理好利用技术后发优势与自主创新之间的关系、研发投资与生产投资的关系,以最有效地实现技术进步和经济增长。

国家的科技政策和科技发展战略也需要在两种主要技术进步模式之间进行权衡。三大主要科技政策,包括知识产权保护政策、补贴创新与补贴模仿政策都需要在技术模仿和自主创新之间权衡。加强知识产权保护和补贴创新的科技政策会使研发资源更多地配置到自主创新中去,而较弱的知识产权保护和补贴模仿则鼓励以发挥技术后发优势的方式促进技术进步。不同的科技政策对技术进步渠道有不同的影响。日本和韩国在经济发展初期都采用以技术模仿为主的技术进步模式,其制度安排也与此相适应。

20 世纪 50 年代 ~ 70 年代,日本实施以技术模仿为主的"技术立国"战略,促进了工业化的高速度发展。在制度安排上,日本采用了较松的知识产权保护制度安排,帮助国内企业吸收国外技术。例如,为鼓励过程革新,日本知识产权保护制度实行了"效用模式"(utility models)和"工业设计"(industrial design)保护。鼓励企业对进口机器和设备进行"次要改进",只要在原创性发明的基础上有稍微改进的技术都得到保护。如表 10-8 所示,日本在 80 年代以前的知识产权保护力度并不高。

表 10-8 日本和韩国的知识产权保护力度(Ginarte-Park 指数)

	1960	1965	1970	1975	1980	1985	1990
日本	2.85	3.18	3.32	3.61	3.94	3.94	3.94
韩国	2.80	2.80	2.94	2.94	3.28	3.61	3.94

注:G-P 指数为国际上公认的衡量知识产权保护力度的权威指标,由 Ginarte 和 Park 建立,包括 110 个国家从 1960 年 ~ 1990 年各阶段的数据。总分值为 5,分值越高,保护越强。

数据来源:Ginarte. Juan Ca, Park. Walter G. ,2007, *Determinants of patent rights: A cross-national study*, *Research Policy*, 26:283-301.

上个世纪 60 年代 ~ 80 年代,韩国的技术进步模式也是以技术模仿为主。为此,韩国也采用了"效用模式"和"工业设计"保护促进本土企业对国外技术的采用和模仿。Lee(2000)指出在技术模仿阶段,韩国政府为帮助本土企业利用国外知识产权,力图降低知识产权保护力度,相关法律的制定也仅满足国际最低标准，执法力度更是不得力。受惠于这一政策，韩国很多企业通过模仿与"逆向工程"成功地提高了技术能力，成长为技术领先企业（Kim，1997）。

即使后发国家有足够的技术模仿能力充分发挥技术后发优势，但依然无法实现技术赶超。因为通过模仿与吸收提升一国的技术水平有其固有的不足，实现技术赶超的关键还在于增加研发投入和提高自主创新效率。

三、模仿主导型技术升级的不足

通过模仿与吸收提升一国技术水平的不足体现在以下方面。

首先，对国外技术产生依赖性。被动地跟随发达国家的技术变化可能会抑制后发国家技术研发能力的增长，使自主研发能力提高速度缓慢。而且，一味地重视引进吸收易忽视对重大技术的基础研究，使模仿者很难把握科技发展趋势。另外，始终处于跟随地位将使后发国家某些关键的技术领域受制于人，而使其处于被动地位。因为发达国家对安全的考虑或者发达国家高科技公司出于避免培养竞争对手和防止技术泄密的考虑，会对某些高科技的敏感技术设限，不允许将某些高新技术转让到发展中国家，所以单纯的技术引进并不保证能引进发展中国家所需要的高新技术；而且，技术的进步是一个体系意义上的，单独的引进某项技术，而不是形成创新、生产、维护、系统升级等方面的综合能力，也会受制于发达国家及发达国家的公司。

改革开放以来，中国采用了技术模仿创新战略，主要依靠引进国外先进技术，较快地提高了中国的技术水平。但中国企业的技术水平在总体上与国外仍然有很大差距，企业规模普遍较小，研发强度低，在高新技术产业国际分工体系中仍然处于较低层次，高新技术产品进出口均集中在计算机与通信技术领域，但是这些高新技术产品的贸易方式主要是来料加工装配和进料加工，真正利用自己掌握的高新技术生产出来的高新技术产品只占中国高新技术产品出口总额的10%左右，绝大多数中国出口的所谓高新技术产品实际上是贴了中国制造标签的外国商品。在高新技术产品增值链条上，中国分工生产的只是微不足道的一环。而且，中国的许多产业和企业斗都缺乏核心技术和自主创新能力，不得不受制于发达国家，如中国的DVD行业就是因为关键技术受制于发达国家而被清洗出市场。

其次,技术模仿越来越受到发达国家的限制和 WTO 相关条款的约束。发达国家对高新技术保密程度不断增加,严格限制重要创新技术的出口,使发展中国家进一步模仿发达国家的高新技术日渐困难。与此同时,WTO 规则的一个重要特征是将知识产权保护与国际贸易直接联系在一起,强化了知识产权保护,这对发展中国家的技术创新模式产生重大了影响。在 WTO 协议框架中,《与贸易有关的知识产权协议》(TRIPs)强大的法律保护使得技术先进国家更有可能提高技术转让价格。使得在国际技术转移中,发展中国家的企业必须向先进国家支付更多的专利、版权和商标费。技术引进成本的上扬使后发国家很难再通过其他降低成本的方法"仿制"美国、日本等国家的先进技术。因而,后发国家获得先进技术的代价将大大提高,不受约束的技术模仿将会引起知识产权的纠纷。

最后,技术模仿可能会削弱对制度模仿和创新的重视。落后国家模仿发达国家的技术比较容易,但模仿发达国家的制度则相对困难。落后国家倾向于模仿发达国家的技术和管理而不去模仿其制度,虽然可以推动落后国家的经济在短期内获得快速增长,但会强化国家机会主义,给长期增长留下许多隐患,进而抑制经济的长期发展。因此,后发国家在发挥技术"后发劣势"的同时,还需发挥制度的后发优势,进行适宜制度的创新,更大程度地激励技术模仿。

第三节　从吸收模仿到自主创新

上世纪 70 年代以后,随着技术水平的不断提高,日本根据与发达国家的技术差距和自身研发能力,调整了技术进步策略,知识产权保护不断加强,G-P 指数从 1960 年的 2.85 增长为 1990 年的 3.94(见表 10-8)。由此激励了民间的研发投入和自主创新,其技术进步模式逐步由模仿转型到自主创新。80 年代以后,技术进步进入了以自主创新为主的阶段。为进一步促进自主创新,2005 年日本制定了《知识产权推进计划 2005》,将知识产权保护提升到国策高度,大力鼓励自主创新。韩国也在上世纪 80 年代从以模仿为主转向鼓励自主创新,韩国政府通过1986年新专利法案和1994年的《发明促进法》发起了全面加强知识产权保护的战略。其G-P指数从1960年的2.80增长为1990年的3.94。联合国《2001年人类发展报告》显示日本和韩国的技术成就指数(TAT)都超过0.5,分别居世界第四位和第五位,表明两国都从技术后发国成功地实现了技术赶超。

根据图10-1,当中国的技术水平与前沿技术的差距达到$\bar{A}$时,政府有必要调整政策与制度安排,促进吸收模仿的技术升级方式向自主创新方式转型。

一、完善市场,降低经济扭曲的程度

如果继续维持经济扭曲的制度环境,如图10-1所示,由$a_r^S > \hat{a}$可知,当一国技术水平已经处于较高水平时,企业的最优决策依然是吸收与模仿前沿技术。只有降低a_r^S,使$a_r^S = \hat{a}$时,才可能在较低技术水平时,企业的最优决策就转向技术创新,则该国的技术进步和经济增长将转型为最优路径$R=0$。因此,中国改变“破坏性创造”这一增长模式的本质突破是将以吸收与模仿为主的技术升级模式转型为以产品创新为主的技术进步模式,而后一种模式体现了熊彼特增长理论中具有“创造性破坏”特征的创新对经济增长的创造力。在工业化后期国家,技术创新是经济增长的主要推动力。

对于$a_r^S = \dfrac{\dot{N}(\pi\varepsilon - \phi\omega)}{\pi\lambda\gamma - \kappa}$,有$\partial a_r^S/\partial\phi < 0$。因$\partial\phi/\partial\phi < 0$,所以$\partial a_r^S/\partial\phi > 0$。表明成本转嫁率$\phi$越高,$a_r^S$越大,越有可能大于$\hat{a}$。因此,降低$a_r^S$就需要降低成本转嫁率。所以有必要降低经济扭曲的程度,以缩小企业成本转嫁的空间。

(一)完善地方政府绩效考核机制

政绩考核是现代国家管理官员的通行做法。在“超比较优势战略”下,各地方在惟GDP是从的政绩考核理念下,领导干部的升迁奖罚被简单化地捆绑在了与经济相关的量化指标上。这才有了地方政府为了高GDP,不惜以高消耗和高污染为代价,结果经济增长的同时造成对资源与环境的绝大破坏。“形象工程”和“面子工程”、“数字出官”和“官出数字”等等广受诟病的现象皆根源于此。

2009 年末召开的中央经济工作会议将转变经济发展方式与政绩考核评价结合起来，要求对各级政府的实绩考核评价应着眼于当地经济社会的全面、协调、可持续发展，变"物本考核"为"人本考核"，评价内容要更多地体现科学发展的理念和关注民生、服务群众的政绩观。

由此，惟 GDP 是从的政绩考核理念正在发生变化，科学化、差异化、增长质量、民生为重、绿色发展等，成为地方政府调整考核评价体系的方向。一段时间以来，以绿色 GDP 考核取代 GDP 考核被追捧。所谓绿色 GDP，指的是用以衡量各国扣除自然资产损失后新创造的真实国民财富的总量核算指标。就是从现行统计的 GDP 中，扣除由于环境污染、自然资源退化、教育低下、人口数量失控、管理不善等因素引起的经济损失成本，从而得出真实的国民财富总量。绿色 GDP 实质上代表了国民经济增长的净正效应，绿色 GDP 占 GDP 的比重越高，表明国民经济增长的正面效应越高，负面效应越低。

由于环境成本等的计算需要有较详细的相关历史数据，鉴于数据的难获取性，联合国在对一些国家进行环境估算时常常按照上年 GDP 的 0.5% ~1.5% 来估算环境投入成本。中国由于经济发展过快，环境问题的历史欠帐太多，环境污染所造成的损失也要大得多。根据一些权威环境专家和学者的测算，1997 ~1999 年中国环境污染占 GDP 的比例为 2.8% ~3.8% 左右。2006 年发布的《中国绿色国民经济核算研究报告 2004》是中国第一份也是迄今为止唯一一份被公布的绿色 GDP 核算报告。根据该报告，中国的环境污染损失超过了 3% 的 GDP，让公众首次认识到中国经济增长的资源与环境问题的严重性。

绿色 GDP 的建立和核算的难点在于设计一套可以量化的方法，目前，《中国资源环境统计指标体系》正在构建之中。一旦公布实施，将很大程度上约束地方政府扭曲市场，一味推进经济扩张的做法。

（二）制定缓和经济扭曲的法律、政策

长期以来，在扭曲的劳动力市场上，劳动者处于弱势地位。劳资不平等带来了诸如血汗工厂、以死讨薪等巨大社会不公现象。同时，劳动报酬占国民收入的比例在减少，大量的劳动者收入非常低，抑制了社会的消费能力和社会总需求，成为一个潜在的社会不稳定因素。2008 年新劳动合同法出台，是进入新世纪以来中国劳动法制建设最为重大的历史事件，对劳动者合法权益的倾向性保护毫无疑问就是对劳动力市场扭曲的一次矫正。

偏低的最低工资标准一直是各地方竞相压低成本、增强竞争优势的不成文的普遍做法。最低工资标准占上一年度平均工资的比例长期维持在30%以内，有的年份甚至不足20%,,远低于40% ~60%的国际惯例。从2010年起,各地纷纷提高最低工资水平。2012年深圳和广州的最低工资标准提升到1500元，位居全国之首,其次是上海1450元、天津1310元和北京1260元。最低工资标准提升固然降低了各地区劳动力的比较优势,但是将大为缓和各地方的劳工标准竞次现象。

（三）进一步增强完善市场机制的改革

“超比较优势战略”也是转型中国的产物。正是在计划经济向市场经济的渐进改革与推进过程中,才有大量的计划经济时代的烙印。所以,完善土地制度和土地市场,加速金融体制改革,完善资本市场,理顺要素价格等完善市场机制的改革势在必行。这是杜绝各种扭曲,避免过度竞争的根本措施。与此同时,还需要弱化政府配置资源的权利,避免政府行政关于资源配置,才能从根本上解决经济扭曲的现象。

二、完善教育与科技体系,改善研发资源供给

提高创新型技能培育、增加研发资源供给等政策可归纳为改善研发资源供给的政策。增加研发资源供给将有助于提高创新实现的概率（λ）,并提高创新带来的生产率提高系数(γ)。$\partial a_r^S/\partial\lambda<0$,$\partial a_r^S/\partial\gamma<0$,$\lambda$ 和 γ 越高,意味着 a_r^S 越低,企业越有可能选择通过研发投入进行创新。

（一）建立促进创新人才的教育培养和管理体系

促进技术进步的政策重点应当优先考虑改善研发资源的供给,特别是提高科学家和工程师的培育效率。人力资本是研发的基本投入要素。因为创新需要特定的创新型技能,而创新型技能主要由科学家和工程师掌握,所以体现于科学家和工程师的特定创新型技能是创新成功的主要影响因素。Leiponen(2005)指出创新的成功取决于科学家和工程师创新技能而不是研发投入。Colombo和Grilli(2005)检验了科技领域的特定人力资本和企业家的一般性教育

对高科技产业增长的影响,发现科学家与工程师教育对企业增长有显著正效应,而企业家平均受教育年限对企业增长没有显著性影响。

研发的政府支出作为刺激研发需求的主要措施,规模增长较大,而研发投入的核心要素——科学家和工程师的数量从 1978 年到 2006 年只增长约 5.89 倍。这一以刺激研发需求为目标的研发政策并没有明显改善中国的自主创新效率。另外,为改善研发资源的供给、促进研发驱动型经济增长和技术进步,还需要培育拥有创新性技能的科学家和工程师。如加大政府在培养创新型人力的财政支出力度,培育创新型人才;在研究生培养过程中鼓励科学工程研究生从事创新,努力提高创新型人力资本的培育效率;提供人才预测、就业前景、预期收益等信息,为学生学科选择、就业选择提供对称的信息市场,以保证人才的合理配置和长期供给等。

为科技创新提供人才保障还需要完善人力资源管理体制。虽然中国科技人力资源总量居世界第一,研发人员排世界第二位。但在现有的体制机制下,人力资源没有充分发挥出应有的潜能。原因在于,首先,存在研而优则仕的现象。由于长期以来受官本位思想的影响,优秀科技人才常常被提拔到领导岗位,沉溺于各项繁琐的事务性工作,难以集中有限的精力,发挥科研成果水平和创新精神。其次,人才流动存在障碍。由于户籍制度限制及行政、事业、企业的"三轨制"人事制度,使行政事业单位集中了较多的优秀人才,而企业难以集聚更多科技创新人才;另一方面,还限制了人才流动,使得创新最需要的人才交流集聚困难重重。最后,评价考核短期化、功利化。目前在研究型大学和科研院所中普遍采用的短期考核、论文和科研经费数量评价等考核办法,造成科研成果短期化、功利化,部分科研骨干迫于这方面压力无暇顾及基础研究。一些研究型大学和科研院所为了生存,也搞短、平、快,与企业的研发存在同质现象,造成科研投入浪费和人才浪费。

为此,需要对人力资源管理机制进行制度转变。诸如深化社会保障制度、户籍制度等方面的改革,重点引导和支持创新要素向企业集聚;通过国有企业体制机制的进一步改革,促进公平竞争,让国有企业的高层管理者成为真正的企业家,发挥企业家和科技领军人才在科技创新中的重要作用;完善科技成果评价奖励制度,鼓励创新,容忍失败,引导科技人员坚持创新,不断创新。

(二)完善科技投入机制

除了创新性人才之外,一定的科技投入及其管理也是非常必要的。

首先,需要加大对基础研究的投入,优化研发投入结构。科学技术研究的支出中,基础研究和应用研究是试验发展活动开展的基础,试验发展活动是科学技术研究活动最浅层次的活动。基础研究活动是新知识产生的源泉和新发明创造的先导,是技术进步和国际竞争力提升的基础和关键。而且基础研究属于公共产品,具有很强的外部性,有利于技术扩散,因此需要发挥政府的作用。在多数创新型国家,政府都是资助基础研究的主体。美国在基础研究上的投入稳定保持在18%左右,日本为13%左右,法国等欧洲国家超过25%,瑞士接近30%。中国基础研究的投入只有5%左右。发达国家企业的基础研究经费占研发投入的比重一般是3% ~8%,而中国不到1%;发达国家企业的应用研究经费占研发投入的比重一般超过20%,中国不到10%。因而,中国完善研发投入机制首先就应加大基础研究的投入力度,特别是政府加大对基础研究的投入。

其次,提高消化吸收再创新的投入比重。自主创新并不排斥技术引进,关键要加强引进之后的再创新。技术引进和消化吸收投入比例失调是中国技术引进中长期存在的问题。为此需要制定相关政策促进引进技术后的消化吸收。诸如加强对引进消化吸收再创新的统筹协调,组织产学研用联合创新;提高重大项目技术引进的选择、论证的科学性,减少重复引进;建立国家引进技术和重大装备的消化吸收创新基金,大幅增加引进技术消化吸收的创新投入。

第三,国家的产业扶持政策应逐步由生产领域向前转移到研究开发领域,由对产品的优惠政策转为对研究开发的优惠政策,有效引导企业增加研发投入,增强研发实力。政府的补贴投入尤其要重点支持竞争前研究开发活动,这样一方面减少了对企业经营的直接干预,符合世界贸易组织《补贴与反补贴措施协定》中关于研发投入的非歧视性原则,另一方面又能够使研究成果让更多的企业受益。

(三)完善科研管理体制

创新更多的是集成创新,是不同学科、不同领域的融合创新,因此创新需要集中各种优势资源。当前中国的科技宏观管理职能分散在多个部门,政府科技投入也由若干部门多渠道配置。财力分散、项目分散和区域分散造成科研仪器装备和资料重复购置,降低了科技投入的使用效率。而且,中科院、高校、企业、国防和民用科研机构、地方科研机构协作集成也不够,研究开发各自为战,分散重复。对此,一方面国家应从统筹规划和统筹管理的高度考虑和部署产业发展政策和科技创新政策,另一方面应以产业创新战略联盟为抓手,完善产学研用合作机制,实现科技资源的优化配置。

三、激励企业的研发需求

技术创新的推动者往往是企业家,知识创新、技术创新只有通过企业,才能真正转化为规模生产力,创新最终还是要落实到企业的投资决策上,所以,建立以企业为主体、市场为导向、产学研相结合的技术创新体系,是提高自主创新能力的关键。目前,企业技术创新存在的最大问题是创新动力不足,对粗放的经济增长方式的依赖仍然比较强。创新动力不足已成为制约企业技术创新的核心问题。

激励企业研发需求的措施主要有知识产权保护政策和研发补贴政策。知识产权保护政策将保证创新的垄断收益,研发补贴降低了创新的投入成本(κ)。$\partial a_r^S/\partial\kappa>0$。$\kappa$ 降低,使 a_r^S 下降,企业越有可能选择通过研发投入进行创新。

(一)知识产权保护制度

知识产权保护对技术进步的影响取决于技术差距和模仿能力。后发国家与领先国家技术差距较小时,后发国家技术进步的最优路径是以自主创新为主,在制度上需要加强知识产权保护以促进自主创新。技术差距较大和模仿能力较强时,后发国家适宜充分利用"技术后发优势",制度上适宜采取鼓励模仿的知识产权保护制度。后发国家在权衡鼓励自主创新和模仿国外技术的两难中,应当根据技术差距和模仿能力制定适度知识产权保护制度。因而当中国的技术进步达到一定的程度,广泛激励企业自主创新时,就需要制定更为严格的知识产权保护措施。

(二)研发补贴制度

技术创新的准公共产品特征和风险的不确定性,决定了政府开展直接性创新补贴的必要性,诸多实证研究结果也表明,政府科技投入以及企业的创新补贴,对企业研发支出有明显的促进作用,但政府对研发的直接补贴并非越多越好。Blun(1989)研究表明,创新补贴产生的效应与政府对企业研发的补贴率呈“倒U型”关系,即企业研发投入随政府研发补贴率的增加而增加,但到一个临界点后即开始下降。这意味着政府直接性研发补贴存在着低效率运营的状况。

首先,政府并不是通过市场机制决定受资助对象,因而政府选择创新补贴对象时存在任意性和专断性是不可避免的。其次,对于一些具有高战略性、高风险性的项目,由于风险投资机构不愿投资,通常由进行政府创新补贴。对高风险项目的这种事前投入一旦显现出风险性,企业就可能不再继续研发,于是降低政府投入的效率。最后,补贴领域存在规划性差异。目前中国鼓励研发的财政直接投入政策主要集中于具有不同分工定位的国家科技计划,诸如国家自然科学基金,高技术战略研究中的863计划、973计划等等。这种人为的计划设定,往往使补贴领域与市场经济调控下的区域经济发展、区域产业布局不相匹配,在实际运作过程中难免会出现补贴领域重叠的现象。

因此,政府在决定通过研发补贴激励企业自主创新时,不仅在投入规模上要把握好,还需要在项目和领域的选择上做好统筹安排。

(三)完善创新企业融资机制

中国科技企业的融资主要还是依赖于银行。尽管银行对中小企业的贷款扶植力度在不断加大,但由于中小企业可抵押物少、抵押物的折扣率高,大多得不到足够的银行贷款。因此,需要进行一定的制度创新,引导金融机构为中小企业的研发创新活动提供信贷服务。比如上海浦东搭建科技企业信用互助体系,由政府专项资金引导、企业参与交纳互助金,形成共同的一个“资金池”,有效解决科技型中小企业流动资金短缺的问题。2008年11月,国内首家“科技银行”——专为科技型中小企业服务的上海浦东科技金融服务公司发放了首批总额达5400万元的贷款,7家科技型企业成为这项金融创新之举的首批受益者。

不论是政府研发补贴还是银行的科技贷款,为企业提供的创新资金都是有限的,对以企业为主体的创新产出影响甚微。从产期来看,创新投资与社会募集将成为创新活动的重要资金基础。建设高效有序的创业投资市场将是从融资机制上激励企业创新的主要措施之一。

本章小节

作为发展中国家，中国依然与发达国家间存在很大的技术差距，因而一直存在着技术和经济赶超的问题。作为依靠要素投入和简单模仿的发展模式已经难以为继的后发国家，中国一方面要继续发挥“后发优势”，奉行技术模仿的技术升级方式，提高模仿与吸收能力，使中国能够以较低的成本实现技术升级；另一方面，警惕一味的模仿所带来的危害的同时，努力养成激励创新的体制，提高自主创新的能力，适时将技术升级的方式向自主研发为主转型，以完成中国由“破坏性创造”经济增长模式向“创造性破坏”的经济增长模式转型。在这一转型过程中，制度和政策对中国经济增长的影响，特别是对发展战略的影响——要转变“超比较优势战略”为以熊彼特创新思想中技术创新与制度创新为基础的动态比较优势战略。

为此制度或政策的调整需要注意以下方面。第一，在继续实行技术模仿的同时，注重自主创新，尤其是在国防、基因技术、信息技术等等关键领域更要大力创新，形成具有中国特色的研发体系，并能形成完整的集研发、生产、维护和系统升级功能于一体的工业体系。第二，建立与中国国情和技术和经济发展水平相符的知识产权保护体系。一方面为保护知识产权和适应 WTO 相关条款的约束，需要对技术模仿进行一定的限制，制定较为严格的知识产权保护措施；但另一方面，过于严格的限制又会阻碍知识和技术的外溢，不利于中国对发达国家先进技术的引进和模仿，也不利于中国的技术升级。因此必须兼顾二者，既要保护率先创新和发明者的利益，以足够的利益驱动激励率先者，也要适度地放宽对中国急需、必需的技术引进的知识产权保护。第三，在对技术进行吸收与模仿的同时，也要重视对发达国家与先进制度相适应的制度进行引进和模仿。即在技术模仿的同时，结合中国的实际，大胆地进行制度模仿和创新，以使技术创新最大可能地提升生产效率。

参考文献

安同良、施浩和 LudovicoAlcorta,《中国制造业企业 R&D 行为模式的观测与实证》,《经济研究》,2006(2)。

安同良、周绍东、皮建才:《R&D 补贴对中国企业自主创新的激励效应》,《经济研究》,2009(10)。

蔡禾:《城市化进程中的农民工:来自珠江三角洲的研究》,社会科学文献出版社,2009。

陈佳贵等:《中国地区工业化进程的综合评价和特征分析》,《经济研究》,2006(6):4-15。

陈迎、潘家华、谢来辉:《中国外贸进出口商品中的内涵能源及其政策含义”》,《经济研究》,2008(7)。

崔津渡、李诚邦:《中国对外贸易条件:1995-2005 年状况分析》,《国际经济合作》,2006(4)。

程刚、何磊、董伟:《在世界工厂深处:珠三角农民工生存状况调查》,《中国青年报》,2005 年 1 月 2 日。

代谦、别朝霞:《人力资本、动态比较优势与发展中国家产业结构升级》,《世界经济》,2006(11)。

邓聿文:《劳动力价格低廉与“竞次”策略》,《经理日报》,2005 年 12 月 29 日,第 A03 版。

邓志新:《市场扭曲条件下的出口贸易过度竞争与“贫困化增长”陷阱》,中国社科院世界经济研究所,博士论文。

樊纲、关志雄、姚枝仲:《国际贸易结构分析:贸易品的技术分布》,《经济研究》,2006(8)。

郭克莎、周叔莲:《工业化与城市化关系的经济学分析》,中国社会科学,2002(2):44-55。

郭克莎:《中国工业化的进程、问题与出路》,中国社会科学,2000(3):61。

韩忠亮:《环渤海崛起,须防“比较优势陷阱”》,《新经济导刊》,2009(3)。

韩忠亮:《论珠三角经济区的“引致发展战略”——兼论“腾龙换鸟”的条件约束》,《中国经济》,2010(11)。

韩忠亮:《成本转嫁与“国际贸易悲剧”》,《经济科学》,2011(4)。

黄先海:《要素密集型逆转与贸易获利能力提升——以中美纺织业为例》,《国际贸易问题》,2008(2)。

洪银兴:《从比较优势到竞争优势——兼论国际贸易的比较利益理论的缺陷》,《经济研究》,1997(6)。

姜爱林:《中国工业化水平的综合考察》,《中国社会科学》,2004(3):35。

江时学:《韩国与巴西工业化道路比较》,《当代亚太》,2002(4)。

库兹涅茨:《现代经济增长》,北京经济学院出版社,1989:12-25。

李斯特:《政治经济学的国民体系》,邱伟立译,华夏出版社,2009。

李小平、卢现祥:《国际贸易、污染产业转移和中国工业 CO_2 排放》,《经济研究》,2010(1)。

林毅夫、蔡昉、李周:《中国的奇迹:发展战略和经济改革》,上海人民出版社、上海三联出版社,1999。

林毅夫、张鹏飞:《后发优势、技术引进和落后国家的经济增长》,《经济学季刊》,2005(1)53-74。

刘伟:《突破“中等收入陷阱”的关键在于转变发展方式》,《上海行政学院学报》,2011(1)。

迈克尔·波特著:《国家竞争优势》,李明轩、邱如美译,华夏出版社,2002。

潘士远:《贸易自由化、有偏的学习效应与发展中国家的工资差异》,《经济研究》,2007(6)。

齐俊妍:《出口品技术含量和附加值视角:中国贸易比较优势与竞争力重新考察》,《现代财经》,2009(7)。

钱纳里:《工业化与经济增长的比较研究》,上海三联出版社,1989:73.

商务部课题组:《后危机时代中国外贸发展战略之抉择》,《国际贸易》,2010(1)。

沈坤荣、耿强:《外国直接投资、技术外溢与内生经济增长—中国数据的计量检验与实证分析》,《中国社会科学》,2001(5)。

盛斌、牛蕊:《贸易、劳动力需求弹性与就业风险:中国工业的经验研究》,《世界经济》,2009(6)。

史小芳:《山西煤炭出口贸易经济效益分析》,山西财经大学,硕士论文,2008。

斯蒂格利茨:《中国新经济增长的制度模式》,《贵州大学学报(社会科学版)》,2007

(11):24-26。

陶涛:《全球化下的中国对外贸易:理论与实证》,中国发展出版社,2012。

滕飞:《谨防金融危机下加重对外技术依赖》,《学习时报》,2009 年 4 月 20 日,第 004 版。

夏友富:《外商投资中国污染密集产业现状、后果及其对策研究》,《管理世界》,1999(3)。

熊杰:《中国出口产品质量测度及其影响因素分析》,浙江大学,博士论文,2011。

王福重:《人人都爱经济学》,人民邮电出版社,2008。

王晓荣:《贸易与劳工标准问题研究》, 浙江大学,博士论文,2006。

王晓荣:《贸易与劳工标准问题研究》, 浙江大学,博士论文,2006。

吴蕾、吴国蔚:《中国国际贸易中环境成本转移的实证分析》,《国际贸易问题》,2007(2)。

吴敬琏:《当代中国经济改革教程》,上海远东出版社,2008。

吴敬琏:《中国增长模式抉择》,上海远东出版社,2006。

杨汝岱:《中国工业制成品出口增长的影响因素研究》,《世界经济》,2008 (8)。

杨小林:《中国经济发展中的扭曲问题研究》,新疆财经大学,硕士研究生学位论文,2007。

姚洋、章林峰:《中国本土企业出口竞争优势和技术变迁分析》,《世界经济》,2008(3)。

余官胜:《贸易开放与人力资本形成的非线性关系》,《财经科学》,2009(9)。

袁诚、陆挺:《外商直接投资与管理知识的溢出效应:来自中国民营企业家的证据》,《经济研究》,2005(3)。

原劳动部农村劳动力就业与流动研究课题组:《中国农村劳动力就业与流动研究报告》,中国劳动出版社,1999: 31-36。

张于品、张义梁:《国家自主创新能力的评价指标体系研究》,《经济与管理研究》,2007(5)。

张温波:《总体经济调整与成长来源变化之探讨》,台湾《自由中国之工业》,1995(12)。

张幼文:《双重体系的扭曲与外贸效益》,上海三联书店出版,1995。

曾荣青、张海勇、肖威、廖靖:《珠三角地区农民工参与培训的影响因素》,《中国成人教育》,2011(22)。

郑秉文:《"中等收入陷阱"与中国发展道路——基于国际经验教训的视角》,中国人口科学,2011(1):2-15。

朱勇、吴易风:《技术进步与经济的内生增长—新增长理论发展述评》,《中国社会科学》,1999(1)。

《珠三角农民工生存状况的调查》,《中国青年报》,2005 年 1 月 1 日。

Acemoglu, D. and Zilibotti, F. , 2001, "*Productivity differences*", The Quarterly Journal of Economics 116, 2: 563-606.

Acemoglu, D. , P. Aghion, and F. Zilibotti,2006,"*Distance to Frontier, Selection , and Economic Growth*", *Journal of the European Economic Association*:37-74.

Aghion, P. and P. Howitt. ,1992,"*A Model of Growth through Creative Destruction.*" *Econometrica*, 60: 323-351.

Aghion, P. and P. Howitt. ,1998,"*Endogenous Grwoth Theory*", Cambridge, MA: MIT Press.

Aghion, P. , P. Howitt and D. Mayer-foulkes. ,2005,"*The Effect of Financial Development on Convergence: theory and Evidenc*" ,*Quarterly Journal of Economics*, 120: 173-222.

Allliti,M. & C. Freund. ,2008,"*The Anatomy of China's Export Growth*",*Policy Researeh Working Paper* 4628,The World Bank Development Researeh Group,Trade Team,2008.

Auty, Richard M. , 1993,"*Sustaining Development in Mineral Economies: The Resource Curse Thesis*", London: Routledge.

Auty, Richard M. , 1998,"*Social sustainability in mineral-driven development*",*Journal of international development* 10, 4: 487-500.

Balassa, B. ,1986, *Toward renewed economic growth in Latin America. The International Executive*, 28: 29 –31.

Bhagwati, Jagdish N. ,1958,"*Immiserizing Growth: A Geometrical Note*", *Review of Economic Studies* 25: 201-205.

Chan, Anita, 2003, "*Globalization and China's 'race to the bottom' in labor standards*", *China Perspectives* 46.

Coe,D. T. ,Helpman,E. and Hoffmaister,1997,"*North-South R&D Spillovers*, *European Economic Review*,107:134-149.

Collier, P. and A. Hoeffler, 2005, "*Resource Rents, Governance, and Conflict*",. *Journal of Conflict Resolution*, 49(4): 625-633.

Dean,J. M. and M. E. Lovely,2008, "*Trade Growth, Production Fragmentation, and China's Environment*", NBER Working Paper, No. 13860.

Dooley, M. P. , D. Folkerts-Landau, and P. Garber, 2004, "*Direct Investment, Rising Real Wages and the Absorption of Excess Labor in the Periphery*", *NBER Working Paper*, No. 10626.

Douangngeune, B. ,Y. Hayami, Y. Godo. "*Education and Natural Resources in Economic*

Development: Thailand Compared with Japan and Korea", *Journal of Asian Economics*, 16(2): 179 – 204.

Esty. D. C. and Geradin, D. , 1997, "*Market Access, Competitiveness and Harmonization: Environmental Protection in Regional Trade Agreements*" , *The Harvard Environmental Law Review* 21, 265-336.

Feenstra, R. C. and Chang Hong, 2007, "*China's Exports and Employment*", *NBER Working Paper*, *No.* 13552.

Galor, O. and Mountford, A. , 2006, "*Trade and the great divergence: The family connection*", *American Economic Review* 96, 2: 299-303.

Gerschenkron, A. , *Economic Backwardness in Historical Perspective*, Harvard university press, 1962.

Grossman, G. and Helpman, E. , 1991, *Innovation and Growth in the Global Economy*, Cambridge, Mass: MIT Press.

Grossman, G. M. and Krueger, A. B. , 1995, "*Economic Growth and the Environment*", *Quarterly Journal Economics* 110, 353-377.

Gylfason, T. , 2001, "*Natural resources, education, and economic development*", *European Economic Review* 45 (4-6): 847-859.

Hirschman, A. O. , 1958, *The Strategy of Economic Development*, Yale University Press.

Ishan, J. et al. , 2002, "*The varieties of rentier experience: How natural resource endowments affect the political economy of growth*", mimeo, Washington DC: World Bank.

Krueger, Anne O. , 1997, "*Trade Policy and Economic Development: How We Learn*", *the American Economic Review*, March.

Krugman, P. R. , 1979, "*Increasing Returns, Monopolistic Competition, and International Trade*", *Journal of International Economics* 9, 4: 469-479.

Lall, Sanjaya, 2000, *The Technological Structure and Performance of Developing Country Manufactured Exports*, 1985-1998, QEH Working Papers qehwps, Queen Elizabeth House, University of Oxford.

Lucas, R. , 1988, "*On the Mechanism of Economic Development*", *Journal of Monetary Economics*, 22: 3-22.

Lucas, R. , 1993, "*Making a Miracle*", *Econometrica*, 61: 251-272.

Myint, H. , 1958, "*The 'Classical Theory' of International Trade and the Underdeveloped Countries*", *Economic Journal* 68, 270: 317-337.

Ngo Van Long, G. Riezman and A. Soubeyran, 2007, "*Trade, Wage Gaps and Specific Human Capital Accumulation*", *Review of International Economics*, 15, 1: 75-92

Prebisch, R. , 1950, "*The Economic Development of Latin America and Its Principal Problems*", *Economic Bulletin for Latin America*. 7:1 –22

Redding, 1999, "*Dynamic Comparative Advantage and the Welfare Effects of Trade*", *Oxford Economic Papers* 51:15-39.

Sachs, J. and Warner, A. , 1995, "Economic reform and the process of global integration", *Brookings Papers on Economic Activity* 1: 1-95.

Sachs, Jeffrey D. and Warner, Andrew M. , 1999, "*The big push, natural resource booms and growth*", *Journal of Development Economics* 59(1): 43-76.

Sachs, Jeffrey D. and Warner, Andrew M. , 2001, "*The curse of natural resources*", *European Economic Review* 45(4-6): 827-838, May.

Sarker, P. and Singer, H. , 1991, "*Manufactured Exports of Developing Countries and Their Terms of Trade Since* 1965", *World Development*, 19(4).

Schumpeter, J. , 1942, *Capitalism, Socialism and Democracy*, New York: Harper and Brothers.

Singer, Hans. W. , 1950, "*The Distribution of Gains between Investing and Borrowing Countries*", *American Economic Review* 40, 2: 473 –485

Singer, Hans W. and Javed A. Ansari, 1988, *Rich and Poor Countries: Consequences of International Disorder*, 4th ed. London: Unwin Hyman.

Xu, B. , 2000, "*Multinational Enterprises, Technology Diffusion and Host Country Productivity Growth*", *Journal of Development Economics*, Vol. 62: 477 –493.

Young, A. , 1991, "*Learning by Doing and Dynamic Effects of International Trade*", *Journal of Political Economy*, 106:369-405.